Gesicht und Sprache des Säuglings

Prof. Dr. med. Heinz S. Herzka

Gesicht und Sprache des Säuglings

Erweiterte Auflage mit Beiträgen von

Dr. med. P. Hagmann
W. Reukauf, lic. phil., Psychologe
K. Skalsky-Bock, lic. phil., Psychologin
Dr. med. R. Sommerhalder-Moser

Mit 48 Lautbeispielen auf Schallplatte
122 Abbildungen und 14 Tabellen

Schwabe & Co. AG · Basel/Stuttgart 1979

Zweite, erweiterte Auflage der Publikationen
«Das Gesicht des Säuglings» (1965)
«Die Sprache des Säuglings» (1967)

Fotografien und Schallplatte
nach Aufnahmen des Autors

Typografische Gestaltung
Heiri Steiner ASG AGI, Zürich, und
Jos. A. Niederberger, Basel

Herstellung
Schwabe & Co. AG, Basel

© 1979 Schwabe & Co. AG, Basel
ISBN 3-7965-0715-8

Inhalt

Einführung 7

I. Das Gesicht des Säuglings

1. Die Mimik des Säuglings 11
2. Neuere Forschungsarbeiten (*W. Reukauf,* lic. phil.) 13
3. Methodik und Technik der Aufnahmen 16
4. Die spontane Mimik (Abb. 1–22) 17
5. Sehen und Hören (Abb. 23–45). Schauen und Horchen: die ersten akustischen und optischen Wahrnehmungsreaktionen 32
6. Die Beziehung zur eigenen Hand (Abb. 46–62) 49
7. Der Mund; die Mahlzeit (Abb. 63–87) 62
8. Die Fühlungnahme mit dem Erwachsenen (Abb. 88–100) 78
Angaben über die fotografierten Kinder 88

II. Die Sprache des Säuglings

1. Die Zwiesprache 91
2. Die Ausprägung der Laute und die Abgrenzung der ersten Worte 98
3. Weinen und Schreien, Lächeln und Lachen . . 104
4. Neuere Forschungsarbeiten (Dr. med. *R. Sommerhalder-Moser*) 107
5. Unsere Aufnahmetechnik 116
6. Die sprachlichen Entwicklungsschritte bei 65 Säuglingen in der deutschsprachigen Schweiz (Dr. med. *P. Hagmann*) 117
7. Die Lautäusserungen im ersten Lebensjahr und die spätere Entwicklung des Kindes (*K. Skalsky-Bock,* lic. phil.) 123
8. Abbildungen zur Sprachentwicklung des Säuglings (Abb. 104–125) 127
9. Die Sprachentwicklung eines Säuglings; Kommentar zu den Beispielen der Schallplatte und Übersicht über die sprachliche und allgemeine Entwicklung 134

Literaturverzeichnis 153
Schallplatte

Einführung

> Was ist physiognomischer Sinn anderes, als — in dem Leib die Seele zu sehen ... Das Äusserliche ist nichts als die Endung, die Grenze des Inneren — und das Innere eine unmittelbare Fortsetzung des Äusseren.
> *J. C. Lavater*

> Der Mensch ist mehr, als was er, zum Gegenstand der Erkenntnis geworden, von sich zeigt.
> *Karl Jaspers*

Die bewusste Erinnerung reicht nicht bis in die ersten Monate und Jahre unseres Lebens zurück. Um Säugling und Kleinkind zu verstehen, sind wir auf die Beobachtung, die gedeutet werden muss, angewiesen. Dem Gesichtsausdruck des Kindes kommt dabei um so mehr Bedeutung zu, je weniger differenziert die Ausdrucksmöglichkeiten in Lauten und Sprache sind. Die vorliegende Zusammenstellung gibt daher grösstenteils Aufnahmen aus den ersten Lebensmonaten des Säuglings wieder.

Man hat vom «ersten dummen Vierteljahr» des Kindes gesprochen. Aber gerade in diesem Vierteljahr entfalten sich die Fähigkeiten des Hörens und Sehens, beginnt die sichtbare Beziehung zur Mutter (erstes Lächeln) und zeigen sich die Anfänge des Greifens (Greifbereitschaft). Die ersten drei Monate bilden eine der bedeutsamsten Perioden des Lebens.

Das menschliche Wesen kommt in den Regungen des Gesichtes, in den allgemeinen Körperbewegungen und in den Sprachlauten zum Ausdruck. Diese drei Ausdrucksgebiete — Mimik, Gestik und Sprache — bilden eine Einheit, was besonders beim Säugling deutlich wird: Freude, Angst, Hunger und Zufriedenheit, Interesse und Langeweile ergreifen das ganze Kind, das weder Selbstbeherrschung noch Verstellung kennt.

PD Dr. *Th. Baumann,* langjähriger Chefarzt der Kinderklinik Aarau, schrieb in der Monografie ‹Das Gesicht des Säuglings›, in der meine Aufnahmen der Mimik im ersten Lebensjahr erstmals erschienen, in seinem Geleitwort unter anderem folgendes (a.O. S. 7):

«In der Entwicklung des einzelnen Menschen ist die Zeit von der Geburt bis zum Ende des ersten Lebensjahres von ganz besonderem Interesse: In ihr vollzieht sich gewissermassen unter unseren Augen die eigentliche Menschwerdung immer wieder von neuem, mit der Ausbildung seelisch-geistiger Fähigkeiten und des Verstandes. Schon beim Neugeborenen sind die Sinnesorgane (als Reizempfänger), die Nerven (als Reizleiter) und die tieferen, älteren Gehirnabschnitte (Schalt- und Verarbeitungsstellen im Stammhirn) so weit ausgebildet, dass es nicht hiflos ist. Denn das Neugeborene ist ausgerüstet zur Aufnahme von Sinnesempfindungen und zu ihrer lebensnotwendigen Verarbeitung in zweckentsprechenden Reflexen; darüber hinaus bildet der Säugling mit der ihn betreuenden Mutter eine wundervolle, nur ihm zukommende, eigene und übergeordnete Lebenseinheit: Man beachte zum Beispiel die Zusammenhänge von Hunger — Schreien — nach der Brust suchenden Kopfbewegungen — Ergreifen der Brustwarze mit Hilfe der Mutter — Einsetzen der Saug- und Schluckreflexe — vermehrte Magen- und Darmbewegungen und vermehrte Absonderung von Verdauungssäften und Fermenten — Bildung stärkerer affektiver Beziehung zur Mutter — Sättigung — Ruhe — Wohlsein, bis sich der Hunger wieder meldet.

Wie wundervoll und immer wieder Staunen erregend ist das Beobachten des Menschleins in der Entwicklung seiner Fähigkeiten und seines Mienenspiels, in welchem sich das Fortschreiten der seelisch-geistigen Entwicklung widerspiegelt. Aus der zunehmend belebter und differenzierter werdenden Mimik lässt sich ersehen, wie die Sinneseindrücke immer bewusster verarbeitet werden, wie sich die affektive Haltung zur Umgebung verstärkt, wie sich die Freude über die zunehmende Beherrschung der Glieder und Körperbewegungen äussert und wie allmählich sich der Verstand und die Reflexionen über die Sinneseindrücke entwickeln; das schöpferische Leben, das, was den Menschen als nur ihm zukommend vom Tier unterscheidet, beginnt.

Bei aller Vorsicht und Kritik der Deutung ist der mimische Ausdruck als Spiegel der seelisch-geistig-affektiven Vorgänge in diesem Lebensalter von ganz besonderer Bedeutung; zeigt sich doch in ihm ein Grossteil der Regungen — Sattsein oder Hunger, Freude oder Trauer, Lust oder Unlust, Wohlsein oder Unwohlsein, Sympathie oder Antipathie, Erkennen oder Fremden, Können oder Nichtkönnen usw. — kristallklar, unmittelbar, unverfälscht, noch ohne Beeinflussung durch willkürliche Bewusstseinskräfte.»

Im Geleitwort zum Buch ‹Die Sprache des Säuglings› (Basel 1967), das erstmals meine hier im zweiten Teil vorgelegten Protokolle und die Schallplatte über die Sprachentwicklung enthielt, schrieb der Kinderpsychiater Prof. Dr. med. *Jakob Lutz* (a.O. S. 7f.):

«Die ersten in Lauten und nachher in Worten ausgedrückten sprachlichen Phänomene des Kindes sind schwer zu beobachten und zu beschreiben, weil sie flüchtiger Natur sind. Kaum entstanden, sind sie wieder verschwunden und oft nicht so leicht wieder zu provozieren. Die Laute auf einer Platte aufzunehmen, ist darum eine gute Idee des Autors; nun sind sie beliebig reproduzierbar und damit immer wieder von neuem genau zu verfolgen. Damit wird das Buch zusammen mit der beigelegten Platte zu einem ausgezeichneten Studienobjekt und gleichzeitig zu einer Anleitung zur richtigen Haltung des Studierenden; im Bewusstsein der textlichen Erläuterungen wird der Lernende sich ganz den Äusserungen des Kindes hingeben und sich üben können, sich immer tiefer in den Sprachentwicklungsprozess einzuhören und einzufühlen.

Freilich handelt es sich hier um die Sprachentwicklung eines einzelnen Kindes. Jedes andere Kind wird sie wieder auf seine eigene Weise durchmachen; aber gleichzeitig wird sie bei ihm wie bei allen anderen auch nach den grossen allgemeinen Richtlinien verlaufen. Es mag die Beobachtungsfähigkeiten des Lesers und Hörers steigern, aus dem, wie ein anderes Kind schreit, lallt und plappert, sowohl dessen Eigenes wie das Allgemeingültige herauszuhören. Der liebenswürdige kleine ‹Sprecher› der Platte des vorliegenden Buches macht dessen Inhalt gerade durch die einmalige persönliche Eigenart spannend und reizvoll und prägt sich dem Leser bestimmt weiter hinein als nur in das Erkenntnisfeld.»

Für jede Kinderbeobachtung gilt die Mahnung, welche *W. Stern* ausgesprochen hat: «Alles am Kinde ist beachtenswert und beachtensbedürftig, und nur wer ständig seine Aufmerksamkeit auf die verschiedenen Regungen des kindlichen Geistes zu richten weiss, erlangt einen wirklichen Überblick über das merkwürdige Ineinandergreifen und miteinander Verschmolzensein aller erwachenden seelischen Funktionen.» Der Gesichtsausdruck ist, wie auch die Sprache, ein Teil der vom Beobachter wahrgenommenen Äusserungen des Kindes.

Seit dem Erscheinen der beiden Monografien sind unter dem Titel ‹Das Kind von der Geburt bis zur Schule› im gleichen Verlag (Schwabe) Bilderatlas und Texte zur Entwicklung des Kindes erschienen (1972, 4. Aufl. Basel 1978); dieses Buch erlaubt dem interessierten Leser, die Mimik und die Sprache des ersten Lebensjahres im grösseren Zusammenhang der Entwicklung zu sehen.

Neben Mimik und Sprache gibt es noch andere wichtige Ausdruckserscheinungen: die Bewegungen des kindlichen Körpers, besonders der Hände und Arme und der Füsse und Beine, aber auch Art und Rhythmus der Atmung, Hautkolorit und anderes mehr. Diese Erscheinungen lassen sich in der Form eines Buches nicht einfangen. Sie müssen vom Beobachter in der unmittelbaren Begegnung mit Kindern erlebt werden.

Dass man Mimik und Sprache des Säuglings beachtet, ist nicht nur für eine lebendige Beziehung zum Kind wichtig; es ist auch ein Bestandteil der fachgerechten Entwicklungsuntersuchung. Ihre Aufgabe ist es festzustellen, ob sich ein Kind innerhalb der Normwerte entwickelt oder ob ein Rückstand besteht, sei es global oder in einzelnen Teilbereichen. Die Entwicklungsuntersuchung ist für die Früherkennung des behinderten Kindes von grösster Bedeutung. Näheres dazu findet sich in dem genannten Buch über die Entwicklung in der Vorschulzeit und in den verschiedenen Testmethoden für das erste Lebensjahr, wie sie beispielsweise für die ärztliche Praxis von *Illingworth* und psychometrisch ausführlich von *Griffith* beschrieben wurden.

Einige wichtige Fortschritte der Bewegungsentwicklung des Kindes (nach *Illingworth/Gesell, Griffith, Bühler/Hetzer* und anderen) sind als Ergänzung zu den in diesem Buch vorgelegten Aufnahmen in Tabelle 10 (S. 118) zusammengestellt. Mehr darüber findet der Leser im Buch ‹Das Kind von der Geburt bis zur Schule›.

Bei der Betrachtung der Bilder und beim Anhören der Sprachaufnahmen muss man sich bewusst sein, dass jede Art von Aufzeichnung fixierend und damit statisch ist, während das Kind und all seine Äusserungen in Wirklichkeit sich dauernd verändern.

Es wandelt sich seine Verhaltensweise: Der Verhaltenswandel lässt sich in den verschiedenen Gebieten der Entwicklung beschreiben; hier sei nur ein einziges Beispiel angeführt: die Kontaktaufnahme mit der Mutter. Zwischen der 3. und der 8. Woche lächelt das Kind, wenn die Mutter es anspricht, etwas später ist das Lächeln von Lauten begleitet. Mit etwa einem halben Jahr streckt das Kind der Mutter die Hände entgegen, um aufgenommen zu werden; später läuft es den Eltern von weitem entgegen.

Aber nicht nur das Kind ändert sich, sondern auch die Mutter und alle andern Bezugspersonen. Von Monat zu Monat wird die Beziehung der Mutter zum Kind anders: Sie wird vielleicht erfahrener, sicherer, reifer; sie wird Ängste überwinden oder auch manchmal durch Einwirkungen anderer Familienmitglieder oder durch schwerwiegende Ereignisse verunsichert. Erfreuliches und Schwierigkeiten mit dem Kind, aber auch ausserhalb der Erziehungssituation in der Ehe, mit den eigenen Eltern oder mit den Nachbarn greifen in ihre eigene Entwicklung ein. Ähnliches gilt für den Vater, die Geschwister und alle anderen, die das Kind umgeben. Das Familiengefüge unterliegt einem dauernden Beziehungswandel, von dem das Kind ergriffen wird, an dem es aber auch aktiv Anteil hat.

Neben dem Verhaltens- und Beziehungswandel seien noch zwei Umstände hervorgehoben: Immer wieder beobachtet man im Verlauf der Entwicklung die «Bereitschaft zu etwas», das Bereitschaftsstadium, welches dem Leistungsvermögen für eine bestimmte Reaktion vorausgeht.

Bevor das Kind greifen kann, sieht es aus, «als ob es greifen wollte»; bevor es stehen oder gehen kann, stützt es sich auf die gestreckten Beine und macht gehalten einige Schritte (Steh- bzw. Gehbereitschaft); bevor es sprechen kann, plappert es, «als ob es Reden halten wollte» (Redebereitschaft) usw. Beim geistig und körperlich behinderten Kind ist die vorhandene Bereitschaft oft der Hinweis auf Möglichkeiten zur weiteren Entwicklung, die durch sachgemässe Förderung ausgenützt werden können.

Ein weiteres ist die meist zu wenig beachtete Tatsache der Selbstwahrnehmung, welche der auf die Aussenwelt gerichteten Aktivität vorangeht: Bevor das Kind greift, «beobachtet und studiert» es seine eigenen Finger; bevor es ein erstes Wort mit Bedeutung verwendet, horcht es auf seine eigene Stimme und spielt mit den selbst produzierten Lautverbindungen; bevor es geht, spielt es mit den eigenen Zehen. Diese ersten Selbstwahrnehmungen sind Ausdruck der spezifisch menschlichen Möglichkeit, sich selbst zu begegnen, mit sich selbst umzugehen. Selbstwahrnehmung, Selbstbegegnung ist nicht nur für die Frühzeit, sondern für die gesamte menschliche Entwicklung von grösster Bedeutung.

Die sorgsame Beobachtung des Menschen in seinen ersten Lebensmonaten kann viel zum Verständnis des älteren Kindes und Erwachsenen beitragen. Manches ist der direkten Beobachtung zugänglich, das später im Laufe der Entwicklung nicht nur erweitert, sondern auch überdeckt und damit verborgen wird. Um zu allgemeinen Prinzipien des menschlichen Seins vorzudringen, wenden sich Arzt, Psychologe, Sprachforscher und andere Untersucher daher immer wieder der ersten Lebenszeit zu.

Dieses Buch sei dem Andenken zweier Menschen gewidmet, die die Welt verliessen, kaum dass sie geboren waren: meiner Schwester Ines und unserem vierten Kind Esther.

Zürich, Herbst 1978   Heinz Stefan Herzka

I. Das Gesicht des Säuglings

I. Das Gesicht des Säuglings

1. Die Mimik des Säuglings

Die Fotografie als Momentaufnahme zeigt einen Ausschnitt der beobachteten mimischen Bewegung; durch die Wiedergabe mehrerer Bilder in der natürlichen Reihenfolge des Bewegungsablaufes habe ich versucht, die sich vollziehende Änderung des Ausdrucks darzustellen.

Die Mutter und mit ihr jeder, der in Beziehung zum Kinde tritt, nimmt die Veränderungen seines Gesichtsausdruckes wahr. In der Beschreibung des Erwachsenen lassen sich Mimik und Physiognomik abgrenzen. Physiognomik ist die Lehre von den unbewegten Gesichtszügen, von der Ruhegestaltung des Gesichtes. Die Mimik beschreibt seine Bewegung. Einen Beitrag zur Physiognomik können unsere Bilder nur insofern leisten, als sie von Geburt an bestehende Unterschiede zwischen den einzelnen Menschen erkennen lassen und die noch etwa geäusserte Meinung, «ein Säugling sei wie der andere», widerlegen.

Die Physiognomie, die Ruhegestalt des Gesichtes, ist Änderungen unterworfen, die sich in längeren Zeiträumen vollziehen. Im Säuglings- und Kindesalter lässt sich bisweilen beobachten, wie das Kind zu verschiedenen Zeitpunkten seiner Entwicklung verschiedenen Familienangehörigen (Mutter, Vater, Grosseltern, Onkel oder Tante usw.) in unterschiedlichem Masse ähnlich sieht. Wollte man dies deuten, so hiesse dies etwa: Anlagen, die sich bei den erwachsenen Angehörigen einseitig entwickeln und in den Gesichtszügen «fixiert» ausprägen, sind beim Kinde in verschiedenen Lebensabschnitten unterschiedlich stark erkennbar.

Für die Beobachtung des Säuglings ist es zweckmässig, zwei Gruppen von Ausdrucksbewegungen zu unterscheiden. Wir verwenden dazu die Begriffe ‹spontan› und ‹reaktiv› (in Anlehnung an ihre Verwendung durch *W. Stern*).

Spontane Mimik nennen wir Ausdrucksbewegungen, die ohne bekannten Anlass erfolgen. Der Antrieb dazu kommt von innen heraus (endogen). Was das Kind zu diesen mimischen Bewegungen veranlasst, was für ‹Empfindungen› des Säuglings ihnen zugrunde liegen, wissen wir nicht. Spontane Ausdrucksbewegungen sehen wir an ihm schon in den ersten Stunden nach der Geburt. Bisweilen scheinen die Kinder Grimassen zu schneiden. Diese Mimik findet sich besonders ausgeprägt im Übergang vom Wachen zum Schlafen; auch im Schlaf kommt sie vor. Besonders lebhaft scheint sie oft bei Frühgeborenen in den ersten Lebenswochen. Beim älteren gesunden Kind kommt die spontane Mimik nach den ersten Lebensmonaten noch gelegentlich im Schlaf vor; wir pflegen dann ein Traumgeschehen anzunehmen. Eine bekannte Form spontaner Mimik ist das Engelslächeln, wobei der Mund meist einseitig verzogen wird. Eine andere, definierte, spontan-endogene mimische Bewegung ist das Gähnen; an ihm lässt sich beobachten, wie die spontane Mimik in der Entwicklung allmählich hemmenden Einflüssen untergeordnet wird (Selbstkontrolle, Erziehungsnormen).

Wo solche hemmenden Einflüsse fehlen, wie bei geistig behinderten Kindern, kann die spontane Mimik auf späteren Altersstufen stark ausgeprägt bleiben (leeres Lachen, Grimassieren). Diese mimischen Bewegungen sind von neuromuskulären Koordinationsstörungen, wie sie u. a. bei zerebraler Kinderlähmung (besonders der athetoiden Form) auftreten, und von den Tics wohl zu unterscheiden.

Im Gegensatz zum Säugling und Kleinkind ist der Erwachsene unseres Zivilisationskreises imstande, ein anderes ‹Gesicht zu machen›, als es ihm eigentlich zumute ist. Sofern er ‹seine Sinne beisammen hat›, kann er ‹sich zusammennehmen› und ‹lässt sich nicht gehen›. Durch die rückbezügliche Form der beiden letzteren Redewendungen ist sprachlich ausgedrückt, dass der Erwachsene seinem eigenen «Zumutesein» *(Lersch)* gegenübertreten kann; er vermag sich selbst zu kontrollieren und kritisch zu betrachten. Soviel wir beobachten können, fehlt dem Säugling und Kleinkind die Möglichkeit zu dieser reflexiven Haltung. Darin scheint ein wesentlicher Unterschied zwischen dem Ausdrucksgeschehen in der frühen Kindheit und in späteren Lebensperioden begründet.

Als **reaktive Mimik** bezeichnen wir jene Veränderungen des Ausdrucks, die im Zusammenhang mit einem von aussen an das Kind herantretenden Anlass erfolgen (exogen). Dabei lassen sich zweierlei Situationen unterscheiden, in denen es zu einer Reaktion des Kindes kommt: Es kann sich um *gezielte Sinnesreize* handeln, wie etwa den Ton einer Glocke, das Aufleuchten einer Taschenlampe. Solche Reize sprechen vorerst ein bestimmtes Sinnesorgan (das Gehör, das ‹Gesicht›) an, und das Kind antwortet darauf mit Aufhorchen, Fixieren, mit gezielten Bewegungen der Zu- und Abwendung. Solche Reize können als einwertig (monovalent) bezeichnet werden, da sie ein einzelnes Sinnesorgan ansprechen. Die Antwort des Kindes nennen wir Wahrnehmungsreaktion.

Im Alltag wird das Kind jedoch häufiger als Ganzes angesprochen. Das sehen wir am schönsten, wenn die Mutter ihr Kind auf den Arm nimmt, es liebkost und ihm zuspricht. Solche *Lebensgeschehnisse* sind etwas grundsätzlich anderes als einfache, meist künstliche Reizsituationen. Sie sprechen das Kind gleichzeitig auf verschiedene Weise an und sind mehrwertig (plurivalent). Im Gesicht des Kindes drückt sich aus, wie ihm dabei zumute wird und zumute ist. Das Kind kann fröhlich *sein,* hungrig *sein* usw. Die Mimik ist der sichtbare Ausdruck seines *Seins*zustandes. Im Un-

Tabelle 1. Begriffe für die Beobachtung der Mimik des Säuglings

	Entwicklungsverlauf	Deutung	Anlass	Beispiel
Spontane Mimik	Im frühen Säuglingsalter häufig; vermehrt bei Frühgeborenen (?). Verlängert zu beobachten bei Entwicklungsstörungen (z. B. als leeres Lachen, Grimassieren). Bei gesunden älteren Säuglingen hie und da im Schlaf vorkommend (Träume?)	Schwierig, da Untersucher unbeteiligt	? Empfindungen des Kindes unbekannter Art? Von ‹innen heraus› veranlasst (endogen)	Engelslächeln
Reaktive Mimik a) als Ausdruck einer Wahrnehmungsreaktion	Entwicklungsbedingter Formwandel; allmähliche Entfaltung und Differenzierung	Eindeutig möglich	Einfache (monovalente) Sinnesreize, von aussen an das Kind herantretend (exogen)	Fixieren mit den Augen; Aufhorchen
b) als Ausdruck des Seinszustandes	Anfänglich das ganze Kind ergreifend, allmählich der Selbstkontrolle und der Willkür unterstellt (Verstellung, Schauspieler!)	Auf Einfühlung beruhend, weitgehend möglich	Lebensgeschehnisse, mehrschichtig (plurivalent); abhängig vom inneren Erleben äusserer Ereignisse	Vor und nach einer Mahlzeit

terschied zur spontanen Mimik kennen wir bei diesen Ausdrucksbewegungen den Anlass, der das Kind bewegt; ja wir bilden meist selbst die Ursache; wir regen es an, beruhigen es. Da wir dabei in einer Beziehung zum Kinde stehen, können wir eher mitfühlen und die Deutung des kindlichen Zumuteseins wird uns leichter möglich als für die spontane Mimik.

Durch gezielte Untersuchungen lässt sich ermitteln, dass im dritten Lebensmonat das Lächeln des Kindes durch ein ‹Signal› veranlasst wird, welches in der bewegten Gestalt von Stirn, Nase und Augen besteht und auch die Form einer Maske haben kann *(Spitz)*. Dabei muss man sich natürlich bewusst bleiben (und bei dem genannten Forscher ist dies auch der Fall), dass es zwischen Maske und Kind zu keiner Mutter-Kind-Beziehung kommt. Die Mutter lässt es nicht beim ‹Zeigen des Gesichtes› bewenden; sie spricht den Säugling an, berührt ihn, nimmt ihn auf den Arm. All dies geschieht gleichzeitig mit dem ‹Zeigen des Signals›, durch das dieses erst seinen Sinn erhält. Im Gegensatz zur Untersuchungssituation spielt sich das Lächeln des Kindes im Rahmen der Mutter-Kind-Beziehung ab, im ‹affektiven Klima› *(Spitz)*. Es ist gerade das Bedeutungsvolle für die Entwicklung des Kindes, dass es in seiner Gesamtheit angesprochen wird.

Die angeführten Begriffe lassen sich in obenstehender Übersicht darstellen (Tab. 1). Sie sollen einer klaren Fragestellung in der Beobachtung dienen: was soll beobachtet werden? Um was für eine Ausdrucksbewegung handelt es sich vorwiegend?

Während der Untersuchung ist eine genau Trennung entsprechend den theoretischen Begriffen oft nicht möglich, denn die Wahrnehmungsreaktion führt unmittelbar zu einer engeren Kontaktnahme mit dem Kind und damit zu einer Veränderung seines Seinszustandes. Anderseits müssen wir, um eine bestimmte Reaktion zu erhalten, das Kind häufig erst in die richtige Stimmung bringen, d. h. seinen Seinszustand verändern.

Im Wort ‹Re-aktion› ist enthalten, dass es sich um eine Rück-wirkung (z. B. auf die Mutter) handelt und dass die Antwort als wesentliches Element eine Bewegung enthält. Diese Rückwirkung stellt den Anfang einer wechselseitigen Beziehung zwischen Kind und Objekt (Spielzeug) und Kind und Mutter bzw. Pflegeperson, dar[1].

Der Einteilung unserer Aufnahmen haben wir nicht das begriffliche Schema zugrunde gelegt, sondern die Fragen, wie sie für die Untersuchung gestellt werden:

Wie ist das spontan mimische Verhalten?
Wie hört und horcht, sieht und schaut das Kind?
Wie entwickelt sich die Beziehung zur eigenen Hand und ihre Beherrschung, das Greifen?
Was lässt sich im Zusammenhang mit Lautbildung und Nahrungsaufnahme sehen?
Wie wird die Fühlungnahme mit dem Untersucher sichtbar?

Für die Beziehung zum Säugling wie für den Gang der nachfolgend beschriebenen Untersuchungen ist die zuletzt genannte Frage besonders wesentlich; einige diesbezügliche Aufnahmen sind am Schluss der Schrift wiedergegeben. Das Geschehen, welches sie darstellen, ist einer begrifflichen Darstellung schwer zugänglich und lässt sich besser erfassen als erklären.

---

[1] Die «Theorie der Einheit von Wahrnehmen und Bewegen» *(V. v. Weizsäcker)* scheint mir für die Säuglingsentwicklung von entscheidender Bedeutung.

2. Neuere Forschungsarbeiten*

In diesem Beitrag werden ausdruckspsychologische, medizinische und entwicklungspsychologisch orientierte Arbeiten des letzten Jahrzehnts berücksichtigt, wobei angesichts der Reichhaltigkeit und Vielfältigkeit der Publikationen keine Vollständigkeit erwartet werden darf. Dies trifft insbesondere für die – vorwiegend englischsprachigen – Literaturangaben zu, die nur eine beschränkte Auswahl darstellen. Wenn *Herzka* (1966) feststellte, dass «eine befriedigende systematische Darstellung der Zusammenhänge in diesen Bereichen beim heutigen Stand unseres Wissens noch nicht möglich ist», so gilt dies auch weiterhin.

a) Ausdruckspsychologische Arbeiten

Bei der Durchsicht der entsprechenden Fachliteratur stiessen wir auf zwei Arbeiten, die für unseren Zusammenhang von einer gewissen Bedeutung sind und deshalb kurz kommentiert werden sollen. Zuvor sei jedoch auf das allgemein gehaltene Werk ‹Ausdruckspsychologie› (*Buser* 1973) hingewiesen, in dem der Verfasser die Ausdruckspsychologie nach historischen, methodischen und systematischen Gesichtspunkten darstellt.

In Anbetracht der Kritik, der die ältere Physiognomikforschung wiederholt ausgesetzt war, ist man erstaunt, dass in der Zweitauflage des Werkes von *Buttkus* (1970) die Physiognomik ein «neuer Weg zur Menschenkenntnis» genannt wird. Obwohl es bereits seit einigen Jahrzehnten erwiesen ist, dass Übereinstimmungen bestimmter Gesichtszüge mit (angeblich) entsprechenden Charaktereigenschaften *nicht* zu belegen sind[1], hält Buttkus an diesem Standpunkt fest und meint:

> «Da die Veranlagung sich in Kopf- und Gesichtsbildung widerspiegelt, kann schon beim Kleinkind, ja beim Säugling eine Charakterbeurteilung durchgeführt werden, so dass die ... Eltern frühzeitig darüber unterrichtet werden können, was sie im Grossen vom Kind an Gemüt und Begabung, Charakter und Leistung erwarten dürfen» (S. 245).

Auch *Leonhard* bringt in seinem Buch ‹Der menschliche Ausdruck› (1968) zahlreiche Erwachsenen- und einige Kinder- und Kleinkindgesichter als Beispiele für die Veranschaulichung von Ausdruckserscheinungen. Jedoch ist diesem Werk mit viel weniger Vorbehalten als dem oben genannten zu begegnen, enthält sich der Autor doch bei der Interpretation der dargestellten Mienen und Gesten jeglicher charakterologischer Deutungen.

Leonhard definiert Ausdruckserscheinungen als «körperliche Abläufe ..., die unmittelbar, d.h. ohne Zwischenschaltung eines psychischen oder körperlichen Vorgangs, von dem Kunde geben, was im Menschen psychisch vorgeht» (S. 9). Zur Entstehung der Ausdrucksbewegungen meint *Leonhard*, dass diese «grundsätzlich nichts mit Zweckbewegungen zu tun haben und nur ausnahmsweise von diesen ableitbar sind; ... dass sie nicht im Leben erworben werden, sondern von Geburt an vorhanden sind» (S. 26). In einem Kapitel kommt der Autor auch auf die Mienen des Lachens und Weinens zu sprechen (S. 150ff.) und nimmt hier kurz zum Lächeln des Säuglings Stellung. Beachtenswert ist ferner Leonhards «Versuch einer Entwicklungsgeschichte des Mienenspiels» (S. 245ff.), bei der er verschiedene entwicklungsgeschichtliche Perioden der Ausdrucksbewegungen unterscheidet.

Insgesamt gesehen bietet jedoch das Werk dem Leser, der besonders am kleinkindlichen Gesichtsausdruck interessiert ist, wenig Informationen.

b) Medizinische Arbeiten

In neueren medizinischen Publikationen lassen sich zwei – teilweise ineinander übergehende – Forschungsrichtungen unterscheiden: Einerseits ist man im Rahmen von Entwicklungsuntersuchungen daran interessiert, die normalen, altersgemässen mimischen Reaktionen des Neugeborenen oder Kleinkinds festzustellen. Andererseits liegen zahlreiche Arbeiten über Normabweichungen oder krankhafte Veränderungen des kindlichen Kopfes oder einzelner Gesichtszüge vor, die mit bestimmten Krankheitsbildern in Beziehung gebracht werden.

Nach *Dargassies* (1974) dient die neurologische Untersuchung des Kleinkindes der Beantwortung einer ganz bestimmten Frage: Ist es normal oder nicht? Die Antwort auf diese Frage sollte einerseits positive Angaben darüber enthalten, ob die dem Alter entsprechenden Fähigkeiten vorhanden und gut ausgebildet sind. Dabei müssen motorischer, intellektueller und affektiver Bereich als Teile des gesamten Entwicklungsstandes getrennt beurteilt werden. Andererseits sollte die ärztliche Untersuchung durch eine systematische Prüfung der wichtigsten neurologischen Zeichen Störungen der kindlichen Entwicklung möglichst frühzeitig aufdecken. Dargassies liefert detaillierte Hinweise zur Erstellung eines Entwicklungsprofils, bei dem alle normalen und pathologischen Befunde, einschliesslich solcher aus dem Bereich der Mimik, übersichtlich vermerkt werden können.

In den Arbeiten von *Stark* und *Nathanson* (1973) ‹Spontanes Schreien beim Neugeborenen; Laute und Gesichtszüge› und *Rich* et al. (1974) ‹Die normale Neugeborenen-

---

* Von *W. Reukauf*, lic. phil.
[1] Vgl. dazu die Arbeiten von *Brunswick* und *Reiter* (1937); *Cohen* (1969); *Hofstätter* (4. Aufl. 1966); *Schönberger* (1963, 1965); *Secord* (1958).

reaktion auf Stimulation durch Nadelstich› werden normale mimische und andere Verhaltensmuster des Neugeborenen beschrieben.

Bei Untersuchungen an normalen, anenzephalen (grosshirnlosen) und hydrozephalen (‹Wasserkopf›-)Kindern konnte *Steiner* (1973, 1974) verschiedenartige Gesichtsausdrücke bei Geschmacks- und Geruchsreizen beobachten. Dabei war die Tatsache besonders aufschlussreich, dass sowohl die gesunden als auch die missgebildeten Kinder auf einen bestimmten Reiz die gleichen Reaktionen zeigten. Dem Autor dienten diese Ergebnisse als Zeichen dafür, dass diese reflexähnlichen Reaktionen von den neuralen Strukturen des Hirnstamms und nicht vor der Grosshirnrinde gesteuert werden. Er interpretierte sie als reizabhängige, angeborene Verhaltensmerkmale, die als Teile des menschlichen nicht-verbalen Kommunikationssystems der Mutter-Kind-Beziehung dienen, signalisieren sie doch der Mutter in eindrücklicher Weise die Annehmbarkeit oder Unannehmbarkeit bestimmter Nahrungsmittel.

Aus der Fülle von Arbeiten über krankhafte Veränderungen des kindlichen Kopfes oder einzelner Gesichtszüge seien als Auswahl die folgenden herausgegriffen:

Perlman und *Reisner* (1973) und *Walbaum* (1975) stellten in Untersuchungsreihen an etlichen Tausend Neugeborenen bei weniger als 1% der Untersuchten eine asymmetrische Verformung des Mundes beim Schreien fest, die mit einer Entwicklungsstörung eines bestimmten Gesichtsmuskels in Zusammenhang gebracht wurde. Nach Meinung der Autoren tritt diese Auffälligkeit vermehrt bei solchen Kindern auf, bei denen auch Missbildungen anderer Körperteile vorkommen, so dass in bestimmten Fällen sogar von einem sogenannten «kardiofazialen Syndrom» gesprochen werden kann.

Losekoot und *Nelis* (1975) stellen eindrückliche Beispiele für ihre These vor, dass «bei manchen Syndromen das Gesicht des Patienten so typisch ist, dass eine korrekte Diagnose ‹auf einen Blick› gestellt werden kann» (S. 485). Bei den abgebildeten Kleinkindern und Kindern handelt es sich um Fälle von Mongolismus, Turner-Syndrom, Trisomie 18, idiopathischer Hyperkalzämie und Mukopolysaccharidose, also um genetisch oder stoffwechselbedingte Entwicklungsstörungen, bei denen zusätzlich noch Herzanomalien festgestellt worden waren.

Im Vorwort zum reich bebilderten klinischen Atlas ‹Das Gesicht bei genetischen Störungen› (*Goodman* und *Gorlin* 1970) halten die Autoren fest, dass eine Vielzahl genetischer Syndrome nicht allein durch Laboruntersuchungen diagnostiziert werden könne, sondern zusätzlich durch eine genaue Beobachtung der Kopfform und der Gesichtszüge des Patienten. Werke dieser Art, wie auch diejenigen von *Aita,* ‹Angeborene Gesichtsanomalien und neurologische Defekte› (1969) und der Sammelband ‹Dritte Konferenz über die klinische Schilderung von Geburtsdefekten› (1971) sollen u.a. dazu beitragen, dem Arzt eine Vielzahl von Gesichts- und Schädelmissbildungen, die im Zusammenhang mit genetischen oder neurologischen Störungen auftreten können, vor Augen zu führen und damit seinen «diagnostischen Blick» zu schärfen.

Behaupteten einstmals die «Physiognomiker» — zu Recht oder zu Unrecht —, dass das Gesicht den Charakter verrate, so gilt heutzutage in der modernen Medizin für zahlreiche Fälle der Aphorismus «the face predicts the brain» (Das Gesicht gibt Aufschluss über das Gehirn) (*Aita* 1969, S. VII).

Für nähere Einzelheiten verweisen wir den medizinisch interessierten Leser auf die oben genannten Werke sowie auf eine Reihe deutschsprachiger (*Ferrandez* und *Schmid* 1971; *Laubichler* 1973, *Majewski* et al., 1972; *Mansone* und *Feldmane* 1973; *Pfeiffer* et al. 1972; *Pfeiffer* und *Slavaykoff* 1975; *Scheibenreiter* und *Lachmann* 1974) und englischsprachiger Arbeiten (*Bofinger* et al. 1973; *Buchta* et al. 1973; *De Busk* 1972; *Elsahy* 1973; *Fitch* und *Lachance* 1972; *Frage* et al. 1973; *Fryns* et al. 1972; *Lee* et al. 1972; *O'Brien* 1972, *Papadatos* et al. 1974, *Raiti* und *Newns* 1971; *Stern* et al. 1972; *Wadlington* et al. 1973; *Walker* et al. 1972).

c) Entwicklungspsychologische Arbeiten

In seinem Artikel ‹Entwicklung der Objektbeziehungen während des ersten Lebensjahrs› stellt *Robson* (1972) fest, dass in den letzten zehn Jahren eine bedeutende Zunahme an experimentellen und theoretischen Arbeiten über das erste Lebensjahr zu verzeichnen sei. Dabei handelt es sich einerseits um Laboruntersuchungen zur Erforschung der Wahrnehmungs- und Verstandesfähigkeiten von Säuglingen, andererseits um Beobachtungen von Müttern und Kleinkindern in ihrer häuslichen Umgebung. An einer Deutung der Untersuchungsergebnisse beteiligen sich u.a. Neugeborenen-Physiologen, Pädiater und Psychiater, Verhaltensforscher, Entwicklungs- und Sozialpsychologen sowie Psychoanalytiker. So kann mit Recht davon gesprochen werden, dass die gegenwärtigen Studien zur frühen Kindheit durch das Zusammentreffen und die Integration von einst weit voneinander entfernten methodologischen Schulen und wissenschaftlichen Disziplinen gekennzeichnet sind (zusammengefasst nach *Robson* 1972, S. 301; *Hofer* 1975, S. 2).

Wir stellen im folgenden zuerst eine Reihe vorwiegend entwicklungspsychologisch orientierter Arbeiten vor, bei denen die Gesichtszüge, vor allem das Lächeln von Säuglingen, im Mittelpunkt des Interesses stehen, und beschliessen unsere Übersicht mit Hinweisen auf Forschungsergebnisse zur Entstehung der Mutter-Kind-Beziehung.

Im Rahmen einer Untersuchung, die das Lächeln Neugeborener im Schlaf, während der sogenannten REM-Stadien (Rapid-Eye-Movements-States) zum Inhalt hatte, stellten *Emde* et al. (1971) fest, dass bei Frühgeborenen ein signifikant häufigeres sogenanntes ‹endogenes› Lächeln beobachtet werden konnte als bei voll ausgetragenen Neugeborenen.

In einer weiteren Arbeit von *Emde* et al. (1972) geht es um Ursprung und Entfaltung von zwei frühen Arten des Lächelns, die vor dem eigentlichen sozialen Antwortlächeln entstehen, das mit ca. 2½ Monaten einsetzt: das ‹exogene› Lächeln.

Nach diesen Autoren ist das *endogene Lächeln* bereits bei der Geburt zu beobachten. Es ist eine Art ‹spontanes› Verhalten, das mit spezifischen elektrophysiologischen Zeichen in den REM-Stadien in Beziehung steht. Diese Form des Lächelns geht von Strukturen des Hirnstamms aus und wird durch die nachfolgende Reifung des Grosshirns gehemmt.

Das *exogene Lächeln* besteht hingegen noch nicht bei der Geburt und setzt als unregelmässige Antwort auf äussere Stimulation erst gegen Ende des ersten Lebensmonats ein. Es tritt bei einer Vielzahl von Reizen der verschiedenen Sinnesmodalitäten auf und geht später in das soziale Antwortlächeln über (zusammengefasst nach *Emde* et al. 1972, S. 198).

Zelazo und *Komer* (1971) boten Säuglingen mit einem mittleren Alter von 13 Wochen verschiedene nicht-soziale visuelle und auditive Reize verschiedener Komplexität dar. Sie beobachteten, dass die Kinder bei zunehmend vertrauteren Reizen zu lächeln begannen, als ob sie ihrer ‹Freude› über das Wiedererkennen der gezeigten Bilder oder der wahrgenommenen Töne Ausdruck geben wollten.

Auf interessante Zusammenhänge entwicklungspsychologischer, psychopathologischer und kulturgeschichtlicher Art hat *Pontius* (1974, 1975) aufmerksam gemacht. Sie konnte nachweisen, dass Kinder bis zum Alter von 18 Wochen bei dargebotenen Masken aus Neuguinea bereitwilliger lächelten, als wenn man ihnen Masken unseres Kulturkreises oder ein natürliches Gesicht zeigte. Im Gegensatz dazu stellte sich bei Kindern über 18 Wochen ein Antwortlächeln schneller bei einem natürlichen Gesicht als bei irgendwelchen Masken ein. 1jährige Kinder reagierten sogar mit grosser Angst auf die altertümlichen Masken. Die Autorin deutete diese Ergebnisse dahingehend, dass die neolithische Darstellungsweise des menschlichen Gesichts in Neuguinea der Art und Weise entspricht, wie ein Kleinkind Gesichtskonfigurationen wahrnimmt. Diese archaischen Formen der Gesichtswahrnehmung werden vom älteren Kind verdrängt, geraten so in Vergessenheit und lösen bei einer späteren Wiederbegegnung Furcht aus. Im Erwachsenenleben werden, nach Erfahrungen der Autorin, Gesichtskonfigurationen ähnlich den neolithischen Vereinfachungen nur noch während der neurologischen Störung der Prosopagnosie[2] visuell erfahren.

In einer Reihe von Arbeiten berichtete *Tautermannová* (1973a–c, 1974, 1975) über intra- und interindividuelle Unterschiede kindlicher Verhaltensweisen, wobei sie die Dauer der Wachzeit, Vokalisieren, allgemeine Körperaktivität und Gesichtsbewegungen, einschliesslich des Lächelns, berücksichtigte. Sie konnte u. a. feststellen, dass bei einzelnen Kindern bedeutsame intraindividuelle Unterschiede in der Ausprägung dieser verschiedenen Aktivitäten zu beobachten waren, die zum Teil vom Alter der Kinder abhingen. Ferner wies sie nach, dass bereits beim Verhalten Neugeborener bedeutsame interindividuelle Unterschiede innerhalb der erwähnten Verhaltenskategorien bestehen, die die weiteren Lebensbedingungen des Kindes entscheidend mitbeeinflussen können. So bietet z. B. eine längere Zeit des Wachseins einem Säugling mehr Gelegenheit, sich durch Beobachten und Manipulieren mit seiner Umwelt vertraut zu machen. Längere Vokalisierungsphasen, häufigeres Lächeln und eine grössere Leichtigkeit, mit der es hervorgerufen werden kann, verschaffen einem Kind erhöhte Aufmerksamkeit von seiten der Erwachsenen, bewirken eine Vermehrung und Intensivierung mütterlicher Gefühle und Zuwendungsreaktionen und ermöglichen somit eine grössere Ausweitung sozialer Wechselbeziehungen.

Bevor wir uns noch näher mit Arbeiten über verschiedene Aspekte der Mutter-Kind-Beziehung beschäftigen, sei auf eine Reihe von Untersuchungen hingewiesen, in denen Reaktionen des Kindes — einschliesslich solche mimischer Art — bei der Begegnung mit fremden Personen und bei Trennung von der Mutter oder von den Eltern beschrieben werden (*Bronson* 1972; *Corter* 1973; *Katan* 1972; *Kotelchuk* et al. 1975; *Leifer* et al. 1972; *Rheingold* und *Eckerman* 1973; *Stayton* et al. 1973).

Mitbedingt durch die Forschungsergebnisse zum Konzept der Bindung («attachment») von *Bowlby* (1969, 1973, 1975) und *Ainsworth* (1969, 1972) wandelte sich im Laufe der letzten Jahre unser Bild vom ganz jungen Kind. Wurde es früher fast ausschliesslich als Empfänger oder gar als wehrloses Opfer elterlichen Einflusses angesehen, so weiss man heute, dass bereits das Verhalten des Säuglings das seiner Eltern zu beeinflussen und zu formen vermag (zusammengefasst nach *Hofer* 1975, S. 1; *Hulsebus* 1973, S. 419).

Nach *Bowlby* entwickelt sich Bindung aus der Wechselbeziehung zwischen einer Reihe von angeborenen kindlichen Verhaltensweisen (wie Schreien, Lächeln, Saugen, Anklammern, Verfolgen mit den Augen, Anblicken, Gruss- und Explorationsverhalten) und den elterlichen Antworten, die von diesen Verhaltensweisen ausgelöst werden. Geht es in neueren allgemeinen Arbeiten zur Physiognomik Erwachsener und Kinder u. a. um die Frage, welche Wirkungen bestimmte Gesichtskonfigurationen auf den Betrachter ausüben, so begegnen wir ähnlichen Fragestellungen in den Arbeiten *Bowlbys* und anderer Forscher (z. B. bei *Cohen* 1974; *Geiger* 1973; *Ling* und *Ling* 1974; *Papoušek* und *Papoušek* 1975; *Robson* 1972; *Southwood* 1973; *Vine* 1973), nur mit dem Unterschied, dass hier neben physiognomischen und mimischen Merkmalen auch eine Vielzahl weiterer kindlicher Verhaltensweisen und seine Einflüsse auf die Betreuer untersucht werden.

Geiger (1973) wies in ihrer Übersicht über die ‹Anfänge der Entwicklung des Psychikums› darauf hin, dass die bereits beim Neugeborenen vorhandene Fähigkeit zur Unterscheidung verschiedener sensorischer Reize als erster Schritt in Richtung der sozialen Interaktion zu betrachten ist.

«Mit Hilfe verschiedener Reaktionen (wie Weinen, Beruhigung) kann das Kind bereits in den ersten Lebenswochen einen nicht zu unterschätzenden Einfluss auf seine Umgebung ausüben, indem es einige sensorische Wirkungen vergrössert, andere dagegen auf Null herabsetzt» (S. 272).

Nach *Cohen* (1974) führt das selektive (auswählende) Antworten des Kindes auf Zuwendung, das z. B. in einem häufigeren Lächeln beim Anblick des Gesichts der Mutter als bei dem eines Fremden bestehen kann, zu einer Verstärkung der mütterlichen Bindung an das Kind. Umgekehrt gilt aber auch, dass das Unvermögen eines Kleinkindes, solche Antworten zu geben (was z. B. bei Kindern mit angeborener Blindheit oder mit einem Hirnschaden der Fall ist), zu einer Störung der Mutter-Kind-Beziehung, ja sogar zu einer versteckten oder offenen Ablehnung des Kindes durch die Mutter führen kann (nach *Robson* 1972, S. 306). In ähnlicher Weise äussern sich *Papoušek* und *Papoušek* (1975) über Möglichkeiten einer gestörten Kommunikation zwischen Mutter und Kind und halten zusammenfassend fest:

«Mangelnde Erfahrung, Unsicherheit oder stark bevorzugte Interessen auf seiten der Mutter und körperliche Beeinträchtigungen oder Krankheiten auf seiten des Kindes können oft zu einer Situation führen, in der die Mutter-Kind-Beziehung unberechenbar und für das Kind unverstehbar wird» (S. 256).

Eine gute Übersicht über die vielfältigen Aspekte der normalen oder beeinträchtigten Mutter-Kind-Beziehung bieten schliesslich der von *Cranach* und *Vine* 1973 herausgegebene Sammelband ‹Soziale Kommunikation und Bewegung› sowie der Bericht vom 33. Ciba Foundation Symposium (1975), der den Titel ‹Eltern-Kind-Interaktion› trägt.

---

[2] Prosopagnosie: «Physiognomische Agnosie, bei der ein Gesicht zwar als Gesicht, aber nicht als dasjenige einer bestimmten Persönlichkeit erkannt werden kann (nach Pschyrembel [251]1972).

3. Methodik und Technik der Aufnahmen

Dass das Kind durch Fotografieren in seinem natürlichen Verhalten nicht gestört werden durfte, war die Bedingung für alle vorliegenden Aufnahmen. Sämtliche Fotografien wurden bei Tageslicht, ohne jede künstliche Beleuchtung aufgenommen. Teleobjektiv und Fernauslöser ermöglichten dem Beobachter, sich ganz ausserhalb des Blickfeldes des Kindes zu begeben, wo dies wünschenswert schien (spontane Mimik); wo er in Beziehung zum Säugling treten musste, konnte der Fotoapparat in genügender Entfernung aufgestellt werden, so dass er im allgemeinen nicht die Aufmerksamkeit des Kindes auf sich zog. Die Arbeit bei Tageslicht bedingt eine relativ lange Belichtungszeit ($1/10$ bis $1/100$ Sekunde) und eine weite Blendenöffnung. Daraus ergibt sich eine Einschränkung der Tiefenschärfe auf das unbedingte Mindestmass und eine auf manchen Bildern deutlich sichtbare Bewegungsunschärfe.

Die Bewegungsunschärfe der Portraitfotografie verdient besondere Beachtung. Es ist bekannt, wie Blitzlichtaufnahmen von Personen starr und unlebendig wirken. Dies mag zum Teil auf die Lichtqualität zurückzuführen sein. Anderseits kann man auch annehmen, dass über das Gesicht des Menschen fortwährend feine mimische Regungen laufen, die von unserem Auge nicht als Bewegung wahrgenommen werden und dennoch dem Gesicht seine ‹Lebendigkeit› verleihen *(Spoerl)*. Wird nun bei der Blitzlichtaufnahme die Belichtungszeit aufs äusserste verkürzt, so entgehen dem Bilde diese minimalen Veränderungen, während sie bei längerer Belichtungsdauer (Aufnahme bei Tageslicht oder mit Lampe) der Fotografie einen lebensnäheren Ausdruck geben, ohne als Unschärfe aufzufallen. Die ‹Lebendigkeit› eines fotografischen Bildes würde demnach teilweise auf einer ‹unterschwelligen Bewegungsunschärfe› beruhen. Selbst dort aber, wo die Unschärfe für das Auge deutlich wahrnehmbar ist, trägt sie zur natürlichen Wirkung eher bei, als dass sie störend wirkt.

Die Ausdrucksfotografie bezweckt weniger eine technisch vollkommen scharfe Wiedergabe, als vielmehr die Darstellung der ‹Impression der Bewegung›.

Es wäre zweifellos wünschenswert gewesen, über genügend Aufnahmen gesunder Kinder in der Mutter-Kind-Beziehung und normalen Umgebung ihres Heimes zu verfügen. Da uns dies praktisch nicht möglich war, wurden die Aufnahmen von Kindern der Säuglingsstation gemacht, die in der Rekonvaleszenz weit fortgeschritten oder ohne erheblichen Befund hospitalisiert waren, sowie von gesunden Frühgeborenen. Geburtsgewicht, Hospitalisationstag und Gewicht im Zeitpunkt der Aufnahme sind in der Tabelle am Ende von Teil I (S. 88) zusammengestellt.

Sie gibt Hinweise auf den allgemeinen Gesundheitszustand des Säuglings; auf dessen Bedeutung für das mimische Verhalten wurde bereits hingewiesen.
Häufigkeit, Reichtum, Ausdruckskraft mimischer Bewegungen und das Alter, in dem bestimmte Reaktionen erstmals auftreten, sind zweifellos auch von der Art der Beziehung zwischen Mutter und Kind bzw. Pflegerin und Kind beeinflusst. Mit den vorliegenden Aufnahmen, die prinzipielle Entwicklungsschritte darstellen sollen, kann auf diesen Problemkreis nicht eingegangen werden[3].

Die Säuglinge wurden bis 2 Stunden lang beobachtet und dabei wiederholt fotografiert. In der Wiedergabe mehrerer Bilder einer Aufnahmeserie wurde die natürliche Reihenfolge eingehalten.

---

[3] Zur Frage der Störungen in der Mutter-Kind-Beziehung vgl. u. a. die Beiträge verschiedener Autoren in: ‹Deprivation of Maternal Care — A Reassessment of its Effects›, herausgegeben von der World Health Organization (Genf 1962).

4. Die spontane Mimik

(Abb. 1–22)

Als spontane Mimik bezeichnen wir Ausdrucksbewegungen des Gesichtes, welche ohne äusseren Anlass erfolgen (vgl. S. 11). Sie sind ‹von innen heraus› (endogen) bedingt, bilden keine Antwort auf einen Sinnesreiz und scheinen nicht von bestimmten Lebensgeschehnissen — wie ‹auf den Arm genommen werden›, ‹durch die Mahlzeit gesättigt werden› — abhängig zu sein. Im Laufe der Entwicklung tritt die spontane Mimik allmählich zurück, während sich die nicht-spontanen Wahrnehmungsreaktionen und die Umgebungsbezogenheit des Kindes immer mehr entfalten.

Im Gesicht des Neugeborenen wird das Unreife des Ausdrucks durch den Überzug mit der Vernix caseosa, einer aus Talg und abgestossenen Hautteilen bestehenden Schicht, betont (Abb. 1); schon wenige Stunden nach der Geburt wirkt das Kind reifer (Abb. 2). In den ersten Lebenstagen liegt es oft in einem Zustand von ‹Schlafen mit offenen Augen› da (Abb. 3).

Während der Geburt entstehen Verformungen des Gesichtes, die Asymmetrien der Ausdrucksbewegungen zur Folge haben und sich in den ersten Lebenswochen allmählich zurückbilden (Abb. 4–6).

Die spontane Mimik kann nur angedeutet sein (Abb. 8), oder das gesamte Gesicht des Kindes kann daran teilnehmen; *A. Peiper* hat das «Ausbreitungsreaktion» genannt (Abb. 11). Manche Formen sind fest umschrieben: das Engelslächeln (Abb. 8 und 10) und das Gähnen (Abb. 11 und 16). Andere veranlassen den Betrachter zu verschiedenen Bezeichnungen, die auf der Ähnlichkeit mit Ausdrucksbewegungen des Erwachsenen beruhen und deshalb von zweifelhafter Berechtigung sind. Bisweilen entstehen pantomimeartige Reihen (Abb. 13–16; 17–19); entgegengesetzt wirkende Bilder können sich unmittelbar folgen (Abb. 9–10).

Das Gebiet der Physiognomik berühren die Abbildungen 20–22. Sie zeigen die Ähnlichkeit von Geschwistern in den ersten Lebenswochen.

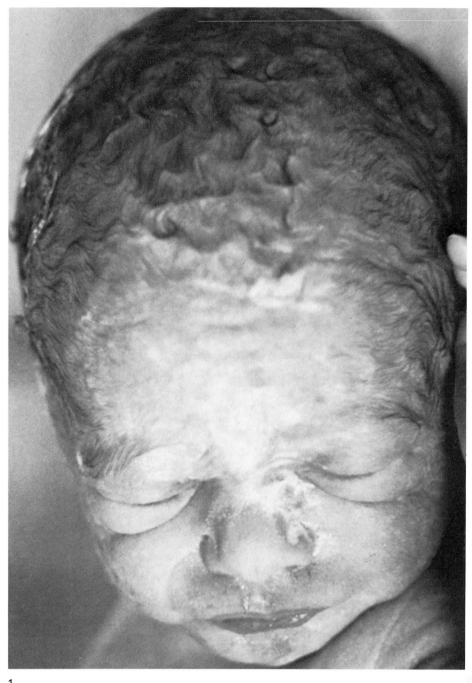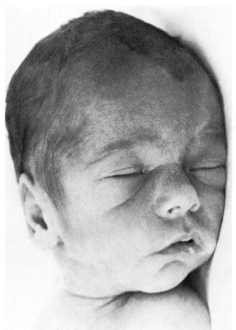

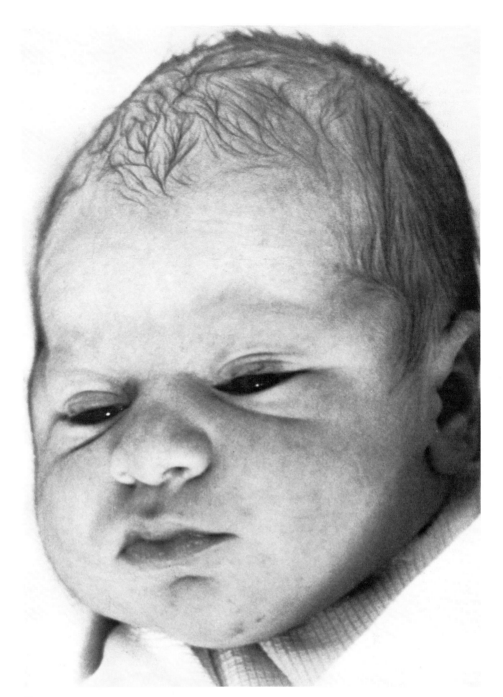

3

Abb. 1. Emilio (1 Stunde und 40 Minuten). Körper und Gesicht des Neugeborenen sind von der Vernix caseosa überzogen, wodurch der Eindruck des Unentfalteten und Unreifen verstärkt wird.

Abb. 2. Emilio (4 Tage). Der Ausdruck des tief schlafenden Kindes ist vollständig entspannt; es wirkt weniger unreif als kurz nach der Geburt. Am Nasenrücken sind zahlreiche Milien sichtbar (bläschenartig erweiterte Talgdrüsen, die sich innerhalb der ersten Lebenswochen zurückbilden).

Abb. 3. Toni (4 Stunden). Das Neugeborene verharrt zeitweise in einem Zustand von ‹Schlafen mit offenen Augen›. Um eine Antwort auf einen Reiz zu erhalten, ist – trotz der geöffneten Augen – ein Weckvorgang notwendig; die «zentrale Aktivität» *(W. Stern)* scheint unterbrochen zu sein.

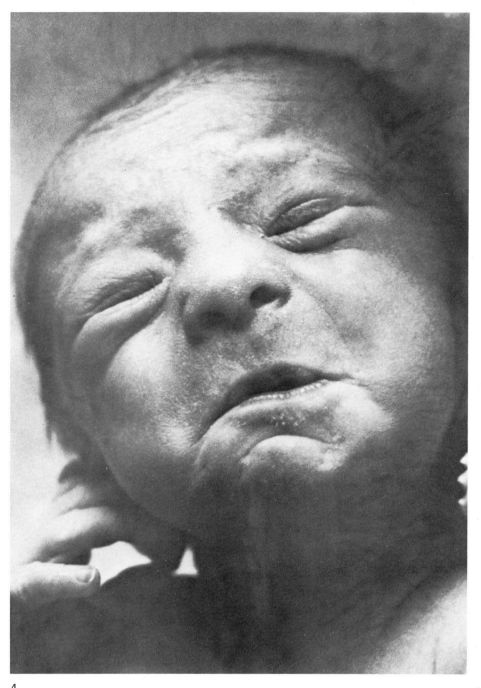

Abb. 4. Roger (8 Stunden). Durch den Geburtsvorgang kann eine Asymmetrie hervorgerufen werden, die sich in den ersten Lebenswochen zurückbildet; hier ist sie durch eine leichte Lähmung des Gesichtsnervs bedingt.

Abb. 5. Roger. Die Asymmetrie wird besonders deutlich, wenn das Kind schreit.

Abb. 6. Roger (1 Woche). Besonders in der Mundgegend ist die Asymmetrie noch sichtbar. Der die äussere Augenmuskulatur versorgende Nervenast ist nicht betroffen: Das linke Auge kann fest zusammengepresst werden, während der gleichseitige Mundwinkel erschlafft ist.

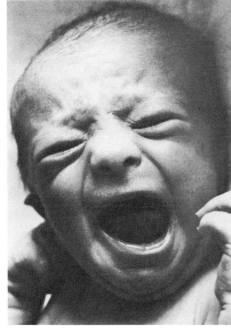

5

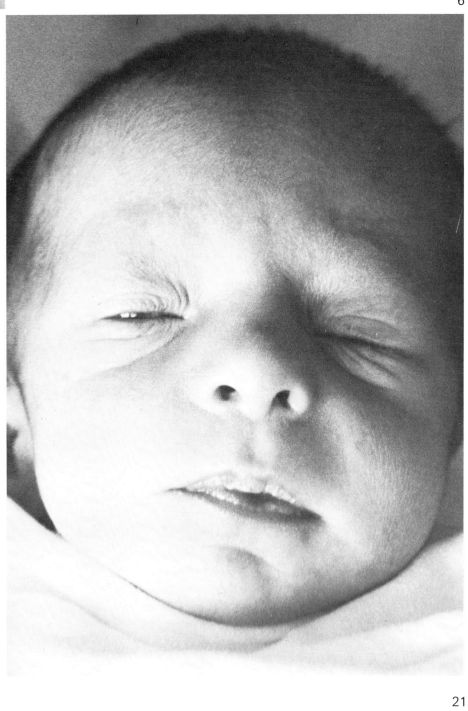

6

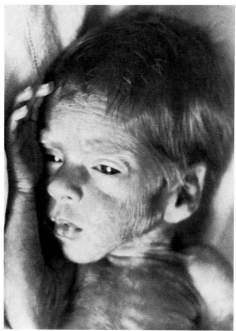

7

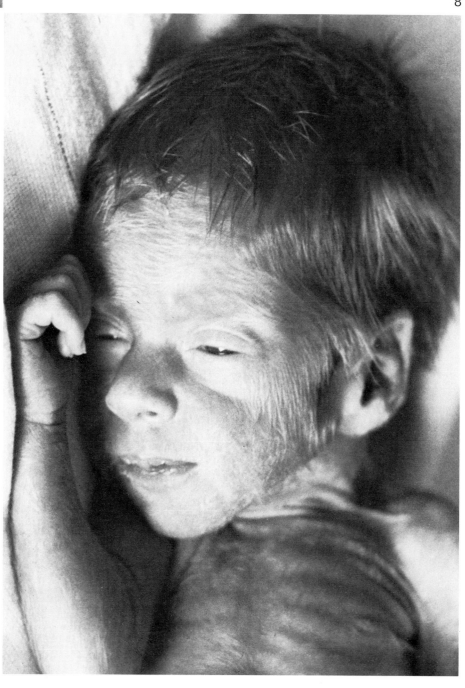

8

22

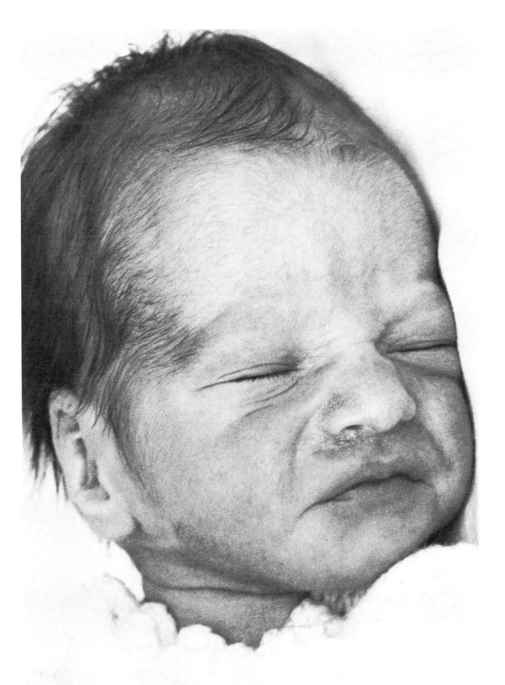

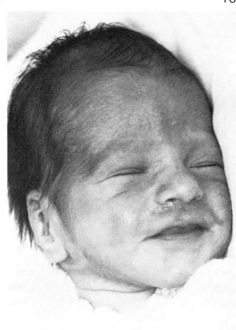

Abb. 7. Susi (3 Wochen). Frühgeborene haben oft eine starke Lanugobehaarung, die sich mit der Zeit verliert; selten ist sie im Gesicht so stark ausgeprägt wie bei diesem Kind; ‹Schlafen mit offenen Augen›.

Abb. 8. Susi. ‹Engelslächeln› heisst der Ausdruck, der hier durch das einseitige Verziehen des linken Mundwinkels entsteht. Es ist dies eine feste Form spontan-endogener Mimik.

Abb. 9. Jürg (11 Tage). Spontane Mimik im Schlaf; es entsteht ein Ausdruck des Unbehagens.

Abb. 10. Jürg. Unmittelbar darauf entsteht ein gegenteilig wirkender Gesichtsausdruck, das ‹Engelslächeln›.

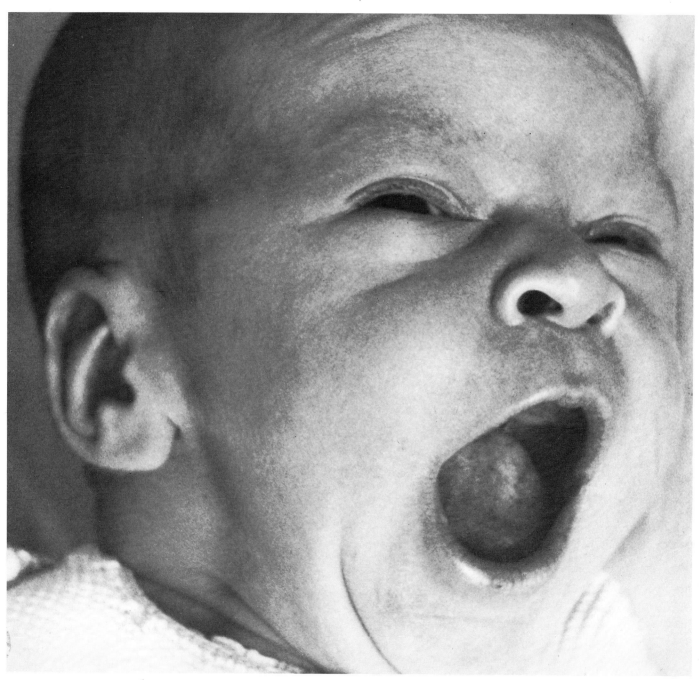

Abb. 11. Martin (3 Tage). Gähnen ist, wie das Engelslächeln, eine fest umschriebene spontan-mimische Bewegung. Bezeichnend für den jungen Säugling ist, wie hier jede Hemmung des Bewegungsimpulses fehlt, so dass das ganze Gesicht des Kindes ergriffen wird. *A. Peiper* nennt dies Ausbreitungsreaktion.

Abb. 12. Martin. Ruhezustand der Mimik bei demselben Kind; Schielen. Schielen ist in den ersten Lebenswochen häufig zu beobachten und wird allmählich seltener, sobald das Kind mit den Augen zu folgen und zu fixieren beginnt. Nach diesem Zeitpunkt sollte häufiges starkes Schielen zu einer augenärztlichen Untersuchung veranlassen. Gelegentliches leichtes Schielen kommt bis gegen Ende des ersten Lebensjahres vor. Kein auch nur zeitweise schielendes Kind darf nach dem ersten Geburtstag ohne Kontrolle durch den Augenarzt bleiben (Gefahr der Schielschwachsichtigkeit!).

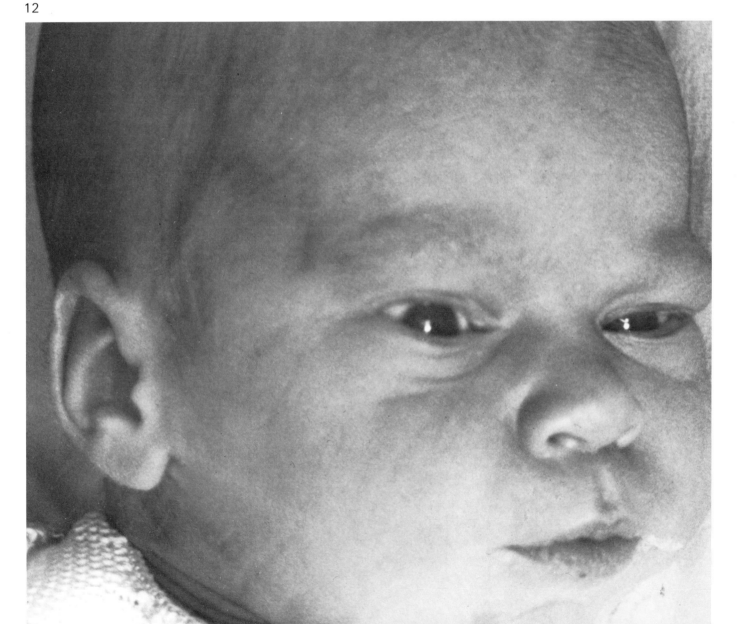

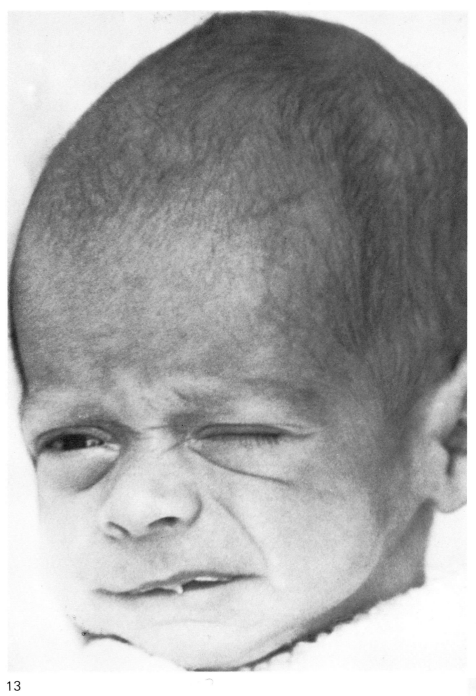

13

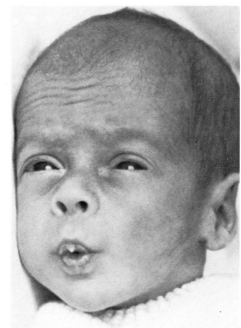

14

Abb. 13. Daniel (27 Tage). Der Beobachter befindet sich ausserhalb des Blickfeldes. Die mimische Bewegung erinnert an das Zukneifen der Augen als Abwehrreaktion gegen grelles Licht, wozu jedoch kein Anlass feststellbar war.

Abb. 14. Daniel. Die mimische Bewegung enthält Elemente des Saugens.

Abb. 15. Daniel. Hier ist es nicht deutlich, ob das Kind die Kamera beobachtet, die sich in seinen Pupillen spiegelt. Spontane und reaktive Mimik sind nicht immer zu trennen.

Abb. 16. Daniel. Gähnen unter Einbeziehung des ganzen Gesichtes. An den Lippen sind die Saugpolster sichtbar.

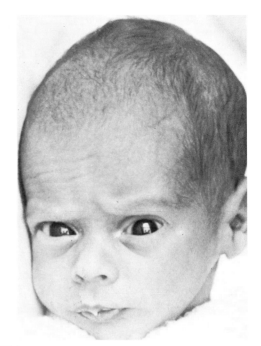

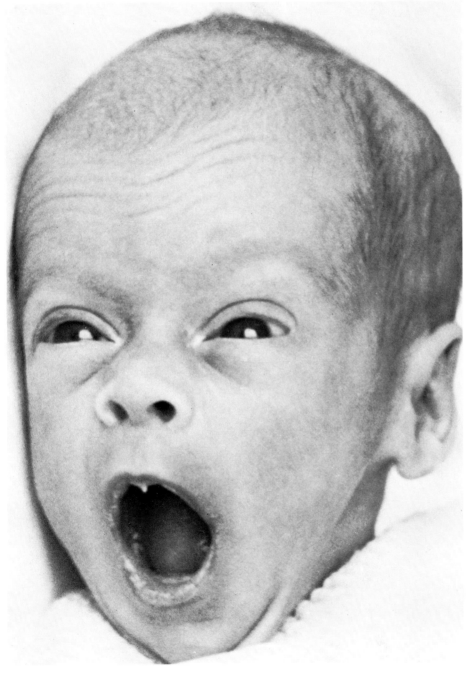

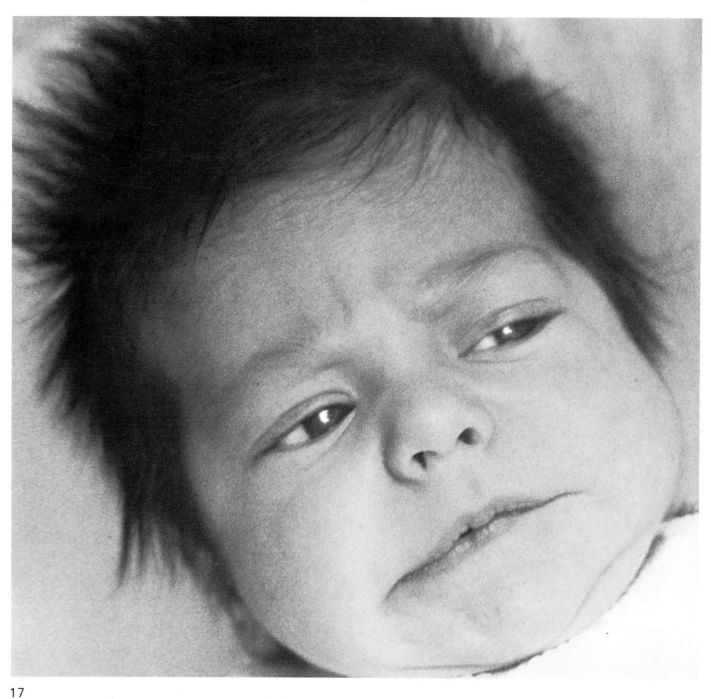

17

Abb. 17–19. Stefan (6 Wochen). Die Bilder zeigen spontane Ausdrucksbewegungen bei einem älteren Säugling.
Das Kind ist nach der Flaschenmahlzeit im Einschlafen begriffen; innerhalb der Beobachtungszeit von einer halben Stunde erwacht es dreimal. Ein äusserer Grund für die mimische Bewegung fehlt. Der Ausdruck legt es nahe, von ‹Bauchweh› oder anderen Unlustempfindungen zu sprechen, worauf jedoch sonst nichts hinwies.
Die Aufnahmen zeigen, wie die spontane Mimik an bestimmte Gemütszustände des Erwachsenen erinnert; so könnte man in Abb. 17 von einem nachdenklich-vergrämten, in Abb. 18 von einem ängstlichen Gesichtsausdruck sprechen. Das Kind scheint auch im Schlaf (Abb. 19) noch geplagt zu sein.

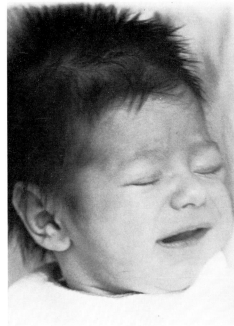

19

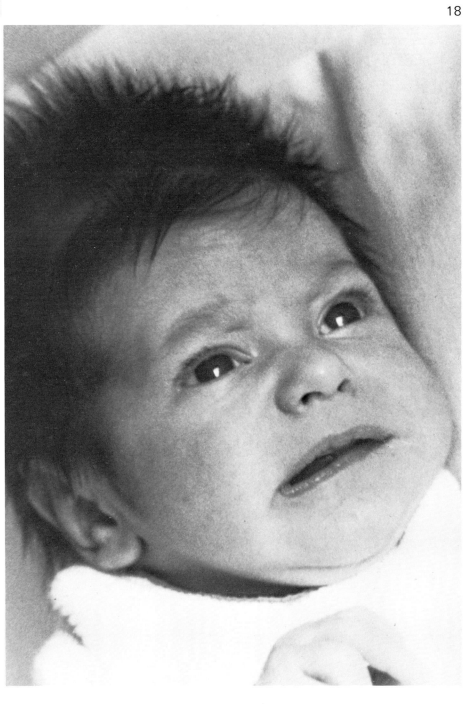

18

29

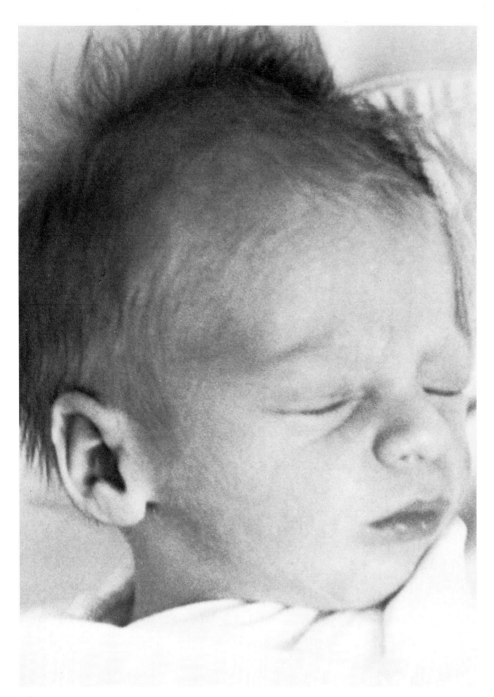

Abb. 20 und 21. Uli und Walter (17 Tage). Ähnlichkeit und Unterschiede zwischen gleichaltrigen Säuglingen werden besonders an diesen Zwillingen sichtbar, die nicht aus einer gemeinsamen Keimzelle stammen (zweieiige Zwillinge). Die beiden Knaben sehen sich trotz des grossen Gegensatzes in der Haarfarbe ähnlich.

Abb. 22. Sonja, Franz, Maya (10 Tage). Drillingsgeschwister. Die beiden Schwestern (aussen) sehen sich untereinander ähnlicher als ihrem Bruder (Mitte), der das Gesicht nach der anderen Seite gewandt hat, was diesen Eindruck noch verstärkt.

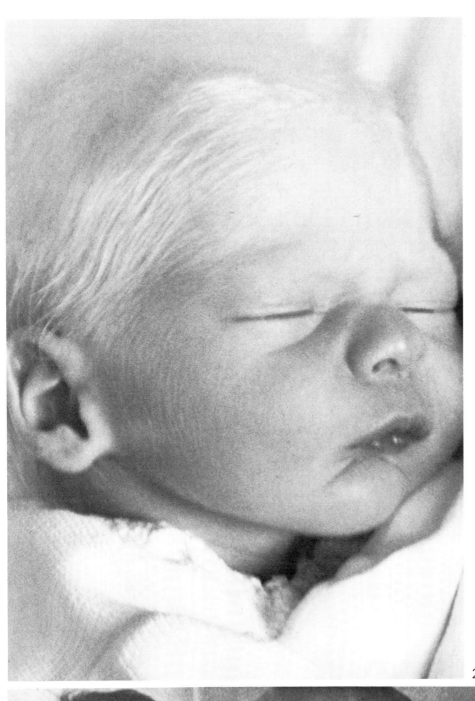

31

5. Sehen und Hören

(Abb. 23–45)

Schauen und Horchen: die ersten akustischen und optischen Wahrnehmungsreaktionen

Das reife Neugeborene sieht und hört; dies dürfen wir nach allen vorliegenden Beobachtungen als gesichert betrachten. Die Frage, ‹wie gut› es sehen und hören kann, ist noch nicht beantwortbar. Dabei geht es nicht allein um die Feststellung, wie funktionsfähig das Seh- und Hörorgan bei der Geburt ist, sondern auch darum, Anhaltspunkte zu erhalten über die Wirkung und die Bedeutung, die ein Sinneseindruck für das Kind hat. Jedenfalls darf aus dem Fehlen von Bewegungsreaktionen, die eine Aufmerksamkeit oder Zuwendung zeigen, nicht ohne weiteres auf eine mangelhafte Wahrnehmung geschlossen werden. (Es ist hier nicht der gleiche Schluss zulässig wie beim älteren Säugling, wo fehlende Reaktionen *im Vergleich zu anderen gleichaltrigen Kindern* eine Beeinträchtigung der Organfunktion oder der Verwertung der Eindrücke vermuten lassen.)

In den ersten Lebenstagen (wahrscheinlich schon beim Neugeborenen) verursacht ein lauter Knall ein schreckhaftes Zusammenzucken; greller Lichteinfall bewirkt eine mimische Abwehrbewegung, die selbst im Schlaf feststellbar ist (Abb. 33 und 34). Kräftige Sinnesreize führen demnach schon in der Neugeborenenzeit zu Reaktionen. Bei welcher Intensität die jeweilige ‹Reizschwelle› liegt, ist uns nicht bekannt.

Diese Feststellung hat praktische Folgen: Dauernder Radiolärm, wohl auch stark wechselnde Beleuchtung sind für das Kind Störfaktoren. Das schlechte allgemeine Gedeihen von Säuglingen, die nie Ruhe haben, ist eine bekannte Erscheinung. Anderseits ist es von den ersten Tagen an zweifellos notwendig, dass die Mutter sich mit dem Kind abgibt (anfangs zur Zeit der Mahlzeiten, später auch dazwischen, wenn das Kind wach ist), denn eine harmonische Entwicklung ist nur mit einem gewissen Mass von Anregungen möglich.

In den ersten Stunden nach der Geburt bestehen grosse individuelle Unterschiede: manche Kinder wirken der Umgebung gegenüber teilnahmslos, andere schauen wach in die Welt.

Nachfolgend sind einige charakteristische Wahrnehmungsreaktionen im Bilde wiedergegeben. Hören und Sehen entwickeln sich gleichzeitig nebeneinander, wobei die Bedeutung des Sehens für die Allgemeinentwicklung in den ersten Lebensmonaten noch grösser als die des Hörens sein dürfte. Vom ersten Verfolgen mit den Augen bis zum Betrachten der eigenen Hand und zum Greifen und Spielen handelt es sich um eine einheitliche Entwicklungsreihe. Hören und Sprechen[4] bilden ebenfalls ein zusammenhängendes Entwicklungsgebiet. Reaktionen auf Haut- und Geschmacksreize sind im Zusammenhang mit der Hand (Abwehrbewegung) und dem Abschnitt über den Mund und die Mahlzeit dargestellt.

Das Hören. Die Abbildungen 23 und 24 zeigen, wie sich das Kind auf das Klingeln des Schlüsselbundes hin beruhigt. Der Ausdruck der Aufmerksamkeit, wenn die Mutter zum Kinde spricht, ist in Abbildung 88 dargestellt (S. 79). Auch die Handhaltung verändert sich im Laufe einer Wahrnehmungsreaktion (Abb. 27–29). Im Horchen zeigt sich die angespannte Aufmerksamkeit des Kindes (Abb. 25, 29, 31), die *W. Stern* als «zentrale Aktivität» bezeichnet hat. Mit dem Wenden der Augen und des Kopfes nach der Schallquelle hin geht der akustische Eindruck in den optischen über (Abb. 26, 32). Die nächste Erweiterung der Wahrnehmungsreaktion ist das Ergreifenwollen des Gegenstandes. So führt der erste Sinneseindruck zur allgemeinen Zuwendung, die ihre höchste Intensität im Spiel erreicht (Abb. 62, S. 61). Durch den Ausfall eines Sinnes- oder Bewegungsorganes wird der Zusammenhang der einzelnen Entwicklungsbereiche unterbrochen, was neben dem schweren Rückstand im betroffenen Entwicklungsgebiet auch zu einem leichteren allgemeinen Rückstand führen muss (Dissoziation).

Das Sehen. Plötzlicher Einfall von grellem Licht führt zu einer raschen Abwehrreaktion (Abb. 33–34). Das Kind wacht dabei nicht auf, der Reiz bleibt ‹unterschwellig›. (Ähnliches ist auch bei Lärmreizen zu beobachten.) In den ersten Lebenstagen ist das Schlafen mit offenen Augen (Abb. 3) häufig, wobei die zentrale Aktivität völlig ausgeschaltet zu sein scheint; gewisse Reaktionen kann man erst nach einem ‹Wecken› des Kindes erreichen. Das mit offenen Augen ‹schlafende› Kind mag wohl ‹sehen›, aber es ‹schaut› nicht.

Die einzelnen Sinnesbereiche stehen anfänglich noch in keiner gegenseitigen Beziehung (Abb. 35 und 36); Augen, Tastsinn und Hände sind noch nicht gemeinsam auf ein Objekt gerichtet. Wird die Aufmerksamkeit des Kindes auf ein sichtbares und hörbares Spielzeug gelenkt, so kann sich seine ‹Stimmung› (Seinszustand) dabei völlig wandeln (Abb. 37–39). Sobald die Beherrschung der Hände genügend ausgebildet ist, gehen Sehen und Schauen ins *Er*greifen und *Be*greifen über (Abb. 40–42).

Die (etwas künstlich wirkende) Situation der Beschäftigung mit dem eigenen Spiegelbild (Abb. 43–45) stellt eine ‹Reaktion auf sich selbst› dar, die sich ohne Beeinflussung durch den Erwachsenen vollzieht und aufschlussreich sein kann.

[4] Vgl. zweiter Teil: Die Sprache des Säuglings, S. 89ff.

Abb. 23. Sabine (6 Wochen). Das Kind schreit heftig.

Abb. 24. Sabine beruhigt sich auf das klingelnde Geräusch des Schlüsselbundes hin. Für eine gewisse Aufmerksamkeit ist auch der leicht geöffnete Mund kennzeichnend.

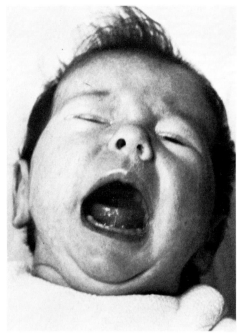

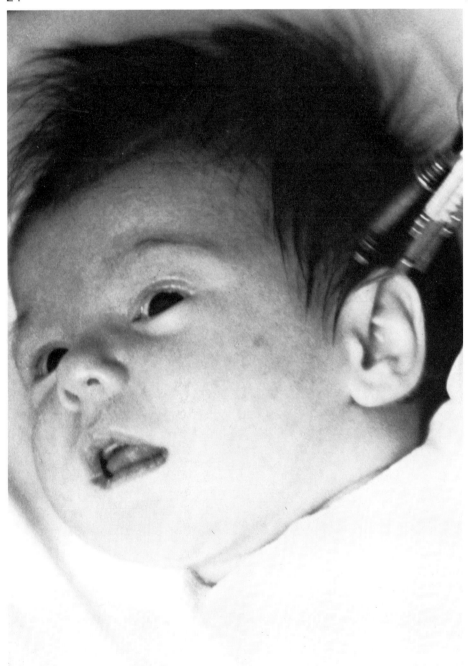

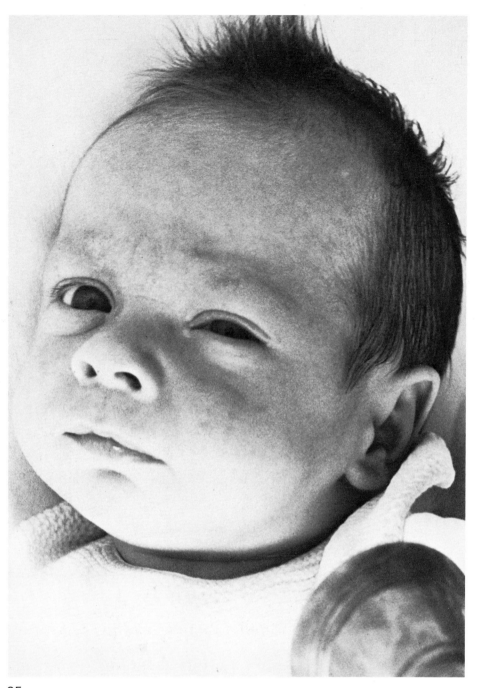

25

Abb. 25. Karl (8 Wochen). Das aufmerksame Horchen auf den Klang einer Glocke zeigt sich hier deutlich in der Anspannung der Gesichtsmuskulatur auf der Seite der Schallquelle.

Abb. 26. Nach einiger Zeit wendet Karl sein Gesicht der Schallquelle zu. Diese Wahrnehmungsreaktion ist auf so früher Altersstufe nicht regelmässig nachweisbar.

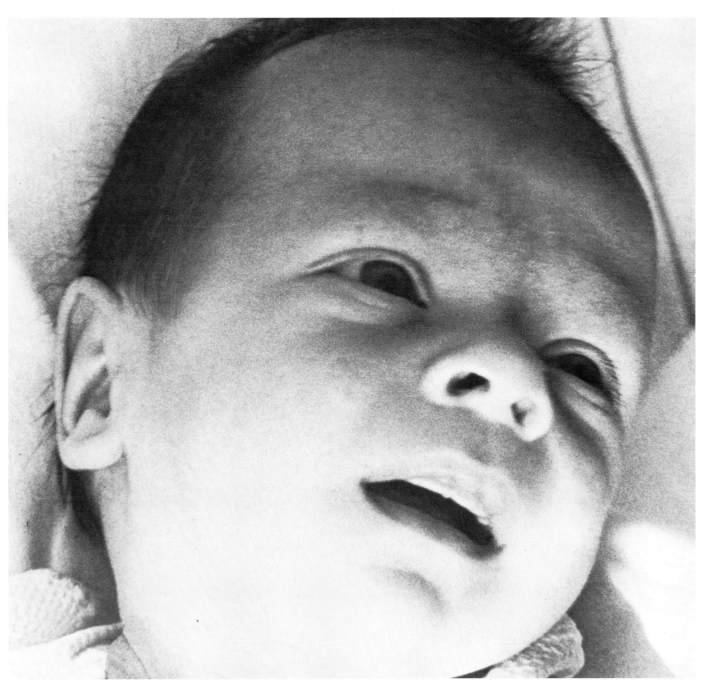

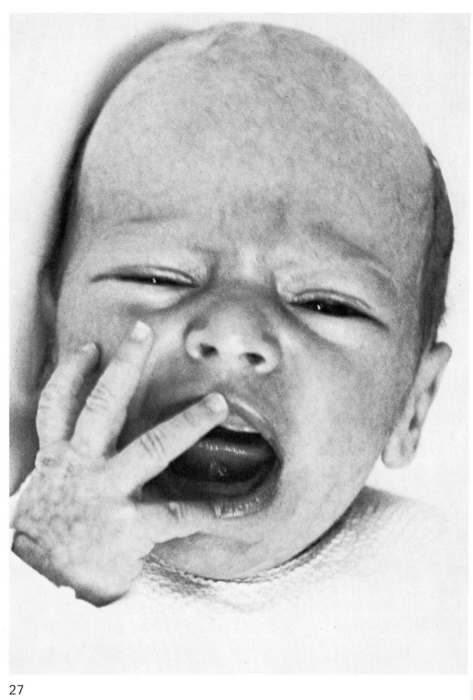

27

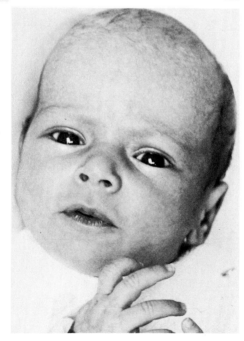

28

36

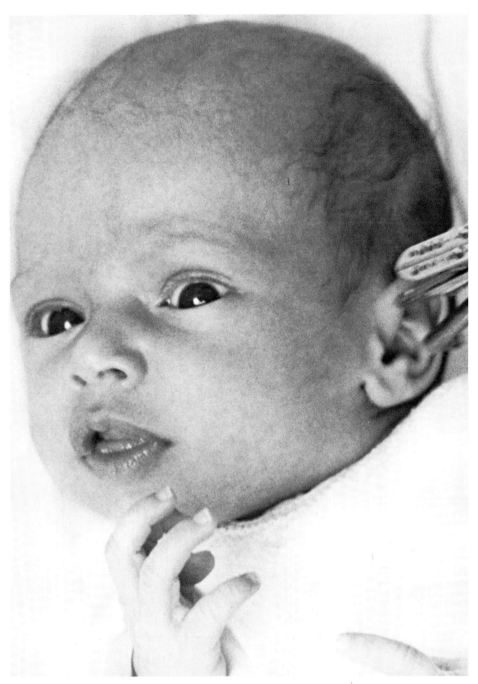

29

Abb. 27. Rita (6 Wochen). Das Kind schreit aus unbekannter Ursache. Die Haltung der Finger ist gespannt.

Abb. 28. Rita. Auf das Geräusch des Schlüsselbundes hin beruhigt sich das Kind, wobei die Haltung der Finger gelockert wird.

Abb. 29. Rita wendet die Augen in Richtung der Schallquelle. (Noch kein Wenden des Kopfes wie in Abb. 26.)

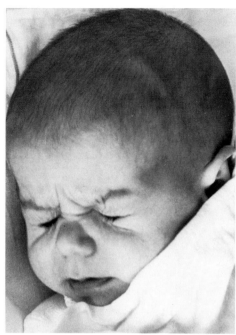

30

31

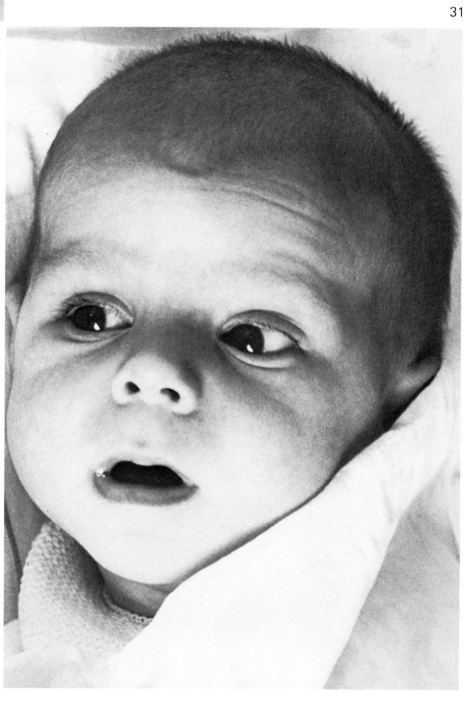

38

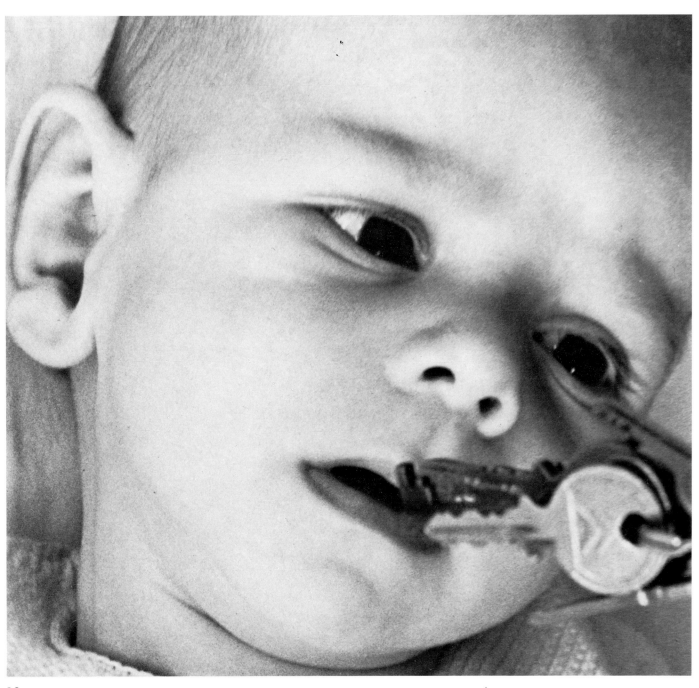

32

Abb. 30. Wendolin (14 Wochen). Das zur Mahlzeit aufgenommene Kind zeigt eine mimische Abwehrreaktion gegen das Erwachen.

Abb. 31. Wendolin. Auf das Klingeln des Schlüsselbundes reagiert das Kind mit angespanntem Horchen. An der mimischen Bewegung nimmt das ganze Gesicht teil (Ausbreitungsreaktion).

Abb. 32. Wendolin wendet den Kopf nach dem Schlüsselbund und fixiert ihn mit den Augen. Angespannter Ausdruck des ganzen Gesichtes.

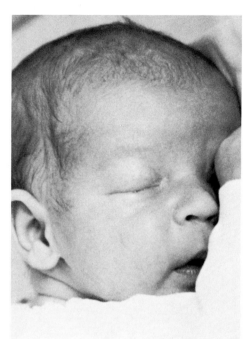

33

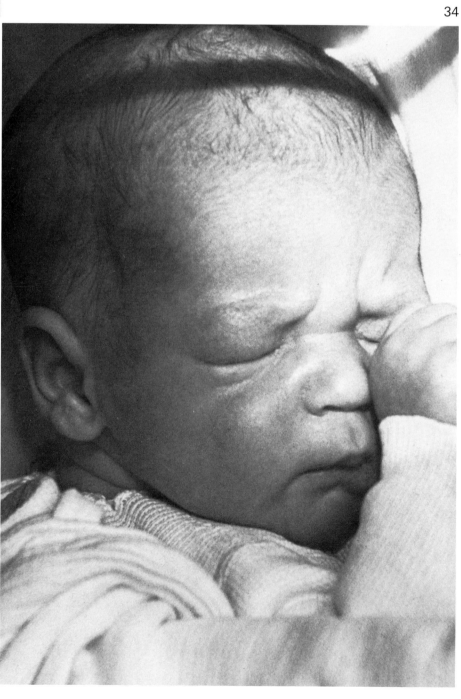

34

40

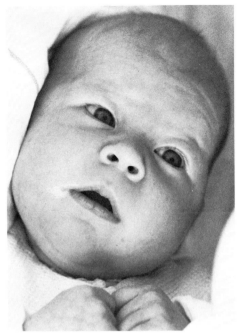

Abb. 33 und 34. Marcel (12 Tage). Das schlafende Kind reagiert auf den plötzlichen Einfall grellen Sonnenlichtes mit einer Abwehrbewegung (Abb. 34). Der Säugling ist gestört worden, ohne aber dadurch zu erwachen.

Abb. 35 und 36. Esther (5½ Wochen). Das Kind verfolgt mit den Augen einen hin und her bewegten Spielring (Abb. 35). Legt man ihn vor den Mund des Kindes, so werden durch die Berührung das Öffnen des Mundes und Saugbewegungen ausgelöst. Die Augen wenden sich dem mit dem Mund wahrgenommenen Objekt zu (Abb. 36). Die Hände bleiben unbeteiligt (keine Greifbereitschaft).

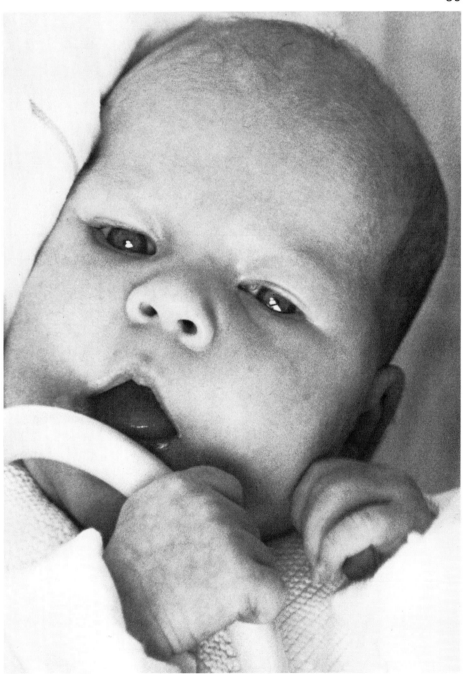

37

38

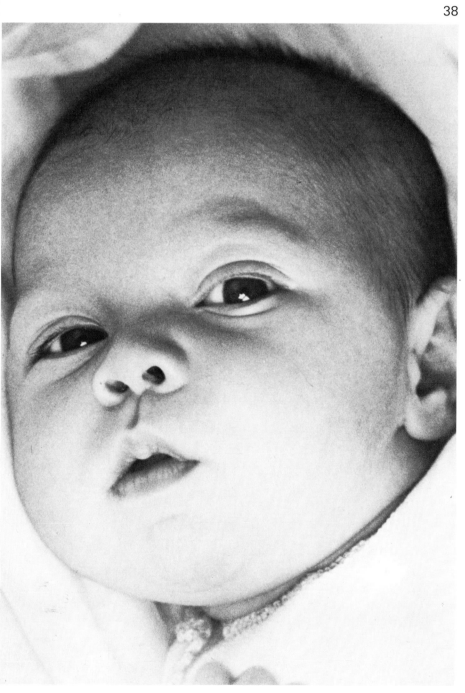

42

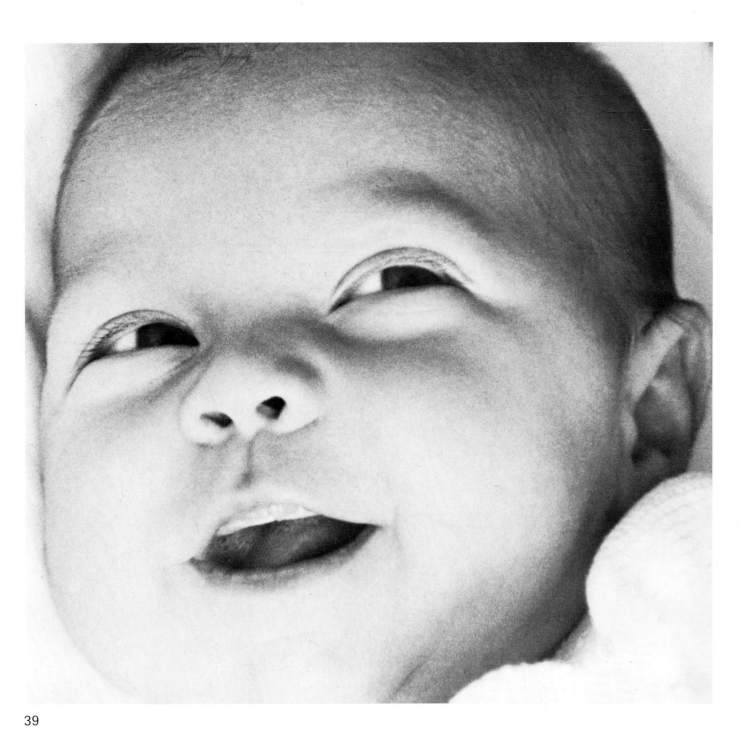

39

Abb. 37. Urs (9 Wochen) schreit krampfhaft mit gepresster Stimme; die Ursache ist unbekannt.

Abb. 38. Urs. Während ein Spielring, für das Kind sichtbar und hörbar (leises, reibendes, durch Sandfüllung hervorgerufenes Geräusch), hin und her bewegt wird, beruhigt sich Urs. Die Mimik wird entspannt; der Säugling beobachtet den Ring.

Abb. 39. Etwas später reagiert Urs mit einem Lächeln. Er folgt dem Spielzeug mit den Augen (kein Wenden des Kopfes).

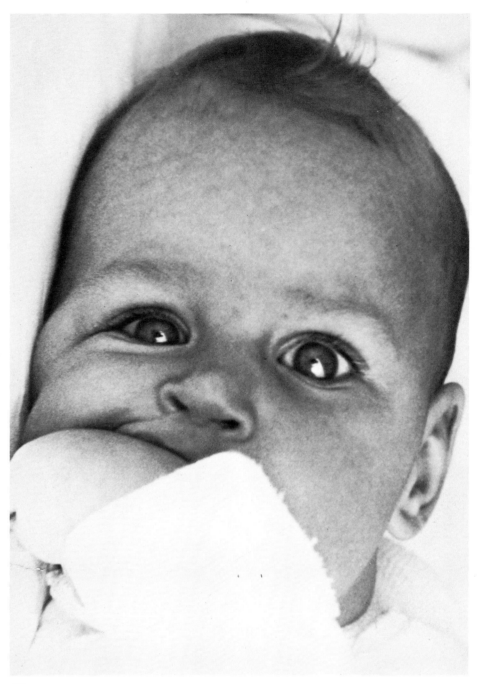

40

Abb. 40. Hansjörg (25½ Wochen). An der Hand saugend beobachtet das Kind einen glitzernden Gegenstand. Auge und Mund beschäftigen sich mit verschiedenen Dingen.

Abb. 41. Hansjörg. Das Gesicht wird dem Gegenstand zugewendet; freudig interessierter Ausdruck.

Abb. 42. Hansjörg ergreift den Gegenstand, der zwischen Mittel- und Zeigefinger zu liegen kommt; die Augen fixieren das Objekt, der Gesichtsausdruck zeigt höchste Konzentration.

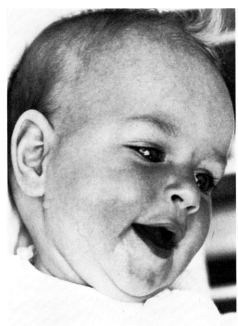

41

42

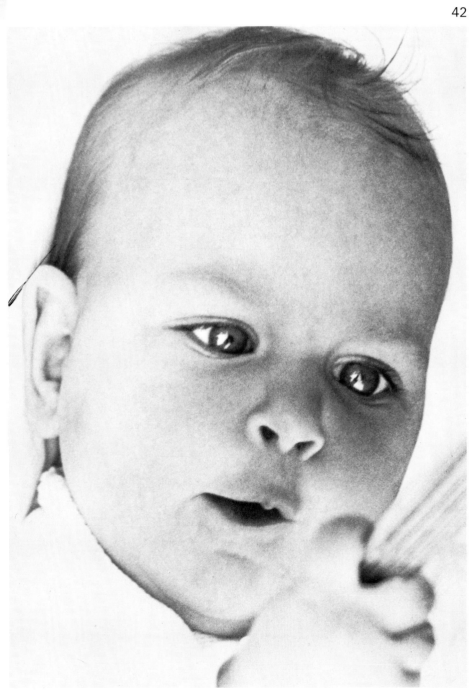

45

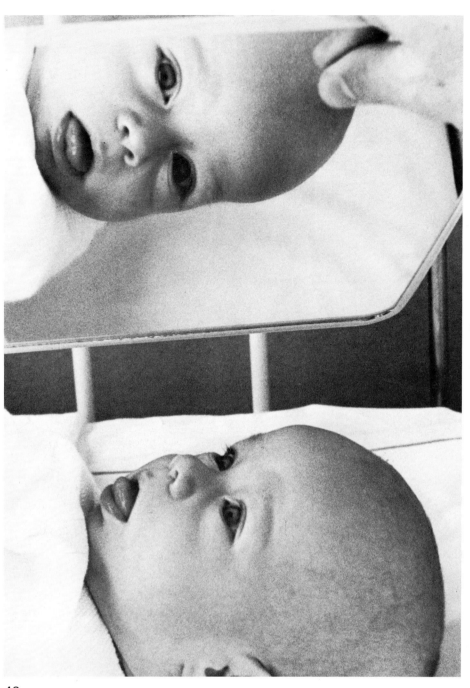

43

Abb. 43. Marcel (25 Wochen). Das Kind beobachtet sein Bild im hingereichten Spiegel, der vom Untersucher bewegt wird.

Abb. 44. Marcel lacht sein Spiegelbild an.

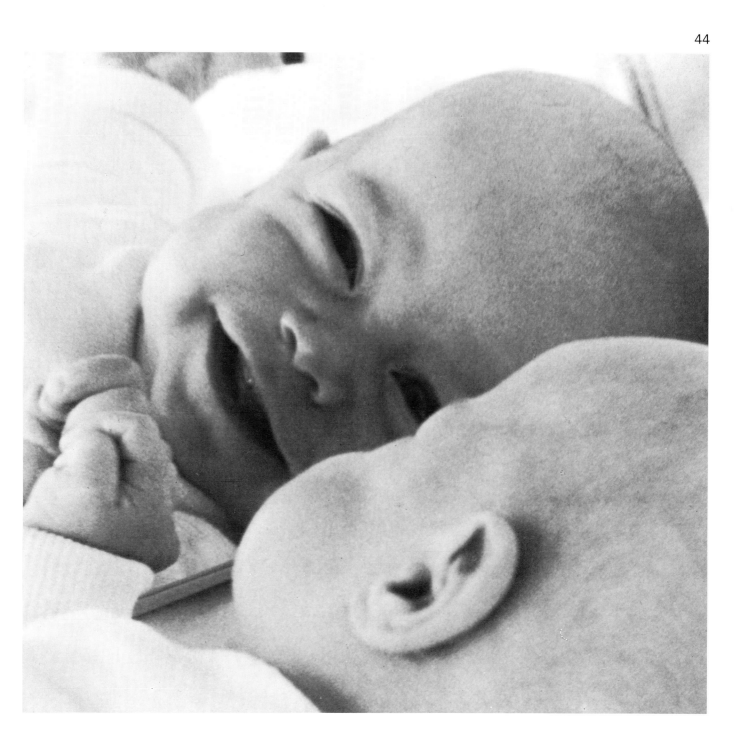

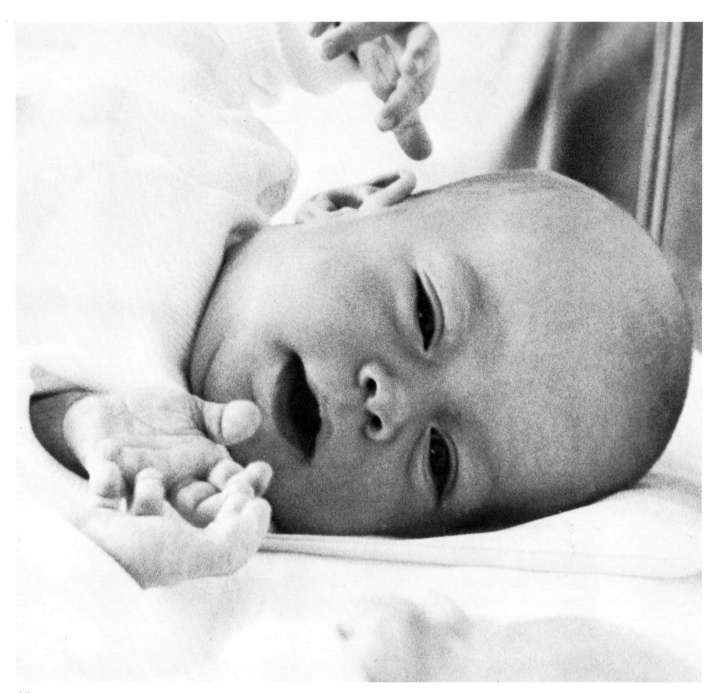

Abb. 45. Marcel plaudert, greift und beobachtet seine Fingerbewegungen im Spiegel.

6. Die Beziehung zur eigenen Hand

(Abb. 46–62)

In den ersten Lebensstunden lässt sich beobachten, wie Hand und Mund in Beziehung treten: Wird die Lippe berührt, so öffnet sich der Mund, und das Kind beginnt an der Faust oder an einzelnen Fingern zu lutschen (Abb. 46 und 47). Beim Säugling handelt es sich nicht wie beim älteren Kind um eine Lutsch*gewohnheit;* demgemäss wird nicht an einem bestimmten, sondern an irgendeinem Teil der Hand gesaugt, der gerade in den Mund gerät (Abb. 50–52).

Das In-den-Mund-Nehmen ist eine normale Entwicklungserscheinung während des ersten Lebensjahres. Sobald das Kind greifen kann, werden alle Gegenstände auch mit dem Mund ‹untersucht›.

Angeborene Gewohnheitshaltungen scheinen selten und gehen möglicherweise auf eine entsprechende intrauterine Körperhaltung zurück.

Bereits in den ersten Lebenswochen werden mit der Hand energische Abwehrbewegungen ausgeführt (Abb. 53 und 54).

Bis in den 3. Lebensmonat schliesst sich die Hand reflexartig zur Faust, wenn die Innenfläche berührt wird (Greifreflex). Im 3. Monat beginnt das Kind seine eigene Hand zu betrachten, die zuerst noch geschlossen gehalten wird (Abb. 55); etwas später scheint das Kind die einzelnen Fingerbewegungen zu ‹studieren› (Abb. 56 und 57). Gibt man dem Kind zu diesem Zeitpunkt ein Spielzeug in die Hand, so wird es einige Sekunden festgehalten, ohne dass sich ihm jedoch der Blick des Kindes zuwendet (Abb. 58). Allmählich werden Blick und Handbewegungen gemeinsam auf einen Gegenstand gerichtet; das Kind führt Bewegungen in Richtung des Spielzeuges aus, ohne es ergreifen zu können. Es sieht aus, ‹als ob es greifen wollte› (Abb. 59). Das Betrachten der eigenen Hand- und Fingerbewegungen und das unkoordinierte, ausfahrende Schlagen nach einem Gegenstand sind Vorstadien des Ergreifens, die wir unter der Bezeichnung ‹*Greifbereitschaft*› zusammenfassen (vgl. S. 8, 55, 58).

Zufällig geraten in dieser Zeit auch Stoffteile zwischen die Finger des Kindes und – sobald die entsprechende Reife erreicht ist – wird seine Aufmerksamkeit auf das zufällig Ergriffene hingelenkt (Abb. 60).

Im 5./7. Lebensmonat beherrscht das gesunde Kind seine Hände soweit, dass es sich mit einem Spielzeug längere Zeit beschäftigen kann; dabei drückt sich in seinem Gesicht Aufmerksamkeit und höchste Konzentration aus (Abb. 42, S. 45).

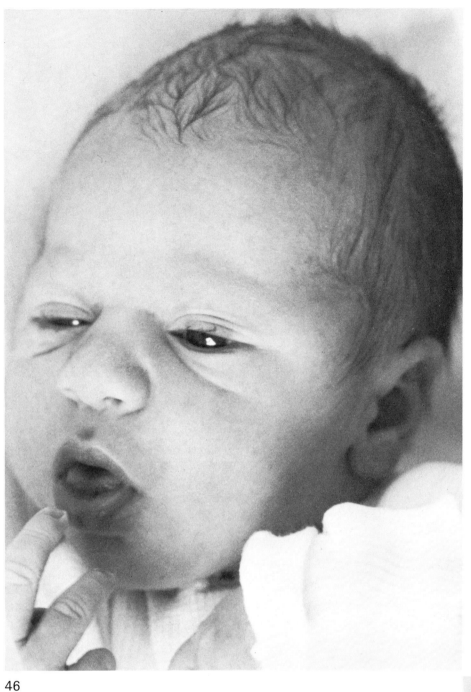

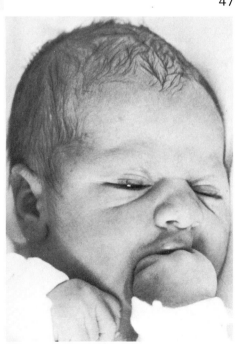

Abb. 46. Toni (4 Stunden). Eine zufällig wirkende Berührung der Unterlippe mit den Fingern löst Saugbewegungen aus.

Abb. 47. Toni saugt intensiv an der ganzen Faust.

Abb. 48. Tonis Bewegungen sind ausfahrend, unbeherrscht; die Faust entgleitet dem Mundbereich.

Abb. 49. Daraufhin beginnt Toni zu jammern.

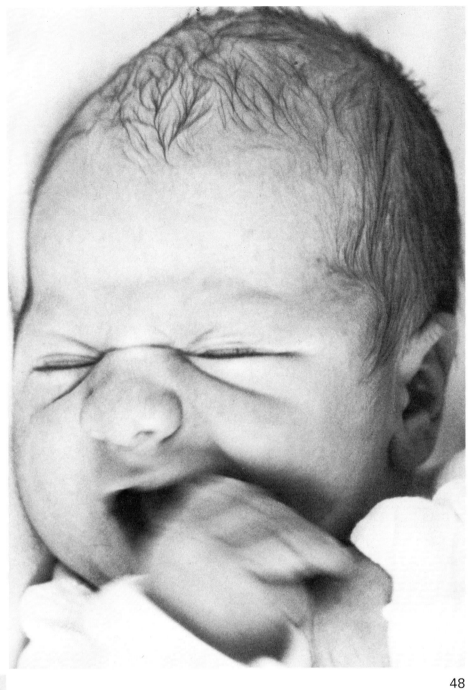

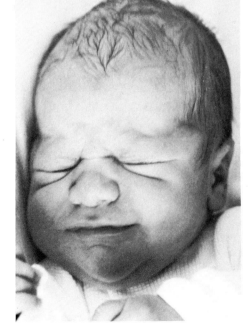

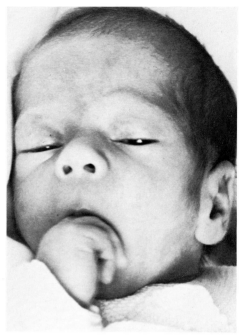

50

51

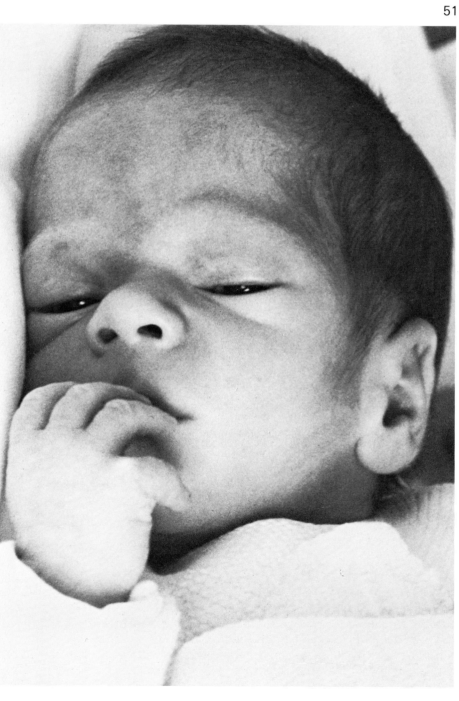

52

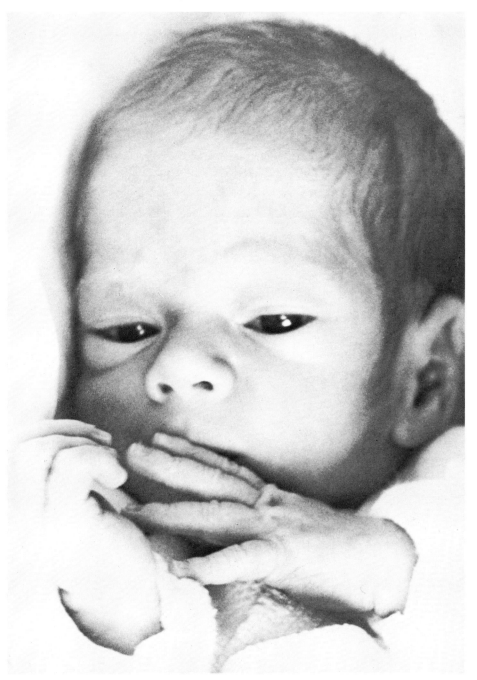

52

Abb. 50. Daniel (3½ Wochen) saugt an der ganzen, leicht geschlossenen Hand. Er ist im Einschlafen begriffen.

Abb. 51. Saugen an den Fingerspitzen.

Abb. 52. Daniel ist etwas wacher; er saugt jetzt an der Seitenkante des Zeigefingers der linken Hand.

Das Saugen und Betasten mit dem Mund, zuerst an der eigenen Hand, später auch an den Spielsachen, ist während des ganzen ersten Lebensjahres zu beobachten. Dieses Saugen ist nicht auf einen bestimmten Finger fixiert und unterscheidet sich dadurch schon äusserlich von den Lutschgewohnheiten älterer Kinder (Daumenlutschen). In dem Masse, wie das Kind seine Hände zum Greifen und Spielen verwendet, wird im Kleinkindesalter das Saugen an der Hand seltener. Es bleibt noch eine Zeitlang während des Einschlafens und bei Müdigkeit bestehen und verschwindet schliesslich ganz.

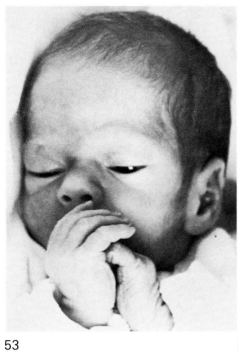

53

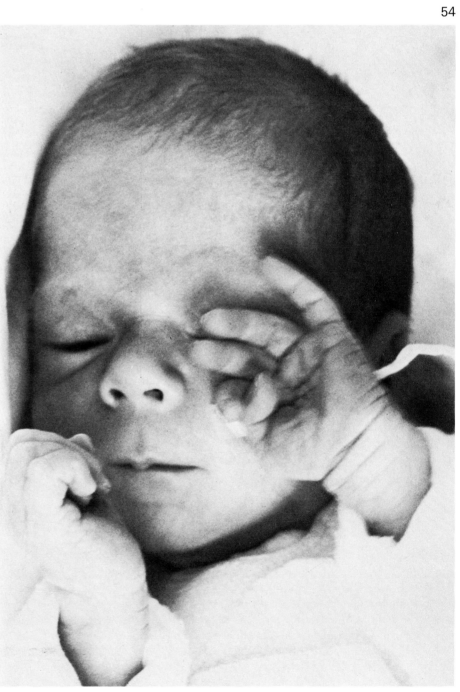

54

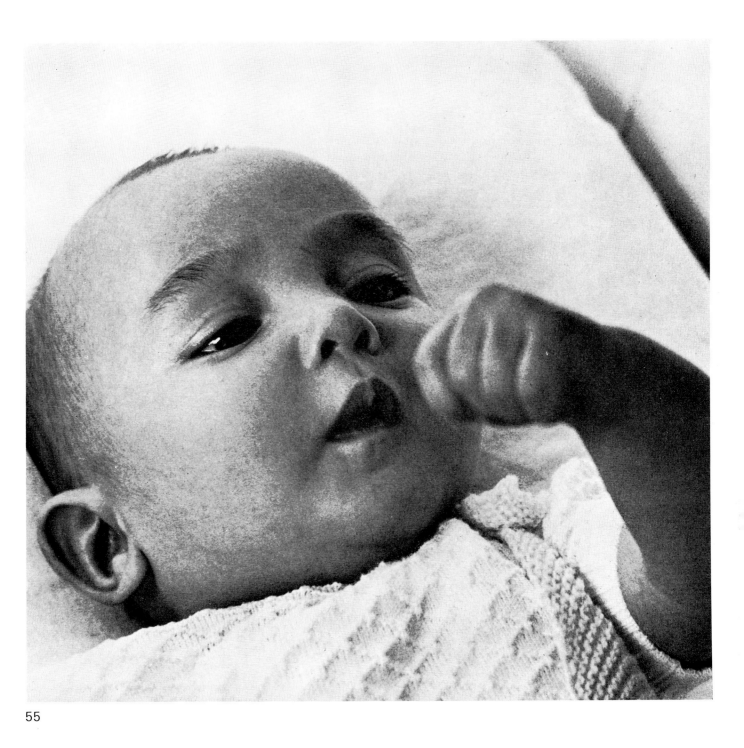

55

Abb. 53. Daniel (3½ Wochen) döst mit halb geschlossenen Augen; die Hände liegen unbeteiligt vor dem Mund.

Abb. 54. Ein Baumwollband berührt Daniel unterhalb des Auges. Dieses wird geschlossen, und die gleichseitige Hand führt eine abwehrende, gezielt wirkende Wischbewegung aus.

Abb. 55. Michael (13½ Wochen). Zu Beginn der Greifbereitschaft ist das Betrachten der geschlossenen Hand zu beobachten. Diese scheint zufällig in den Blickbereich des Kindes zu geraten. Dann hält es in seiner Armbewegung einen Augenblick an und fixiert seine Hand. Nach wenigen Sekunden gehen die unbeherrschten Bewegungen weiter, und das Betrachten der Hand endet ebenso ‹zufällig›, wie es begann. Erst allmählich erfährt das Kind, dass es diese, seine eigene Hand, *selbst* bewegen und selbst in das Blickfeld bringen kann. Es wird mit dem ihm anfänglich ‹fremd› scheinenden Körperteil ‹vertraut› und ‹lernt› seine Beherrschung.

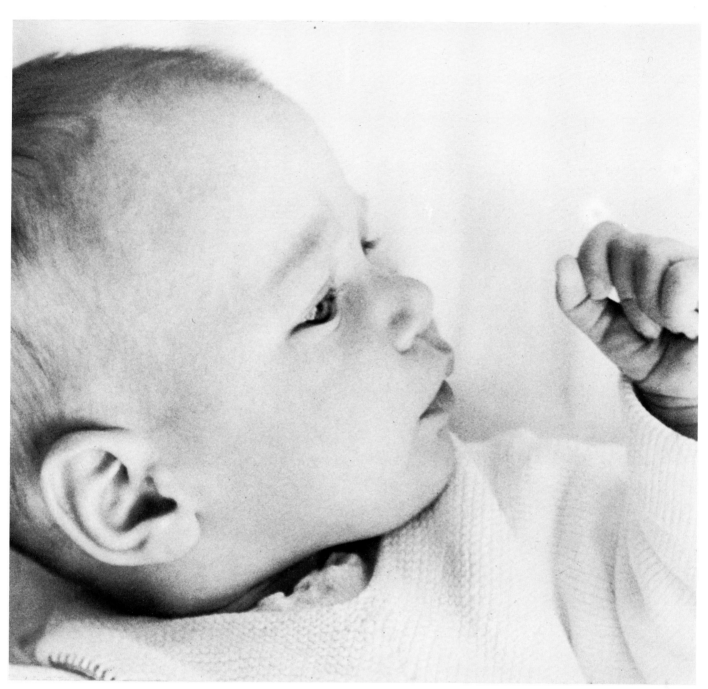

Abb. 56. Regula (11½ Wochen) beobachtet ihre Hand. Die Haltung der Finger ist lockerer als in Abb. 55.

Abb. 57. Regula. Mit fortschreitender Entwicklung des Greifens werden die einzelnen Finger beweglicher und ihre Bewegungen ‹studiert›.

Abb. 58. Regula wurde vom Beobachter ein Spieltier in die Hand gelegt. Die rechte umschliesst es, die linke ergreift es jedoch nicht. Die Augen des Kindes sind nach dem mit dem Mund fühlbaren Teil des Spielzeuges gerichtet.

57

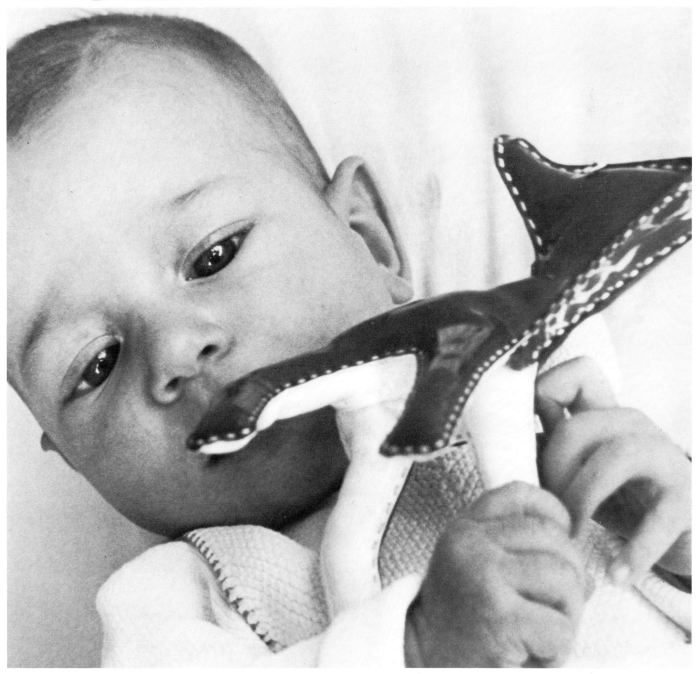

58

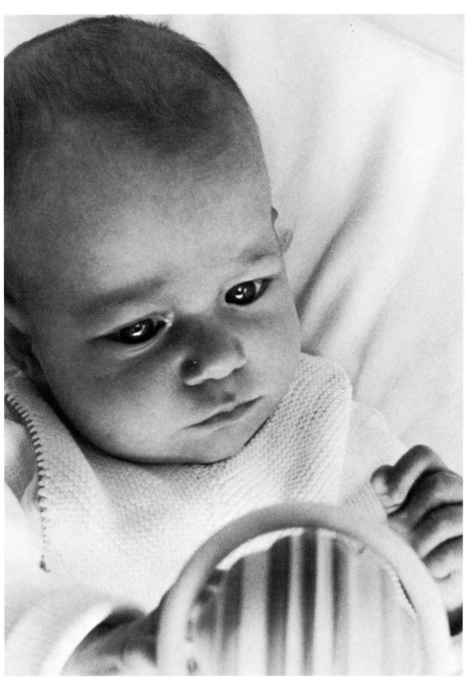

Abb. 59. Regula (11½ Wochen). Die leicht geöffneten Hände nähern sich einem Spielzeug (Rolli), auf das die ganze Aufmerksamkeit des Kindes gerichtet ist. Es sieht aus, als ob das Kind greifen wollte (Greifbereitschaft), wozu es jedoch noch nicht in der Lage ist, da es die Hände zu wenig sicher beherrscht.

Abb. 60. Armin (15½ Wochen). Ein Stück Stoff gerät zwischen die leicht geöffneten Finger, wodurch die Hand in ihrer Bewegung behindert wird; die *Aufmerksamkeit* des Kindes wird auf dieses Objekt in Reichweite *hingelenkt*. Es tritt hier ein Prinzip der Wechselwirkung zwischen Kind und Umwelt in Erscheinung: Die spontane Aktivität des Kindes führt zur Begegnung mit Objekten, die in der jeweiligen Reichweite des Kindes zu finden sind, wodurch die ‹zentrale Aktivität› angeregt wird (man könnte allgemein ein ‹Begegnungsprinzip› der kindlichen Entwicklung formulieren).

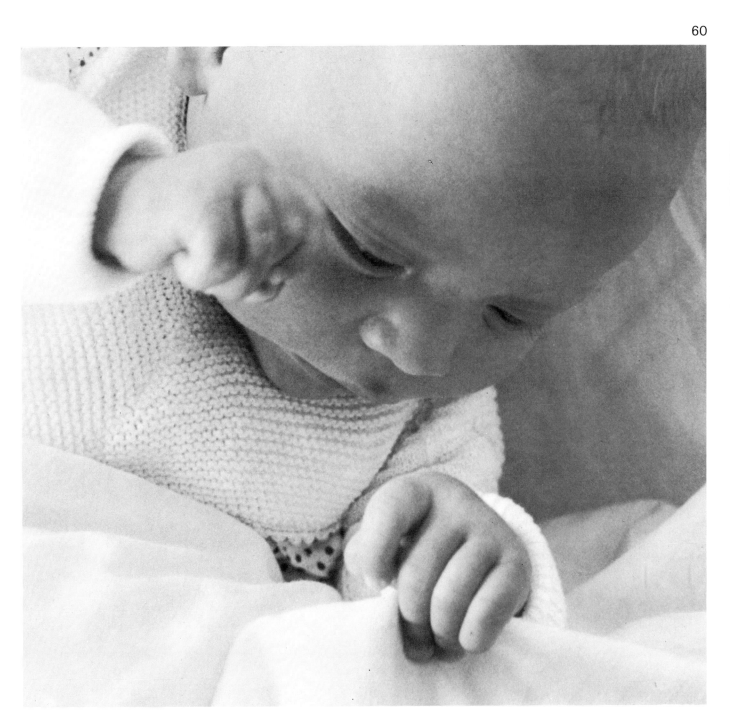

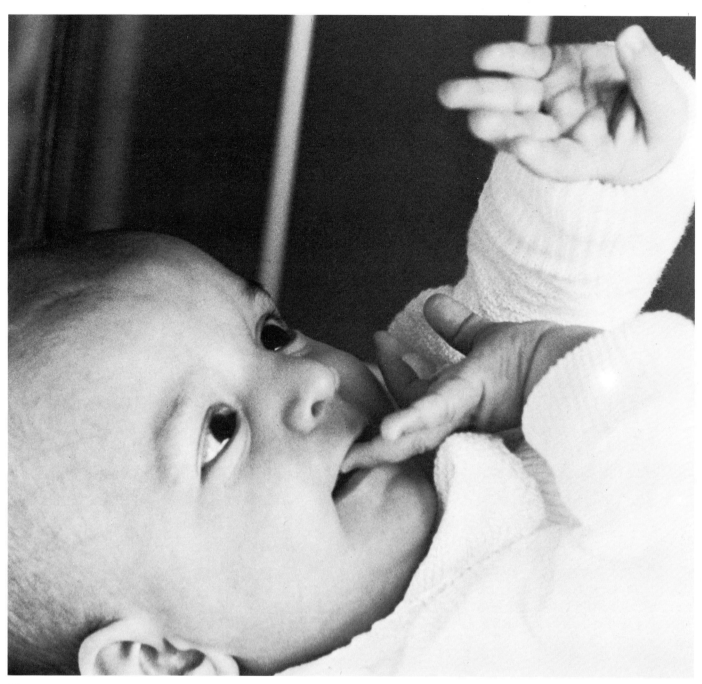

Abb. 61. Hans (27½ Wochen) betrachtet aufmerksam die Hand. Sie ist geöffnet, und die Finger sind weitgehend einzeln beweglich. Das Gesicht des Kindes hat — abgesehen vom Ausdruck der Konzentration — etwas Trauriges an sich, das auf die Vorgeschichte zurückgeführt werden kann (Spitalaufnahme wegen unzureichender Pflege).

Abb. 62. Ein hingereichtes Spielzeug wurde *er*griffen. Hans hält es fest und ‹untersucht› es mit der freien Hand. Das Greifen erfolgt mit der ganzen Hand, wobei der Daumen den übrigen vier Fingern gegenübergestellt wird (Faustgriff).

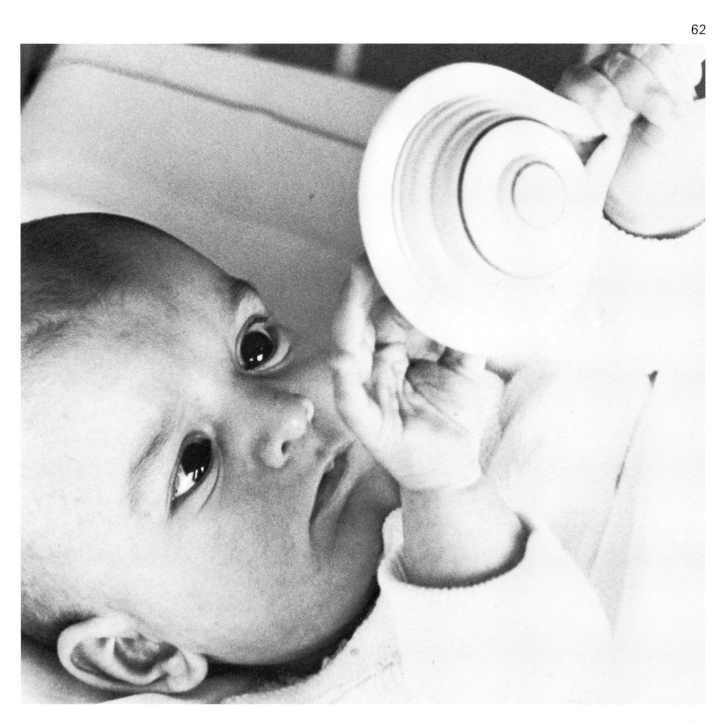

7. Der Mund; die Mahlzeit

(Abb. 63—87)

Neben dem Saugreflex, der beim ausgetragenen Neugeborenen voll ausgebildet ist, lässt sich auch eine Suchreaktion feststellen; bestimmte Berührungsreize in der Mundgegend verursachen das Aufsuchen des berührten Objektes, wie z. B. des Schnullers (Abb. 63). In der Gegend des Naseneinganges werden ausgesprochene Abwehrbewegungen ausgelöst (Abb. 64).

Geschmacksreaktionen sind von der Neugeborenenzeit an nachweisbar (Abb. 65—71).

> Sie sind von A. Kussmaul in den ‹Untersuchungen über das Seelenleben des neugeborenen Menschen› bereits 1859 beschrieben worden.
> Diese Arbeit, als «Programm zum Eintritt in den königlichen akademischen Senat der Friedrich Alexander-Universität zu Erlangen» ausgearbeitet, beschreibt auch zahlreiche andere Wahrnehmungsreaktionen des jungen Säuglings und bildet eine der Grundlagen moderner Kinderforschung.

Auch die allmähliche Entwicklung der Lautbildung lässt sich in der Mimik verfolgen. Die zunehmend differenzierte Artikulierung ist nicht nur zu hören, sondern auch sichtbar. Durch den Erwachsenen, der sich mit dem Kinde beschäftigt, werden Lautäusserungen angeregt (Abb. 72 und 73). Während die ersten Kehllaute ohne sichtbaren Kraftaufwand geäussert werden, ist bei den unter Beteiligung von Zunge und Lippen gebildeten Lauten der mimische Ausdruck angestrengt (Abb. 74—76). In einem bestimmten Entwicklungsstadium sind auch stimm- und lautlose ‹Artikulationsübungen› (Abb. 77) häufig zu beobachten (zur Sprachentwicklung vgl. besonders Abb. 101—122 und Teil II).

Die Mahlzeit ist eines der Geschehnisse im Alltag des Säuglings, bei denen wir den Anlass für einen zu beobachtenden Stimmungswechsel (eine Änderung des Seinszustandes) kennen. Durch unsere Teilnahme wird uns auch der Gesichtsausdruck des Kindes deutbar. Der junge Säugling verschläft bisweilen die Essenszeit (bei einer Ernährung nach festem Zeitplan) und trinkt im Schlaf (Abb. 78). Erst nach beendigter Mahlzeit schreit dann das Kind—wohl nicht aus Hunger, sondern infolge der Ruhestörung (Abb. 80). Während des wachen Trinkens saugt der Säugling mit unterschiedlicher Intensität und ‹Aufmerksamkeit› (Abb. 81 und 83). Nach der Mahlzeit ist der Ausdruck müde und entspannt (Abb. 82 und 84). Den Umschlag von der erregten, ängstlich-hungrigen Stimmung vor der Mahlzeit zur freundlich ruhigen Zufriedenheit des gesättigten Kindes zeigen die Bilder 85—87.

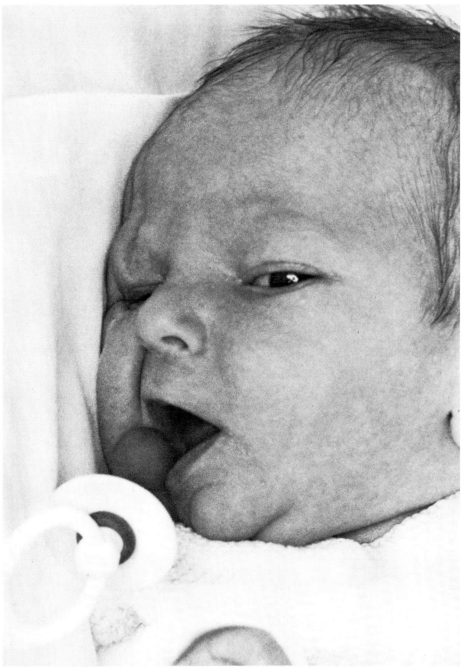

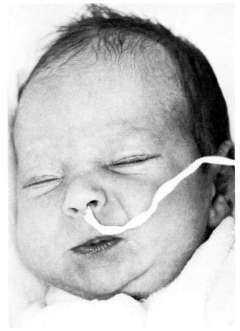

Abb. 63. Hanspeter (11 Tage). Die Berührung der Lippen durch den Schnuller hat ein ‹Suchen› nach dem gefühlten Objekt zur Folge.

Abb. 64. Ein störender Berührungsreiz am Naseneingang bewirkt starke mimische Abwehrbewegungen (vgl. Abb. 53/54).

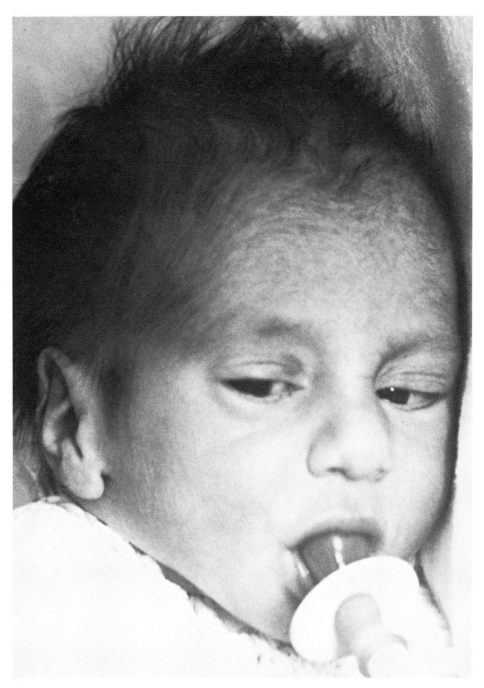

Abb. 65–67. Mathias (3 Wochen). Mimische Reaktion auf süssen Geschmack. Das Kind fasst den hingereichten, mit Zuckerwasser benetzten Schnuller mit dem Mund (Abb. 65) und saugt daran; nachher führt das Kind schleckende Zungenbewegungen aus (Abb. 66). Wird er dem Kind ein zweites Mal angeboten, so saugt es heftig daran und schläft allmählich ein (Abb. 67).

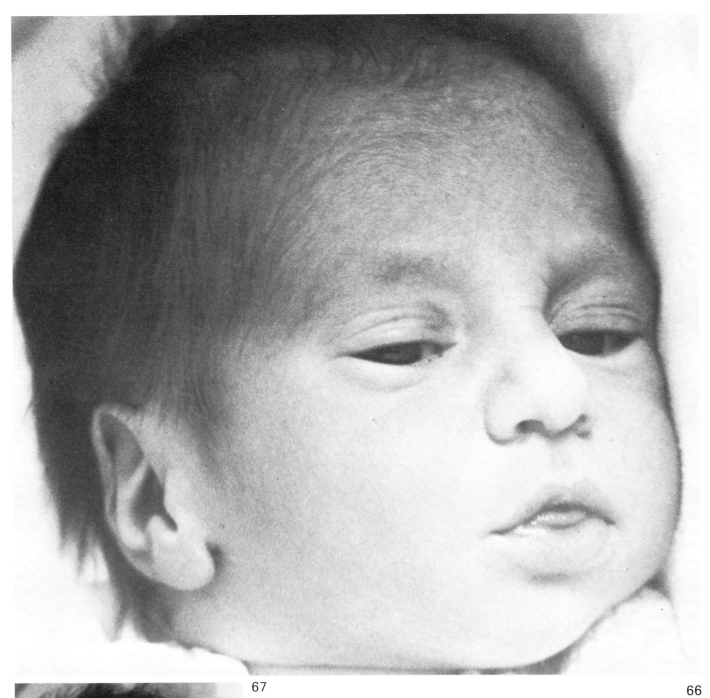

66

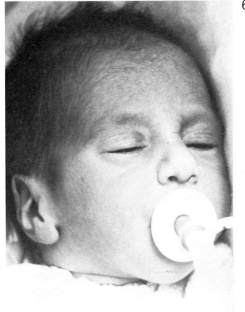

67

65

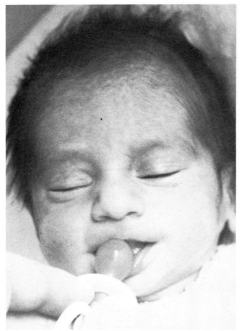

Abb. 68–71. Mathias (3 Wochen). Mimische Reaktion auf bitteren Geschmack. Das Kind hat den mit der Lösung (Sol. Nicaethamidi) benetzten Schnuller berührt; ein entgegenkommendes Öffnen des Mundes findet nicht statt (Abb. 68). Das Empfinden des bitteren Geschmackes ist von einer ‹bitteren› Ausdrucksbewegung gefolgt (Abb. 69); bei neuerlicher Darreichung verschliesst das Kind den Mund (Abb. 70) und weicht mit dem Kopf aus (Abb. 71).

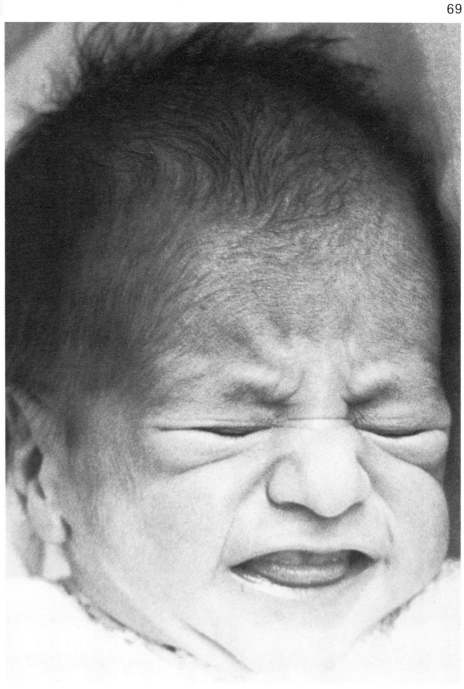

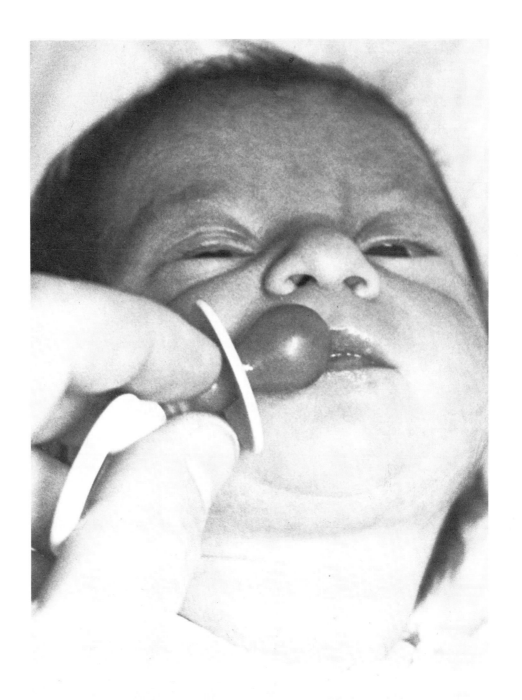

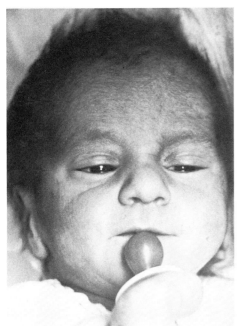

70

71

67

Abb. 72–74. Armin (15½ Wochen). Lautbildung.

Abb. 72. Das Kind wird vom Erscheinen und Ansprechen durch den Untersucher zur Lautbildung angeregt. Während Armin das Gesicht des Erwachsenen beobachtet, äussert er selbst Laute, hier Vokallaute.

Abb. 73. Nach etwas längerer Kontaktnahme wird die Lautbildung intensiver und der Gesichtsausdruck freudiger.

Abb. 74. Die mit der Lautbildung verbundene Anstrengung kommt in einer Frontalaufnahme deutlicher zum Ausdruck. (Abb. 74 geht in der Aufnahmereihe den beiden anderen voraus.)

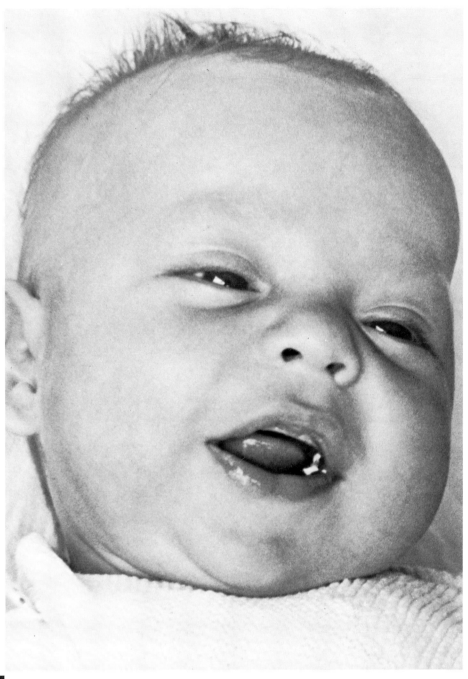

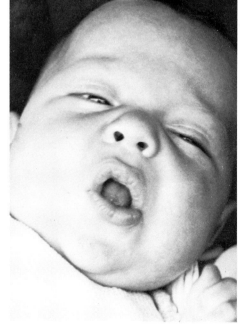

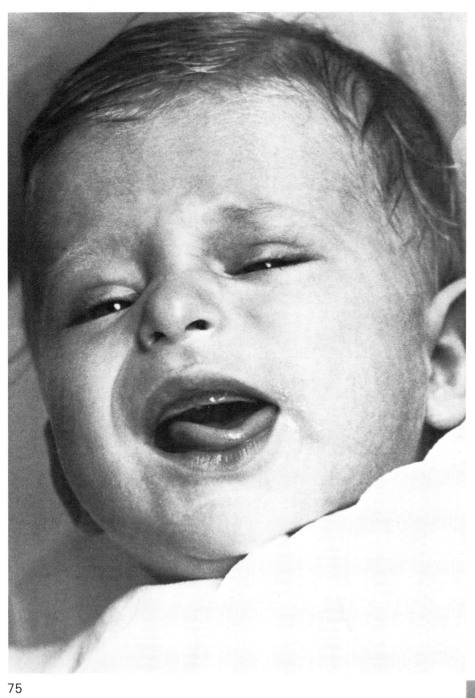
75

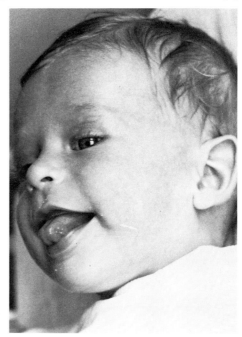
76

70

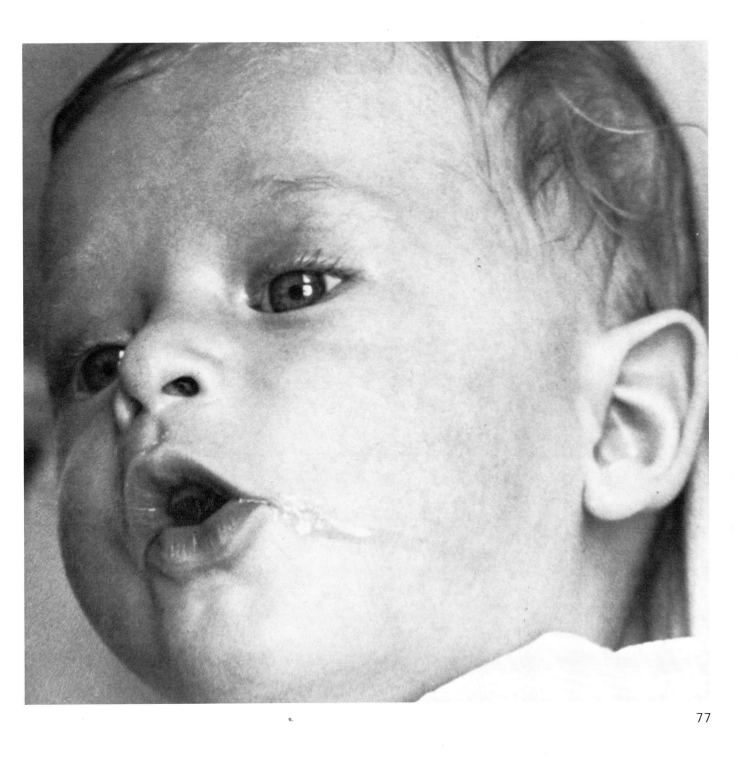

Abb. 75. Rolf (28½ Wochen). Die mit der Artikulierung verbundene Anstrengung ist deutlich sichtbar.

Abb. 76. Lebhafte Zungenbewegung, wie sie in einer bestimmten Entwicklungsstufe des Spracherwerbs vorkommt, auch ohne Stimmgebung, d.h. ohne dass dabei ein Laut hörbar wird.

Abb. 77. Rolf. Ausdrucksvolle Lippenbewegungen bei der Vokalbildung.

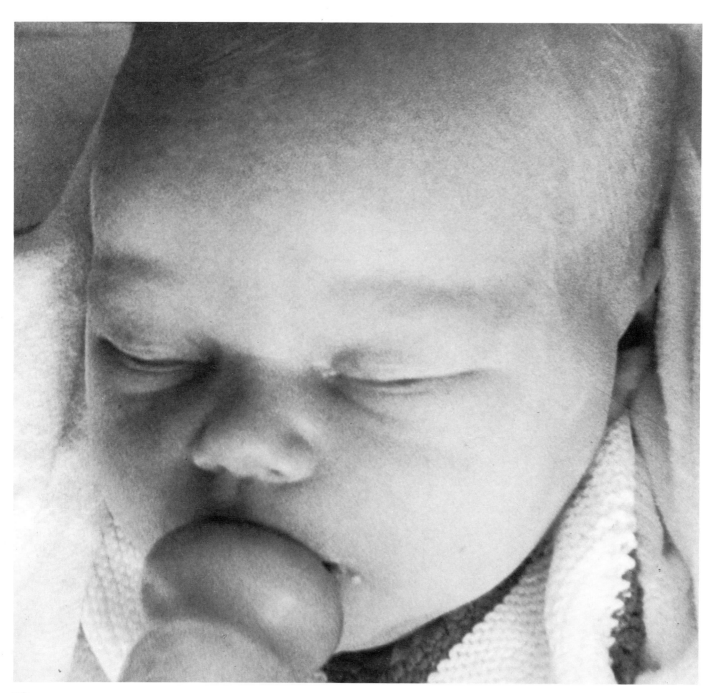

78

Abb. 78–80. Barbara (8 Tage). Das Kind wurde zur Mahlzeit aufgenommen. Es trinkt, weiter schlafend; anschliessend gähnt es entspannt und schreit erst nach beendigter Mahlzeit (Abb. 80).

73

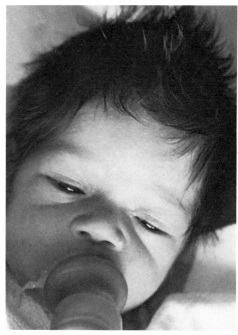

Abb. 81 und 82. Ricardo (2½ Wochen). Ruhiges, noch etwas schläfriges Trinken, wobei ein wenig Nahrung wieder aus dem Mund fliesst (rechter Mundwinkel). Entspannt-zufriedener Gesichtsausdruck nach der Mahlzeit; Mund noch etwas in Saugstellung.

Abb. 83. Roland (10½ Wochen). Das Kind, das wesentlich älter ist, als das auf Abb. 81 und 82 dargestellte, trinkt mit einem wacheren Gesichtsausdruck.

Abb. 84. Nach der Mahlzeit ist Roland müde und zufrieden.

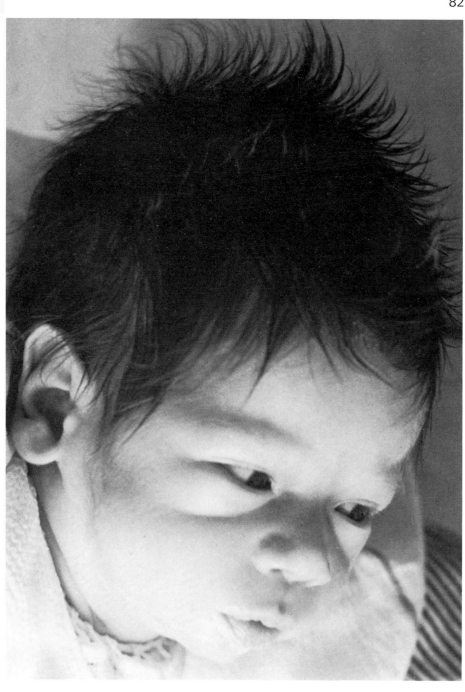

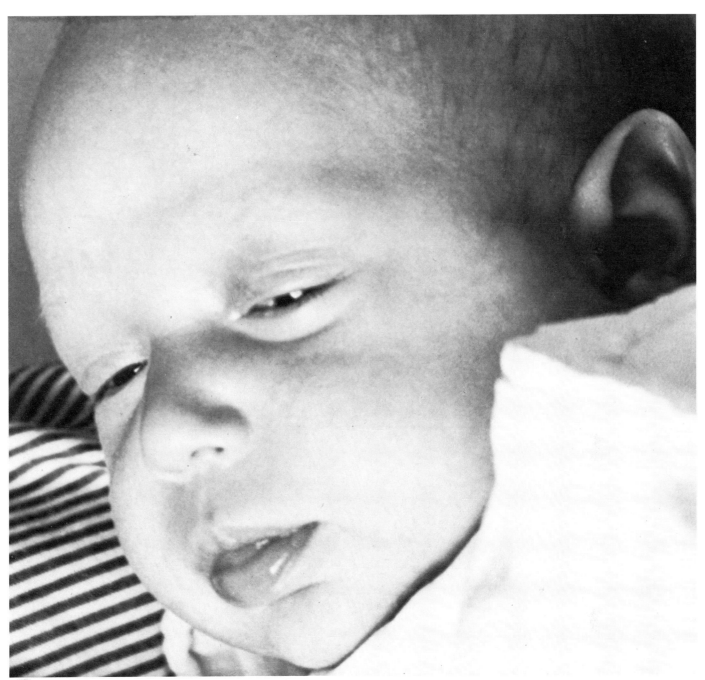
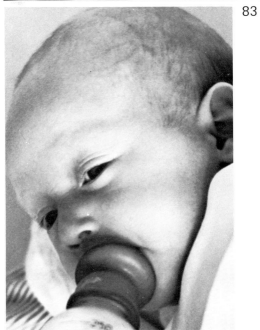

83
84

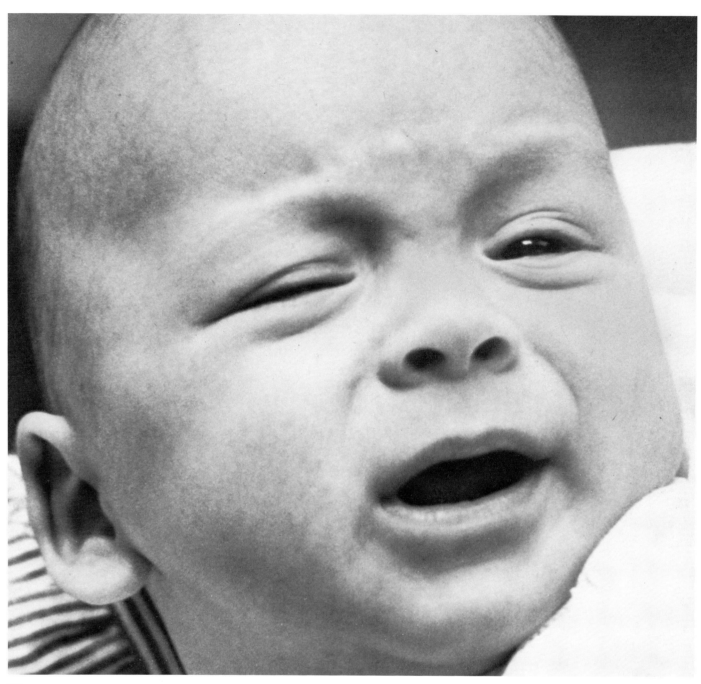

85

Abb. 85–87. Christoph (16 Wochen). Veränderter Gesichtsausdruck vor und nach der Mahlzeit.
Vor der Mahlzeit wirkt das Kind unruhig, unzufrieden (Abb. 85). In der Hälfte der Flaschenmahlzeit ist der Gesichtsausdruck noch ängstlich gespannt. Das Kind saugt heftig an der Hand (Abb. 86). Nach der ganzen Mahlzeit entspannt sich das Gesicht, der Ausdruck ist freundlich und zufrieden (Abb. 87).

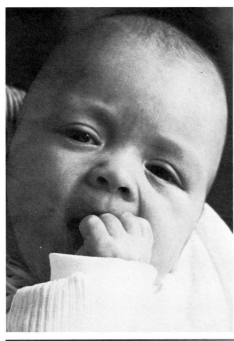

86

87

8. Die Fühlungnahme mit dem Erwachsenen

(Abb. 88—100)

In den bisher wiedergegebenen Fotografien war der Ausdruck des Kindes zumeist nicht unmittelbar durch den Erwachsenen bestimmt. Es wurden Wahrnehmungsreaktionen beobachtet, oder das Kind wurde durch pflegerische Handlungen beeinflusst (Änderung des Seinszustandes). Nur vereinzelt war die Mimik Ausdruck der direkten Beziehung zum Erwachsenen (vgl. Abb. 72, 87).

Der mimische Aspekt unmittelbarer Fühlungnahme zwischen Säugling und Erwachsenem ist im folgenden durch einige typische Abbildungen dargestellt. Eine diffuse Aufmerksamkeit des Kindes, während sich die Mutter mit ihm abgibt, ist manchmal schon in den ersten Lebenstagen beobachtbar. Das früheste, eindeutig fassbare Zeichen der Beziehungnahme vom Kinde aus ist jedoch das erste ‹antwortende› Lächeln des Kindes.

<small>Dieses unterscheidet sich durch seinen Antwortcharakter und seine Erfülltheit vom ‹leeren Lächeln› des geistesschwachen älteren Kindes und vom ‹Engelslächeln› des Neugeborenen. Der Zeitpunkt dieses ersten antwortenden Lächelns wird von *Soelderling* [352] aufgrund der Erhebungen an 400 termingerecht geborenen Säuglingen wie folgt angegeben: vor der 2. Lebenswoche lächeln 0%, in der 2.-3. Woche 11%, in der 3.-4. Woche 49%, in der 4.-5. Woche 21%, in der 5. Woche 19% der Kinder.

Bleibt das Lächeln bis gegen Ende des 2. Lebensmonats aus, so sollte eine genaue ärztliche Untersuchung des Kindes erfolgen. Hier, wie in allen anderen Bereichen der Entwicklung, muss für die Frühgeborenen vom *errechneten* Geburtstermin und nicht von der Geburt an gerechnet werden.</small>

Während die Mutter zum Kind spricht, beobachtet sie der wenige Wochen alte Säugling aufmerksam mit gespanntem Blick und leicht geöffnetem, ‹staunendem› Mund. Der Ausdruck hat etwas Diffuses, Unbestimmtes (Abb. 88). Die müde Teilnahmslosigkeit des Kindes nach der Mahlzeit (Abb. 89) wird durch die Kontaktnahme vom Erwachsenen aus durchbrochen, und das Kind wendet sich ihm mit einem Lächeln zu (Abb. 90). Aus seinem ruhigen Dösen heraus (Abb. 91) antwortet das Kind mit einem leichten Lächeln, wenn es angesprochen wird (Abb. 92); bei intensiver Fühlungnahme durch Berühren und Spielen steigert es sich zu einem breiten Lachen (Abb. 93). Entfernt sich der Erwachsene wieder, so wird der Gesichtsausdruck missmutig (Abb. 94). Das einige Monate alte Kind beobachtet viel schärfer (Abb. 95, 96 und 98) als der Säugling in den ersten Lebenswochen (Abb. 88). Eine brüske Bewegung löst heftige Angst- und Abwehrreaktionen aus (Abb. 97 und 99), und erst allmählich beruhigt sich das Kind wieder (Abb. 100).

In der Zuwendung des Kindes (Abb. 93) kommt — das empfindet der Betrachter unmittelbar — Menschliches in unverhüllter Form zum Ausdruck. Auch in der angstvoll-abwehrenden Reaktion (Abb. 97) beeindrucken die Kraft des Ausdrucks und die Ergriffenheit des Kindes von seinen Empfindungen. Die Angstreaktion auf einen nicht vertrauten Erwachsenen bezeichnet man als ‹Fremden›. Auf dieser Entwicklungsstufe nimmt das Kind den Unterschied zwischen vertrauten Personen und Fremden bewusst wahr. Die bewusste Abgrenzung der Einheit Mutter-Kind von der übrigen Welt vollzieht sich in diesem Alter. (Sie ist ein analoger Vorgang zu der späteren Unterscheidung des ‹Ich› von der Mutter und der gesamten übrigen Familie.) Das Kind lernt in dieser Entwicklungsperiode sitzen, es verwendet die ersten Namen, anfänglich noch ohne klares Bewußtsein ihrer Bedeutung (Mama, Papa); jedoch spricht es die Worte häufiger aus, wenn die Eltern anwesend sind. Für den Entwicklungsbereich der Beziehungnahme zum Erwachsenen endet die Säuglingszeit mit dem ‹Fremden›.

Die in der Medizin gebräuchliche Bezeichnung des ganzen ersten Lebensjahres als Säuglingszeit ist praktisch brauchbar, ist sie doch beim gesunden Kind mit einem Jahr abgeschlossen. Vom Standpunkt der Entwicklung aus ist eine zeitlich früher gelegene Grenze entsprechender; so nennt *Loebisch* als Säuglingszeit die ersten 9 Monate.

Wie immer die Altersgrenze festgelegt wird, ist sie nur als Durchschnittszahl brauchbar. Nicht das Alter in Monaten, sondern der Entwicklungsstand des einzelnen Kindes ist entscheidend. Dabei wird der Abschluss der Säuglingszeit nicht in allen Entwicklungsbereichen zum gleichen Zeitpunkt erreicht: man muss die Säuglingszeit der Sprache, der Bewegungsentwicklung, der Fühlungnahme usw. gesondert betrachten. Das Kind ist zum Kleinkind geworden, wenn die Säuglingszeit in allen Bereichen abgeschlossen ist. (Es liegen hier ähnliche Verhältnisse vor wie in der Beziehung zwischen Alter, ‹Schulreife› und Schuleintritt.)

Der Vergleich des Übergangs Säugling—Kleinkind mit demjenigen vom Kleinkind zum Schulkind kann uns deutlich machen, was an solch entscheidenden Wendepunkten geschieht, deren es ja noch andere gibt. Es ist der Übergang von der Welt des Säuglings in die Welt des Kleinkindes, von der Welt des Kleinkindes in die Welt des Schulkindes.

Was das Kind in der einen ‹Welt› von dem in der anderen unterscheidet, ist u. a. die Art seiner Beziehung zu Personen und Dingen und die jeweils erweiterte Möglichkeit einer Stellungnahme zu sich selbst. Der sich vollziehende Wandel lässt sich an der Anschauung verfolgen, welche wir von den Dingen haben. Kehren wir in späteren Jahren an einen Ort zurück, wo wir als Kinder weilten, so scheint alles verändert, selbst wenn sich äusserlich nichts geändert hat. Der uns ehedem riesengross erschienene Raum ist ein gewöhnliches Zimmer; die hohe Treppe besteht aus einigen Stufen. Wie das Raumverhältnis ist auch das Zeitempfinden anders geworden: Als Kind schienen uns einige Ferien-

88

wochen eine Ewigkeit, für den Erwachsenen sind sie eine kurze Zeitspanne. Wie die quantitative so ändert sich auch die qualitative Wertung: Wo uns als Kind ein märchenhafter Palast zu stehen schien, da sehen wir als Erwachsene ein unscheinbares Haus, aber eine zur Zeit unserer Kindheit aufgenommene Fotografie unterscheidet sich in nichts von dem Bild, das später aufgenommen wurde; in jeder Lebensperiode entsteht ein wesentlich anderes *Bild in uns*.

Seit 1850 wurde die sorgfältige Beobachtung des Kindes ein wissenschaftliches Forschungsgebiet. Wir haben gelernt, das Verhalten des Kindes zu beobachten und den Verhaltenswandel zu beschreiben. Mit ihm geht ein Beziehungswandel einher, der aus der Beschreibung und Deutung von ‹Qualität› in der Beziehung zwischen Kind und Umwelt erkennbar wird. Der wache oder verschleierte Blick, das beseelte oder leere Lächeln, die stumpfe oder rege Aufmerksamkeit des Säuglings sind Beispiele qualitativ zu bewertender Erscheinungen. Im Gesicht des Kindes kommen sie zum Ausdruck.

Abb. 88. Beat (6 Wochen) beobachtet den Untersucher. Sein Ausdruck ist gespannt, die Augen sind gerichtet und fixieren, der Mund ist leicht geöffnet. Angedeutetes Lächeln.

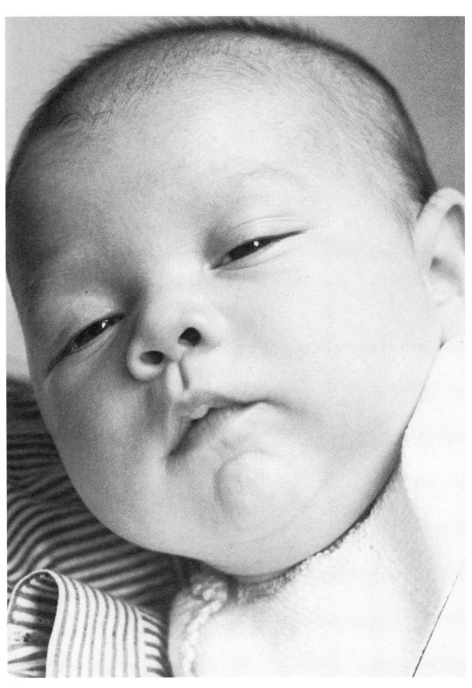

Abb. 89. Urs (8½ Wochen). Müde entspannter Ausdruck nach der Mahlzeit.

Abb. 90. Auf das Ansprechen durch den Untersucher antwortet Urs mit einer leichten Zuwendung und einem vergnügten Lächeln.

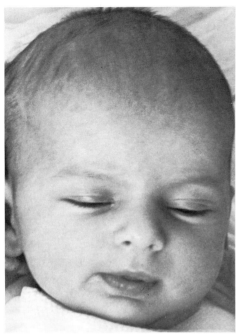

Abb. 91. Emanuela (7 Wochen). Ruhiges Dösen des Kindes.

Abb. 92. Emanuela wird angesprochen und antwortet mit einem Lächeln.

Abb. 93. Nachdem die Fühlungnahme durch Anlachen und Berühren intensiviert wurde, verstärkt sich auch das Lächeln Emanuelas zu einem offenen Lachen.

Abb. 94. Der Untersucher hat sich wieder entfernt. Emanuela scheint unzufrieden und enttäuscht.

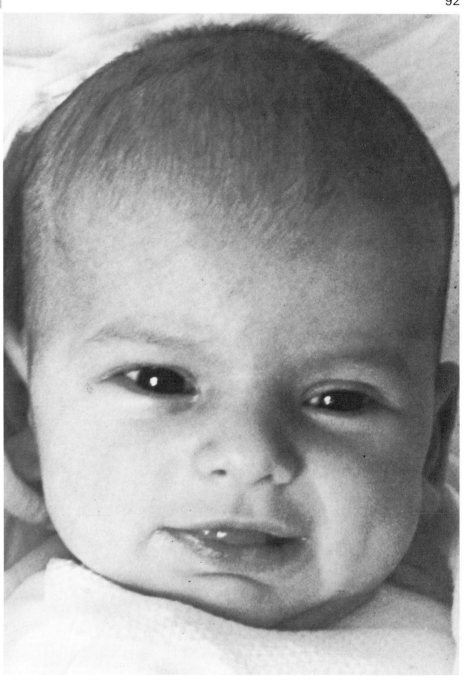

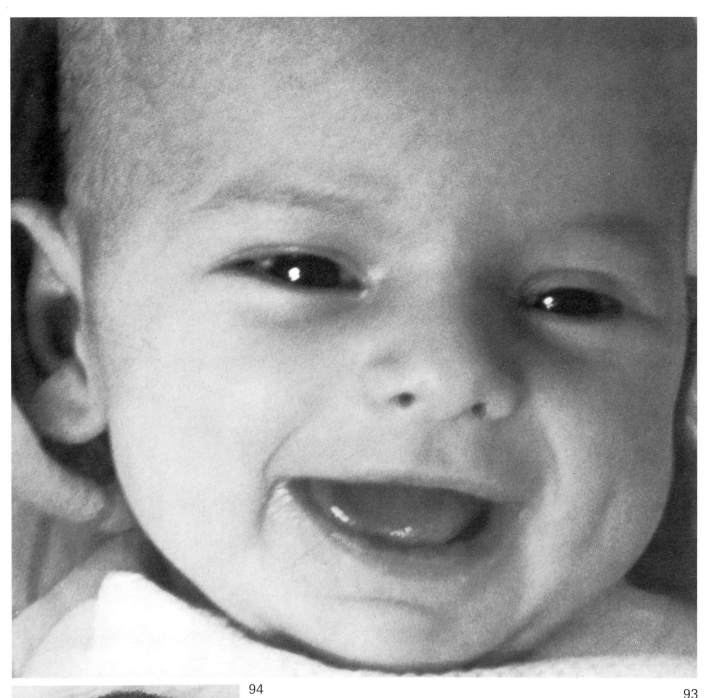

93

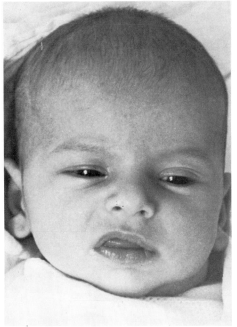

94

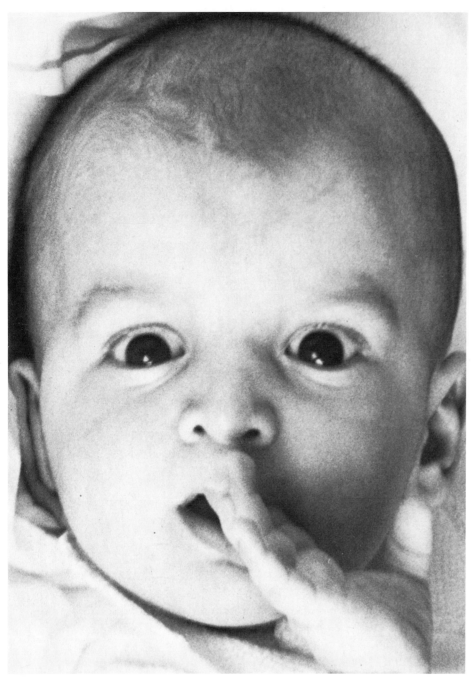

95

Abb. 95. Hans (27½ Wochen). Aufmerksames, scharfes Beobachten des Untersuchers (vgl. auch Abb. 61 und 62 des gleichen Kindes).

Abb. 96. Hansjörg (26½ Wochen). Das Kind beobachtet abwartend den Untersucher.

Abb. 97. Hansjörg. Eine etwas plötzliche, sich nähernde Bewegung verursacht angstvolles Schreien; die Hände werden in einer schützenden Gebärde vor das Gesicht genommen.

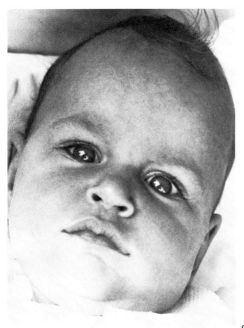

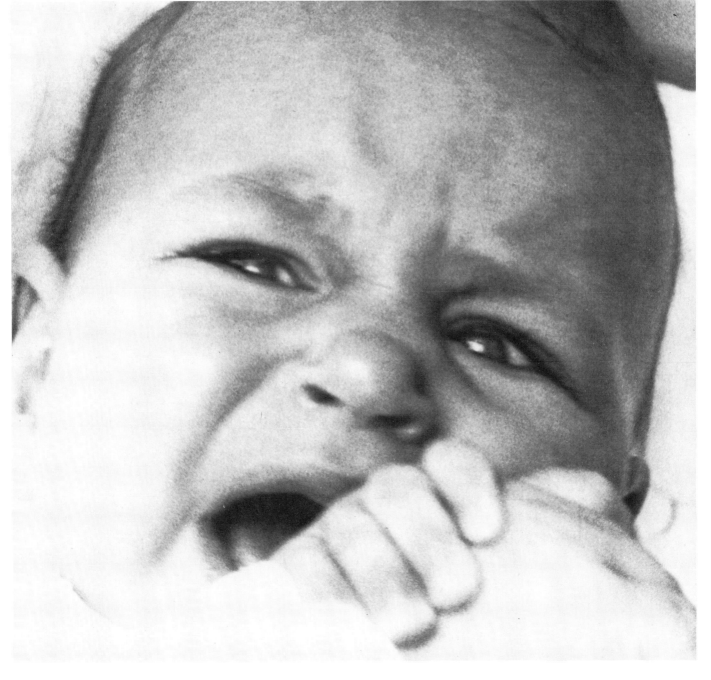

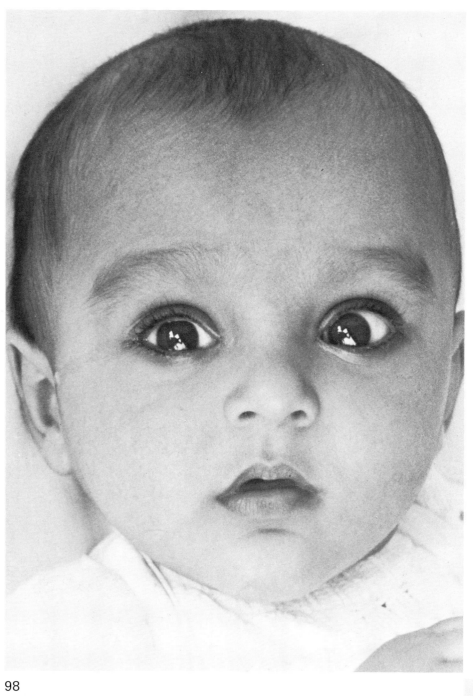
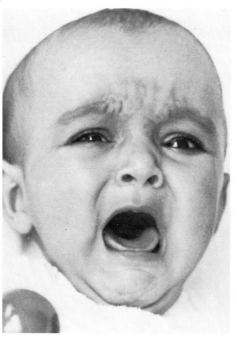
98
99
86

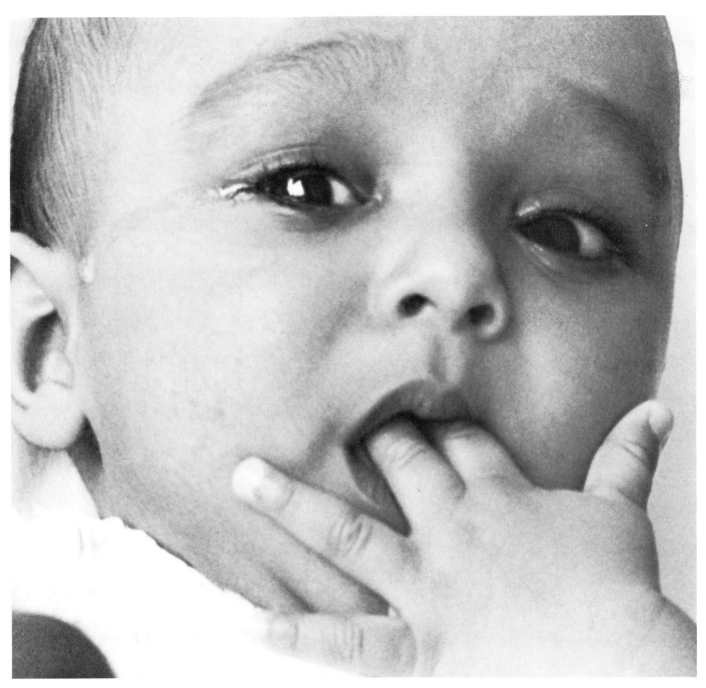

100

Abb. 98–100. Raoul (29 Wochen). Das den Erwachsenen beobachtende Kind (Abb. 98) beginnt bei seinem Nähertreten heftig zu schreien (Abb. 99). Nach einer Weile gewöhnt es sich an den Fremden und beginnt an den Fingern zu saugen (Abb. 100).

Angaben über die fotografierten Kinder

Abbildung	Name	Alter[1]	Geburts-gewicht	HT[2]	Ge-wicht
1–2	Emilio	1 h 40'	1950 (11)[3]	1	1950
3 (46-49)	Toni	4 h	3350	1	3350
4-5 (6)	Roger	8 h	2400 (0)	1	2400
7-8	Susi	3 W	1200 (11)	22	1100
9-10	Jürg	11 T	2240 (3)	11	1920
11-12	Martin	3 T	3760	3	3420
13-16	Daniel	4 W	1500 (7)	27	1750
17-19	Stefan	6 W	2830	1	2650
20-21	Uli und	2½ W	2600	2	2200
	Walter	2½ W	3000	2	2380
22	Sonja	10 T	2050	10	1840
	Franz	10 T	1950	10	1780
	Maya	10 T	1850	10	1680
23-24	Sabine	6 W	3230	3	3700
25-26	Karl	8 W	3050	21	3900
27-29	Rita	6 W	2500	3	2840
30-32	Wendolin	14 W	4380	4	4650
33-34	Marcel	13 T	4400	13	4320
35-36	Esther	5½ W	3500	30	3550
37-39 (89-90)	Urs	8½ W	4170	14	5310
40-42 (96-97)	Hansjörg	26½ W	3140	4	6320
43-45	Marcel	25 W	3000	58	4950
46-49 (3)	Toni	4 h	3350	1	3350
50-54	Daniel	3½ W	2300 (?)	17	2550
55	Michael	13½ W		*	
56-59	Regula	11½ W	3400	16	4300
60	Armin	15½ W	3300	10	5800
61-62 (95)	Hans	27½ W	3300	14	5550
63-64	Hanspeter	11 T	3150	10	3020
65-71	Mathias	3 W	1820 (11)	21	1950
72-74	Armin	15½ W	3300	10	5800
75-77	Rolf	28½ W	3400	11	6450
78-80	Barbara	8 T	3350	8	3050
81-82	Ricardo	2½ W	3000	12	2800
83-84	Roland	10½ W	2500	15	4180
85-87	Christof	16 W	2920	7	5000
88	Beat	6 W		*	
89-90 (37-39)	Urs	8½ W	4170	13	5310
91-94	Emanuela	7 W	3700	8	4000
95 (61-62)	Hans	27½ W	3300	14	5550
96-97 (40-42)	Hansjörg	26½ W	3140	4	6320
98-100	Raoul	29 W	3000	3	6560

[1] h = Stunden, T = Tage, W = Wochen.
[2] HT = Hospitalisationstag.
[3] Die Zahl in Klammern nach dem Geburtsgewicht gibt bei Frühgeborenen (Geburtsgewicht unter 2500 g) an, wieviel Wochen vor dem errechneten Termin die Geburt erfolgte.
* Nicht hospitalisiert.

Folgende Diagnosen wurden gestellt (Hauptdiagnose):

Aspiration von Fruchtwasser	1
Grippaler Infekt	2
Bronchitis (bei Pertussis in Heilung)	1
Bronchopneumonie (in Heilung)	1
Tonsillitis catarrhalis	1
Rumination	2
Pylorusstenose (Pylorushypertrophie)	1
Hernien (Hiatushernie 1, Inguinalhernie 1, Umbilicalhernie 1)	3
Dyspepsie	3
Pyurie	2
Icterus neonati (praecox oder gravis)	3
Rhesus-Inkompatibilität (ohne Icterus gravis)	1
Mangelgeburt (bei Nephropathie der Mutter)	1
Pflegeschaden (ungenügende Pflege und Ernährung)	2
Frühgeborene (Geburtsgewicht unter 2500 g; ein Zwillingspaar und einmal Drillinge)	10
Gesunde Kinder (ohne Frühgeborene)	4
	38

Von den 38 Kindern, deren Fotografien in der Zusammenstellung verwendet wurden, sind 9 Mädchen. Das Geschlecht des Kindes ist aus dem angeführten Vornamen ersichtlich. Fotografiert wurden nur Kinder in gutem Allgemeinzustand; soweit vereinzelt eine schwere Erkrankung vorgelegen hatte, war die Rekonvaleszenz weit fortgeschritten.

II. Die Sprache des Säuglings

1. Die Zwiesprache[1]

Die vorliegende Darstellung möchte den Leser und Hörer mit den Lautäusserungen eines Kindes in den ersten Lebensmonaten vertraut machen. Aus regelmässig durchgeführten Tonbandaufnahmen (vgl. S. 116) sind auf unserer Schallplatte diejenigen Ausschnitte wiedergegeben, die den beobachtenden und horchenden Eltern als wesentliche und neu auftretende Elemente seiner Laut- und Sprachentwicklung erschienen sind. Dadurch soll das Nacherleben dieser Entwicklung in äusserster «Zeitraffung» möglich gemacht werden. Die einzelnen Aufnahmestellen sind erläutert und durch Angaben über die allgemeine Entwicklung des Kindes im entsprechenden Zeitabschnitt ergänzt. Das Alter des Säuglings ist jeweils in Wochen und Tagen angegeben. (Zum Beispiel bedeutet «(3;2)» ein Alter von 3 Wochen und 2 Tagen im Zeitpunkt der Aufnahme.)

Ärzte und Psychologen, Sprachforscher und Sprachheilpädagogen haben – als Eltern wie als Forscher auf ihrem Fachgebiet – allmählich unser Verständnis der Kindersprache erweitert. Auch besondere Forschungszentren sind geschaffen worden [222, 410, 411]. Die ersten Anfänge der menschlichen Sprache noch *vor* der Zeit, da das Kind erstmals ein Wort im Bewusstsein einer Bedeutung ausspricht, wurden dabei jedoch seltener untersucht als die Besonderheiten späterer Lebensabschnitte. Für diese allererste Zeit gilt daher folgende Feststellung von *Leopold* (dem wir auch eine umfassende Bibliographie zum Problem der Kindersprache verdanken [231]) in ganz besonderem Masse: «Es ist in der Kindersprachforschung die Zeit für eine zusammenfassende Darstellung noch nicht gekommen. Wir stehen noch im Stadium, in dem weiteres Quellenmaterial in der Form von Einzelstudien benötigt wird» [233].

Anlage, Umweltbeziehungen und eigene Persönlichkeit finden in der Sprache einen einheitlichen Ausdruck. Es wird dadurch schwierig, die Gesetze zu sehen, nach denen einzelne Faktoren innerhalb des Sprachorganismus (*J. Lutz* [251]) wirksam sind. Was wir heute von dem noch unvollkommen erforschten Gebiet der Säuglingssprache wissen, lässt uns jedoch ahnen, dass wir in ihr das vollständigste Abbild der Gesamtheit körperlicher und seelischer Reifungsvorgänge erhalten werden, wenn wir einmal über genügend Beobachtungen verfügen. (Zu einer ähnlichen Auffassung gelangen auch *Lenneberg* et al. aufgrund ihrer Forschungsergebnisse über die Sprachentwicklung geistig behinderter Kinder [vgl. 225].) Seinszustand, Empfinden und Bestreben des Kindes zeigen sich in seinem Gesichtsausdruck, seinen Körperbewegungen und seinen Lautäusserungen. Mit dem Begriff ‹Sprache des Säuglings› fassen wir die hörbaren Ausdruckserscheinungen zusammen.

Die Einheit, die Lautsprache, Mimik, Körperhaltung und Bewegung bilden, wird gerade beim Säugling besonders deutlich. Abb. 104/05 in Kapitel 8 (S. 127) zeigen Gesichtsausdruck, Handhaltung und Armbewegungen des Kindes beim Schreien und beim ruhigen Plaudern.

Tabelle 2 (S. 92) gibt eine erste Übersicht der Beispiele unserer Schallplatte und der Sprachentwicklung im ersten Lebensjahr. Sie zeigt damit, wie unsere Aufnahmen in das allgemeine Bild einzufügen sind, das wir heute von der Sprache des Säuglings dank verschiedenster Forschungen besitzen. Die allgemeinen Altersangaben sind als Richtwerte zu betrachten.

Lautäusserungen und ‹Antworten› des Kindes auf Sprachlaute müssen im Säuglingsalter zusammen gesehen werden. Sie sind Teile der Zwiesprache von Mutter und Kind.

Mutter ist für den Säugling, wer ihn seelisch und körperlich betreut, also auch die Adoptivmutter oder Pflegerin. Aus der Tatsache, dass in solchen Fällen keine Blutsverwandtschaft besteht, oder aus einer Aufteilung von Pflege und Betreuung unter verschiedene Personen mögen sich besondere Umstände ergeben, die hier nicht untersucht werden sollen. Es gehört zu den wunderbaren Gegebenheiten der menschlichen Gemeinschaft, dass sie für den Säugling die Obsorge übernehmen kann, wenn die leibliche Mutter ihr Kind nicht zu betreuen vermag. Wesentlich ist, dass damit kein Missbrauch getrieben wird und die innere und äussere Zwiesprache mit dem Kind gewahrt bleibt.

Über den Vorgang der Laut- und Sprachentwicklung in der Säuglingszeit schreibt *Lillywhite* [240]: «Es ist die Zeitspanne, in welcher das Kind lernt, sich am Hören und Hervorbringen verschiedener Stimmlaute zu freuen. Weil es daran Freude hat, plaudert es oft und viel. Dabei bringt es zahlreiche verschiedene Lautverbindungen hervor, was für das Gehör wie für die Stimm- und Sprachorgane eine wertvolle Übung ist. Weil das Baby sich am Spiel mit Lauten freut, nehmen auch die anderen um es herum an seinem Spiel teil und wiederholen ihm seine Laute. Die Mutter übernimmt die Lautbildungen ihres Kindes und plaudert mit ihm. Dadurch beginnt das Kind zu merken, dass sein Hervorbringen von Lauten auf andere eine Wirkung hat ...»[2]

---

[1] Der Verfasser dankt für die Subsidien aus privater Hand, dank denen diese Arbeit veröffentlicht werden konnte, und für die technische Hilfe durch Herrn E. Pauli, der mit grossem Interesse und Verständnis die Schallplattenwiedergabe vorbereitete.

[2] Aus dem Englischen übersetzt.

Tabelle 2. Die Lautäusserungen eines Säuglings (Schallplattenbeispiele), verglichen mit allgemeinen Richtwerten für

Alter (Monate)	Beispiele der Schallplatte	
1	Schreien (3;2) Trinkgeräusche (3;2) Urlaute (3;2)	Jammern (4;4)
2	Lächeln (4;4), Lautgruppe *erre* (7;2) Schreien vor der Mahlzeit (7;3)	Vokalplaudern (Laute der *a*- und *e*-Gruppe) (7;5) Jammern (7;5)
3	Lachen (9;6) Plaudern (10;1) Wiederholungen (im Plaudern und Jammern) (10;1)	Konsonantenbildung (11;4) Konsonant-Vokal-Gruppen (12;3) Brüllen (vor der Mahlzeit) (12;4) Schnalzlaute (12;5), *r*-Kette (12;5)
4	Konsonantenbildung (weitere Differenzierung und erstes Auftreten von *mamam*) (15;1) Jammern (16;2) Lippenverschlusslaute (*m*- und *b*-artig) (16;2) Blasreiblaut (Geräuschbildung durch Ausblasen der Luft zwischen den Lippen) (17;2)	Einschlaflaute (ausdrucksvoll, müder Tonfall) (17;2) *h*-Laute (17;2) Stimmlagewechsel (17;3)
5	Plaudern (zunehmende Differenziertheit, deutliche Silbenbildung) (19;2) Entladungsketten (19;4) Lachen (19;6)	‹Ärgerlich› (20;1) ‹Wütend› (Ausdruckskraft des Schreiens!) (20;6) *ba-ba*-Laute (21;2) *mama*-Laute (jetzt häufiger und deutlicher) (22;2)
6	Plaudern (weitere Differenzierung, Silben mit *p* und *g*) (23;4) Anstrengungslaute (Rufen beim Sichbewegen) (26;2)	
7	*m*- und *w*-Laute (undifferenziert) (26;3) Vokalwechsel (26;3) Ärgerliche Ruflaute (26;3)	Ausruflaut (27;2) *s*-Laute (27;2), Verneinungslaute (27;2) Flüstern (30;4), Hungerrufen (30;4)
8	Kettengliederung (32;2) Gespräch (34;4) Wunschlaute (34;4)	
9	Nachsprechen (36;5) Trennungswechsel (36;5) Spontane Worte (36;5) Rhythmus (39;2)	
10		
11		
12		

[1] Lautäusserungen und Beantwortung von Sprachlauten, leicht abgeändert nach *Lillywhite* [240].

die Sprachentwicklung im ersten Lebensjahr (Alter in Wochen und Tagen in Klammern)

Allgemeine Richtwerte. Lautäusserungen[1]	*Allgemeine Richtwerte.* Beantwortung von Sprachlauten[1]
Schreien, Wimmern, einige Vokallaute (*a*- und *e*-ähnlich) und Konsonanten (*ch*-, *g*-, *n*- und *h*-ähnlich). Seufzen, Grunzlaute, Sprenglaute	
Schreit kräftiger, oft schriller. Mehr Lautäusserungen, die kein Schreien sind (Plaudern). Differenzierung verschiedener Arten von Schreien bei Schmerz, Hunger. *Beginn von Wiederholungen* wie *ga-ga-ga-ga*. Auftreten von *m* und *ng*-artigen Konsonanten	Lächelt oder beruhigt sich auf Zuspruch des Erwachsenen. Beantwortet die Lautäusserungen des Erwachsenen, indem es bereits vorher geäusserte Laute wiederholt (z. B. die Gruppe *erre*). Manchmal hört das Kind zu plaudern auf, wenn der Erwachsene mit seiner Sprache dazwischenfällt. Bisweilen schreit das Kind, wenn es durch Schimpfen Erwachsener erschreckt wird
Zunahme des Plauderns und des ‹Spielens mit Lauten›. Plaudern mit häufigen Wiederholungen, *vorwiegend, wenn das Kind allein gelassen wird.* Verwendet häufiger Konsonanten: *m, k, g, p, b, ng* und die meisten Vokallaute. Lächelt, lacht, ‹gurgelt›. Feine Laute, welche das Wohlbehagen ausdrücken	Die Lautantworten auf Sprachäusserungen werden seltener (sie werden erst gegen den 9. Monat wieder häufiger). Wird das Kind in seinem Plaudern unterbrochen, so hört es damit unvermittelt auf
Weitere Zunahme des Plauderns und der Laute. *Gelegentlich in ‹Beantwortung› des Plauderns der Eltern,* wenn diese nicht zu laut und kräftig sprechen und das eigene Plaudern des Kindes nicht unterbrechen	Wendet Augen und Kopf auf Sprachlaute. Reagiert ‹automatisch› auf freundlichen oder ärgerlichen Tonfall. Äussert ärgerliche Laute, wenn es ein Spielzeug verliert usw.
Häufigere Wiederholungen mit deutlichem *Rhythmus*. Zunahme der Lautstärke. Selteneres Schreien, Nasalierungen zeitweise hörbar. Bewegungen mit der Zungenspitze beginnen	Beantwortet freundlichen oder ärgerlichen Tonfall nicht ‹automatisch›, sondern stellt auf andere Gegebenheiten ab, wie Gebärde und körperlichen Kontakt
Grösserer Lautreichtum. Zweisilbige Bildungen. Dieselben Laute tagelang wiederholt. Auftreten von *d, t, n, w* im Plaudern	Ist meist nicht zur Nachahmung von Lauten zu bringen. Beantwortet von Sprache begleitete Gebärden
Beginnt(?) sich selbst nachzuahmen (‹Selbstnachahmung›), *mama, dada, baba,* aber nicht in Beantwortung eines Erwachsenen. Mehr Abwechslung in Tonhöhe und Betonung. Vermehrte Zungenspitzentätigkeit	Ruft um Aufmerksamkeit. Verbindet Plaudern mit Gebärden. Perseveriert bei der Nachahmung von ‹bitte-bitte›-Machen, wenn dies von Sprache begleitet wird
Weitere Zunahme des Lautreichtums und der Differenziertheit des Schreiens. Mehr Vokale, die im hinteren Mund-Rachen-Raum gebildet werden. Abwechslungsreicherer und kräftigerer Tonfall. Schreilaute, um die Aufmerksamkeit auf sich zu lenken	Zieht sich vor fremden Erwachsenen und meist auch Kindern weinend zurück (‹Fremden›). Streckt die Arme aus, um aufgenommen zu werden, wenn der Erwachsene dies ebenfalls tut. Wenig lautliche Nachahmung
Bemüht sich nachzuahmen. Kann Erwachsene nachahmen, wenn sie Laute verwenden, die im Plaudern des Kindes vorkommen. Manche Kinder verwenden schon ein Wort sinngemäss	Beginnt ‹nein, nein› zu verstehen, *dada, papa* und ähnliche Wortbildungen. Antwortet auf Worte wie *ada-ada* mit entsprechenden Gebärden
Ahmt eine Anzahl Silben und Laute nach, zu denen es vom Erwachsenen angeregt wird. Ahmt auch einige neue, noch nie verwendete Laute nach	Interessiert sich für einzelne Worte im Zusammenhang mit Gegenständen oder Verrichtungen, welche für das Kind bedeutungsvoll sind. Ahmt ihm vorgesungene Tonintervalle nach
Lautnachahmungen, wenn das Vorbild vom Erwachsenen nicht zu aufdringlich ist (Echolalie). Begleitet die Lautäusserungen mit Bewegungen. Manche Kinder erwerben sich jetzt die ersten ‹richtigen› Worte. Interessieren sich sehr für Worte, die mit ihrer eigenen Tätigkeit und ihren Bedürfnissen zusammenhängen	Ahmt bisweilen den Hund, die Glocke, das Muhen der Kuh, Ausrufe der Erwachsenen, Autohupen, Motorengeräusche und ähnliches nach. Beginnt zweisilbige Worte nachzuahmen

W. Stern beschreibt folgende «primitive Unterhaltung» bei seinem 3 Monate alten Sohn [369]: «Besonders leicht werden Lautreaktionen hervorgerufen, wenn man zu ihm spricht; namentlich sind es einfache, den seinigen ähnliche Laute, auf die er reagiert, wie z. B. *ä* und *erre,* so dass seine Antwort zuweilen den Eindruck einer Nachahmung macht.»

Sprache besteht zwischen einem Menschen und einem anderen. Die Lautäusserungen des Säuglings werden dadurch zur Sprache, dass die Mutter sich von ihrem Kind angesprochen fühlt, die Laute hört und darauf reagiert. Die Bedeutung der Reaktion (Rückwirkung) der Mutter auf ihr Kind, die für die gesamte Entwicklung des Säuglings so wesentlich ist, wird im sprachlichen Bereich besonders deutlich. Die Mutter ‹übernimmt› Lautgebilde ihres Kindes und wiederholt sie. Das Kind hört von ihr Laute, die denjenigen ähnlich sind, die es selbst hervorbringen kann. Dabei verfügt die Mutter über den ausgebildeten Lautschatz ihrer Sprache. Diesem entnimmt sie die Laute, die sie zum Kinde spricht. Weil sie aber gleichzeitig das Kind nachahmt, so werden die Laute dem Säugling angepasst. So bemüht sich die Mutter unwillkürlich in der Sprache des Kindes zu reden, während das Kind auf die Sprache seiner Mutter achtet. In einem Anpassungsvorgang differenzieren sich die Säuglingslaute allmählich. Aus einer grossen Anzahl von Lautbildungen, die das Kind äussert, werden diejenigen geformt und bleiben zuletzt bestehen, welche in der Muttersprache verankert sind.

Die wechselseitige sprachliche Fühlungnahme zwischen Mutter und Kind bezeichnen wir als die *Zwiesprache* der Säuglingszeit.

Wächst ein Kind nicht unter artikuliert redenden Erwachsenen auf, so lernt es auch keine artikulierte Sprache. Seit dem Altertum sind immer wieder Beschreibungen von Kindern bekannt geworden, die unter Tieren aufwuchsen oder unter besonderen Bedingungen, so dass die menschliche Sprache willentlich von ihnen ferngehalten wurde. *Herodot* (ca. 484–425 v. Chr.) berichtet über eine Untersuchung durch den ägyptischen König Psammetich (Psammetich I., 663–609 v. Chr.), der die älteste aller Nationen und Sprachen ausfindig machen wollte [zit. nach 392]: «Er gab zwei beliebige neugeborene Kinder einem Hirten zu seinen Herden, um sie in der Art zu erziehen, dass niemand sie einen Laut hören lasse; sie sollten in einer einsamen Hütte für sich liegen; zur gehörigen Zeit solle er ihnen Ziegen zuführen, sie mit Milch sättigen und dann seinen sonstigen Verrichtungen nachgehen ... Nachdem der Hirte zwei Jahre so verfahren hatte und einmal die Türe öffnete und hineintrat, kamen die beiden Knaben auf ihn zu und sprachen *bekos,* indem sie die Hände ausstreckten. Wie der Hirt dies zum ersten Mal hörte, machte er nichts daraus; wie aber bei öfterem Kommen und Besorgen dieses Wort häufig kam, tat er es seinem Herrn kund und führte die Kinder vor sein Angesicht. Nachdem Psammetich ebenfalls das Wort gehört, erkundigte er sich, welche Menschen etwas *bekos* nennen, und erfuhr, dass die Phryger das Brot so nennen. In Anbetracht dessen räumten nun die Ägypter ein, dass die Phryger älter als sie seien. Diesen Hergang habe ich von Hephästospriestern in Memphis gehört.»

Jakob IV., König von Schottland (1488–1513; Grossvater der Maria Stuart), liess eine ähnliche Untersuchung durchführen [283], wobei zur Pflege des Kindes Taubstumme eingesetzt wurden, die ihm die Nahrung reichten. Jakob IV. schloss aus der Lautentwicklung dieses Kindes verständlicherweise, dass Hebräisch die gesuchte Ursprache sei. Denn Hebräisch ist reich an Kehllauten, wie sie das Kind wohl geäussert hat und wie sie schon vom ganz jungen Säugling als erste Laute hervorgebracht werden, aber auch bei Taubstummen vorherrschend bleiben, wenn sie ohne besondere Sprachbildung aufwachsen.

Bei den ägyptischen Kindern der Untersuchung Psammetichs kam es zu einer Wortbildung, die an das Blöken der Ziegen anklang (*bekos*), bei dem Kinde in Schottland ergaben sich Klangbilder, in denen Laute der taubstummen Betreuer vorherrschend blieben. In beiden Fällen wurden die Ernährer des Kindes ihm zum sprachlichen Leitbild. Die grausamen Untersuchungen lehren aber auch, wie der Erwachsene die Lautäusserungen des Kindes mit bekannten Sprachen in Verbindung zu bringen sucht, *wie er heraushört,* was ihn an Bekanntes erinnert. Für das Weltbild damaliger Zeiten mag es bezeichnend sein, dass man den Einfluss der Umgebung ausser acht liess, sobald die Kinder nicht in gewohnter Art betreut wurden, und hoffte, auf die geschilderte Weise dem Geheimnis vom Ursprung menschlicher Sprache näherzukommen.

Eine andere, ähnliche Untersuchung durch Kaiser Friedrich II. von Hohenstaufen (1212–1250) ist aus der Chronik eines Franziskanermönchs, Salimbene, überliefert [zit. nach 392]: «Eine zweite Torheit des Kaisers bestand darin, dass er erfahren wollte, welche Sprache und Ausdrucksweise Knaben bei ihrer weiteren Entwicklung zeigen, die mit niemandem sprechen würden. Daher gab er Wärterinnen und Ammen die Vorschrift, dass sie den Kindern Milch reichen und die Brust geben, sie waschen und baden sollten, ohne sie zu liebkosen oder mit ihnen zu reden. Denn er wollte ersehen, ob sie hebräisch als die älteste Sprache oder griechisch oder lateinisch oder arabisch oder etwa die Sprache ihrer Eltern sprechen würden. Aber er bemühte sich vergeblich, weil sie alle im Kindes- oder vielmehr Säuglingsalter starben. Sie konnten ja nicht leben ohne den Beifall, die Gebärden, freundlichen Mienen und Liebkosungen ihrer Wärterinnen und Ammen; deshalb nennt man Ammenzauber die Lieder, welche das Weib hersagt beim Schaukeln der Wiege, um das Kind einzuschläfern, ohne welche dasselbe nur schlecht schlafen und keine Ruhe haben könnte.» Friedrich II. hat offenbar auch überlegt, ob die Muttersprache nicht ererbt sein könnte; ein Gedanke, der die Forschung wiederholt beschäftigt hat und die Bedeutung der Eltern für die Sprachentwicklung enthält. Der Franziskaner kritisiert den mit dem Papsttum streitenden Kaiser und weiss dabei um den Wert, welchen «Beifall, Gebärden, freundliche Mienen und Liebkosungen» als Ausdruck der Beziehung von Mutter (oder Amme) und Kind für dessen gesamte gesunde Entwicklung haben[3].

Über das *taub* geborene Kind gibt *Lenneberg* [224] einige Angaben: «Die Häufigkeit der Lautäusserungen ist im ersten Halbjahr nicht merkbar verringert. Die Art der Laute (qualitativ) ist während der ersten 3 Lebensmonate bei tauben und hörenden Kindern gleich. Vom 4. bis zum 12. Monat ist ein Grossteil der Laute des tauben Kindes denen des hörenden sehr ähnlich; immerhin ist der gesamte Lautreichtum des Plauderns beim tauben Kind nach dem 6. Lebensmonat gegenüber dem hörenden verringert.»[4]

Ein Unterschied in der Sprachentwicklung des tauben und des hörenden Kindes macht sich demnach vom 4. Le-

---

[3] Die eingehende Darstellung der Geschichte eines ‹Wildkindes› durch den französischen Arzt und Erzieher *J. Itard* zu Anfang des vergangenen Jahrhunderts wurde von *L. Maison* veröffentlicht und von *J. Lutz* deutschsprachig herausgegeben [187].

[4] Aus dem Englischen übersetzt.

Tabelle 3.
Sprachverständnis und «erstes sinnvolles Wort» (15 Einzelbeobachtungen, zusammengestellt von *Schäfer* [329])

Autor	Kind	Alter in Monaten	Sprachverständnis	Alter in Monaten	Erstes sinnvolles Wort
Stern	Tochter Hilde	9	«Mach mal hophop!»	10½	*didda* (= «ticktack»)
	Sohn Günther	9	«Mach mal butz!»	9	*da*
	Tochter Eva	6½	«Mach mal patsch, patsch!»	9	*ata* (Vater)
Preyer	Sohn	8	«Wo ist das Licht?»	11	*atta, hödda, hatta*
Linder	1. Tochter	4	«Ticktack»	9½	*papa* (Vater)
	2. Tochter	4½	«Ticktack»	12	*m* (lang gedehnt für Wagen)
Struempel	Tochter	7¾	«Wo ist Ticktack?» «Wo ist Mama?» «Wo ist Holzmann?» «Backe, backe Kuchen!»	8	*amm, memme*
Schneider	Sohn	8	(rote Lampe, «Ticktack», Blümchen, «Kucklichter»)	10¾	*ida* (Dienstmädchen)
Scupin	Sohn	9	«Wo ist Piep?» «Mach Stossböckerle!»	12	*s-s-s* (Fliege)
Schäfer	Sohn	9½	«Mache Bauz»	12¼	*mama, ama, papa, mapa, mpa, mamam*
Taine	Tochter	ca. 10	«Wo ist Grossvater?»	zwischen 12 und 14¾	*papa* (Vater und andere)
Deville	Tochter	6½	Händezusammenschlagen auf das Wort «Bravo»	6½	*ateu, ateu*
Darwin	Sohn	7	(Name der Kinderwärterin)	12	*mum* (Nahrung)
Major	Sohn	11¾	«street-car»	12	*hie* (Verlangen nach einem Gegenstand)
Oltuscewsky	«eigenes Kind»	7	«zykzyk» (Uhr «kajta» (Spazierengehen)	11	*papa* (essen)

bensmonat an bemerkbar, nachdem beim hörenden die «primitive Unterhaltung» (*W. Stern*) mit der Mutter begonnen hat.

Beim *blinden* Kind sind nach den vorliegenden Beobachtungen Bildung und Verwendung der ersten Worte gegenüber dem sehenden verzögert. Während demnach für die Sprachentwicklung jenseits des ersten Lebensjahres der Einfluss des Sehens gesichert scheint, besteht für das Säuglingsalter hierüber noch Ungewissheit. Die beobachtende Aufmerksamkeit, welche der angesprochene Säugling zeigt, umfasst auch das Sehen: Das Kind schaut häufig den Erwachsenen aufmerksam an, wenn er zu ihm spricht. Wir neigen zur Annahme, dass das Sehen auch für die frühe Sprachentwicklung wichtig ist.

Ebenso glaubt *H.-W. Felden,* dass die «Fortschritte des Murmelns und Lallens», die beim sehenden Säugling um die 9. Lebenswoche auftreten, beim blinden Säugling erst um die 18. bis 20. Lebenswoche anzusetzen sind (*H.W. Felden:* «Von den Wirkkräften des Blindseins», persönliche Mitteilung; vgl. ferner *Kainz* [196]).

Jedes Erlernen ist ein neues, individuelles Schaffen. Wie das Kind im Zwiegespräch tätig ist, zeigt sich besonders dort, wo es *unter Kindern allein* stattfindet. *Jespersen* [190] berichtet, wie Kinder, «auf sich selbst angewiesen, in einer unbewohnten Gegend, wo sie nicht gleich dem Hunger oder Erfrierungstode anheimfallen», die Fähigkeit haben, «eine Sprache zur gegenseitigen Verständigung zu entwickeln; und diese kann von ihren Eltern so verschieden werden, dass sie wirklich als Ausgangspunkt einer neuen Sprache dienen kann». Zwiesprache unter Kindern kann, wenn der Einfluss des Erwachsenen unterbleibt, den Anfang einer neuen Menschensprache bilden. Die vom genannten Sprachforscher angeführten Beispiele entsprechen dem, was in kleinstem Massstab wohl in jeder Kinderstube vorkommt: dass Geschwister sich untereinander verstehen, wobei sie Lautäusserungen verwenden, die keine eigentlichen ‹Worte› ihrer Muttersprache sind.

Unter gewöhnlichen Bedingungen wächst das Kind durch die Zwiesprache in seine *Mutter*sprache hinein, wie es auch in allem übrigen, geborgen bei seiner Mutter, durch sie und die Familie in seinen weiteren Lebenskreis eingeführt wird.

Fragen und Ergebnisse, die sich bei der Untersuchung von Kindern zeigen, welche mehrsprachig aufwachsen, betreffen vorwiegend die Sprachentwicklung *nach* dem ersten Lebensjahr; es sei diesbezüglich auf die Literatur verwiesen (*Leopold* [230, 233]).

Die Angaben klassischer Säuglingsbiographien über das erste «*Sprachverständnis*» hat *Schäfer* [329] zusammengestellt und sie mit dem Auftreten des ersten «sinnvollen» (besser: mit Bedeutungsbewusstsein verwendeten) Wortes verglichen (Tab. 3)[5].

Besonders Aufforderungen wie «mach mal hophop» wirken ebenso durch Rhythmus und Melodie wie durch die Lautwahl und sind zudem mit bestimmten Situationen verbunden, z. B. damit, dass das Kind auf den Knien gehalten wird. In der «übergeordneten Lebenseinheit» (*Baumann*; vgl. [144]), welche Mutter und Kind bilden, verstehen sie sich *auch* sprachlich. Das Sprachverständnis kann nicht als ein isoliertes Wortverständnis betrachtet werden, sondern nur in Verbindung mit Mienenspiel, Gebärde und Tonfall der Mutter.

Die Fähigkeit, Rhythmus und Melodie zu empfinden und auch selbst zum Ausdruck zu bringen, ist körperlich an die Tätigkeit des *Stammhirns* geknüpft (*Porzig* [304]); dieses ist mit lebenswichtigen Funktionen ver-

[5] Über die Erweiterung des Wortschatzes geben die Listen der «ersten hundert Wörter» eines Knaben und eines Mädchens sowie der vom Kind selbst zusammengefügten Wortbildungen in der Darstellung von *Schaffner* [330] Aufschluss.

bunden und von Geburt an auch anatomisch weitgehend gereift, während sonst das Zentralnervensystem das «unreifste Organ des Neugeborenen» ist (*Ewerbeck* [96]).

Die Bewegungen des Kindes wie diejenigen des zu ihm sprechenden Erwachsenen stehen mit der Sprachentwicklung in enger Beziehung. Das Sprechen selbst ist ja eine Ausdrucks*bewegung,* an der sich eine grosse Zahl von Einzelbewegungen unterscheiden lassen. Das Wahrnehmen von Bewegungen und Gehörseindrücken — fremden (Zwiesprache) wie eigenen (Selbstwahrnehmung) — und das Selbstausführen der Bewegungen des Sprechvorganges bilden eine Einheit. Die Einheit von Wahrnehmen und Bewegen (*Weizsäcker* [414]) ist in der Sprachentwicklung des Säuglings besonders deutlich erkennbar.

Die Tabelle 3 von *Schäfer* zeigt, wie das Kind Worte erst dann sinnvoll verwendet, wenn es in den von anderen geäusserten Worten eine Bedeutung ‹entdeckt› hat. Schon viel früher beginnt es diese Worte zu sprechen. In unseren Aufnahmen kommt *mamma* schon im 4. Lebensmonat wiederholt vor. In der Zwiesprache mit der Mutter erhält das ‹Wort› allmählich, mit erwachendem Bedeutungsbewusstsein des Kindes, seinen ‹Sinn›. Die Lautverbindung *mamma* wird immer enger mit der Mutter in Verbindung gebracht. Allmählich findet das Kind, dass mit den Lauten *mama* die Mutter erscheint, ihm zu essen gibt usw. Es bildet sich der erste in einem Wort ausgedrückte Begriff, der vorerst noch mehreres umfasst (das Erscheinen, das Essenbringen) und in einem weiteren Reifungsvorgang auf etwas Bestimmtes eingeschränkt wird, z. B. die Person der Mutter. Auf einer noch späteren Stufe erfolgt dann, jenseits des Säuglingsalters, die Ausdehnung des Begriffes über die eigene Sphäre hinaus: Das Kleinkind erkennt, dass auch andere Kinder ‹ihre Mutter› haben. Hierin liegt wohl ein wesentlicher Unterschied zum Erlernen der Fremdsprache durch den Erwachsenen: Dieser muss Worte — Zeichen einer fremden Sprache — lernen, um vorhandene, mit der Muttersprache erworbene Begriffe in einer anderen Sprache auszudrücken. Dem Kinde bilden sich sinnvolle Worte und Begriffe in einem einheitlichen Vorgang. (Über die im einzelnen schwierig zu erforschenden Zusammenhänge zwischen Sprach- und Begriffsbildung vgl. *Lenneberg* [225a] sowie die Ergebnisse von *W. Stern* [369, 372], *Piaget* [295–297] u. a.)

Das Bedeutungsbewusstsein des Kindes für den ‹Sinn› der Worte geht seiner allgemeinen Bewusstwerdung parallel; es ist ein Teil davon. Indem das gesunde Kind Worte ‹erlernt› und die Sprache zu beherrschen beginnt, wächst es in die menschliche Gemeinschaft hinein. Es lernt sich aufrichten und gehen und entwächst sprachlich wie als Ganzes der ausschliesslichen Einheit mit der Mutter. Mit dem sinngemässen Gebrauch der ersten Worte hat die kindliche Persönlichkeit, in ständiger Wechselbeziehung mit der Mutter, eine erste selbständige Gestalt erreicht; in gleichem Masse wird das Kind nun auch mit Hilfe seiner Worte erst der Familie und dann auch Fremden der näheren Umgebung besser verständlich. Die Sprachentwicklung des Säuglings zeigt seine Reifung.

Erst wenn das Kind eine Bewusstheitsstufe erreicht hat, die das eigentliche Ende der Säuglingszeit charakterisiert, wird der Begriff ‹Nachahmung› sinnvoll. Vor diesem Zeitpunkt ist die Persönlichkeit des Säuglings von derjenigen seiner Mutter zu wenig abgegrenzt, als dass er die Äusserungen eines ‹anderen› mit seinen eigenen, im Sinne der Nachahmung, vergleichen könnte.

Ausmass und Intensität der Zwiesprache von Mutter und Kind hängen von ihrer inneren Beziehung wie von äusseren Umständen ab (z. B. Abwesenheit der Mutter infolge Erwerbstätigkeit). *Rheingold* et al. [316] fanden in einer auf statistischer Grundlage aufgebauten Untersuchung bestätigt, wie das Kind durch die sprachliche Beziehung mit dem Erwachsenen zu Lautäusserungen angeregt wird (Kap. 8, Abb. 106, S. 128):

Am ersten und zweiten Untersuchungstag beugte sich ein Beobachter über das Kind, ohne jedoch auf dessen Laute zu reagieren. Am 3. und 4. Tag beantwortete er hingegen die Lautäusserungen des Säuglings mit einem breiten Lachen, drei Lauten, die ähnlich wie *tsk* klangen, und einer leichten Berührung des Kindes. Diese ‹Antwort› dauerte höchstens eine Sekunde. Am 5. und 6. Untersuchungstag blieben die Laute des Kindes wieder unbeantwortet wie in den ersten beiden Tagen.

Einundzwanzig Kinder wurden während Zeiteinheiten von jeweils 3 Minuten mehrmals täglich derart beobachtet. Das mittlere Alter der Kinder betrug 3 Monate. Die beiden Kurven I und II stellen Ergebnisse zweier voneinander unabhängiger Untersuchungsreihen dar.

Die Kurven in Abbildung 106 zeigen die Zunahme der Lautäusserungen des Kindes bei Beantwortung durch einen Erwachsenen am 3. und 4. Untersuchungstag.

Es ist das Verdienst von *Irwin* [169–186], gezeigt zu haben, wie die Sprachlaute des Säuglings zunehmen und sich die Sprache des Kindes allmählich seiner Muttersprache angleicht. *Irwin* hat eine besondere Methodik [394] in die Kindersprachforschung eingeführt und mit seinen Mitarbeitern die Sprache von Säugling und Kleinkind in verschiedener Hinsicht untersucht, die Ergebnisse statistisch ausgewertet und graphisch eindrucksvoll dargestellt. Als Zeiteinheit für die Beobachtung wählten er und seine Mitarbeiter 30 Atemzüge des Kindes und nicht eine bestimmte Anzahl Minuten. Die Aufzeichnungen der Laute erfolgten nach dem internationalen phonetischen Alphabet (vgl. *Voelker* [394]). Die Ergebnisse werden in zwei Masseinheiten ausgedrückt:

— in der *Lautzahl* («phoneme frequency») = Gesamtzahl der vom Kind geäusserten Laute,
— in der *Lauttypenzahl* («phoneme types frequency») = Anzahl der in der gleichen Beobachtungszeit geäusserten *unterschiedlichen* Laute.

In der Lauttypenzahl werden wiederholt vorkommende, gleichartige Laute nur je einmal gezählt, in der Lautzahl jedesmal. Die *Lautzahl* drückt somit die *Gesamtmenge* der Laute aus, welche das Kind äussert, die *Lauttypenzahl* zeigt die *Vielfalt* der verwendeten Laute.

In Kapitel 8 (Abb. 107, S. 128) ist aus den Untersuchungen von *Irwin* [178, 181] der Zusammenhang der Berufsgruppenzugehörigkeit der Eltern mit der kindlichen Sprachentwicklung dargestellt, in Abb. 108 der Vergleich von Kindern eines Waisenheimes mit geringer sprachlicher Anregung mit Kindern, die in ihren Familien aufwachsen [181, 35]. Die Kurven bringen wohl einen Umwelteinfluss zum Ausdruck, auch wenn die sprachlichen Anlagen in den gegenübergestellten Gruppen unterschiedlich sein mögen.

Von weiteren Beziehungen, die *Irwin* et al. [181] gefunden haben, seien hier erwähnt: *Keine* Unterschiede im Lautzuwachs zeigen sich im Säuglingsalter zwischen *Knaben und Mädchen* und zwischen *Einzelkindern und Kindern mit älteren Geschwistern*. Eine *positive* Beziehung zwischen dem *Intelligenzquotienten* und der Lautentwicklung findet sich mit der verwendeten Methodik erst nach dem *20. Lebensmonat*. Eine gesetzmässige Zunahme der Sprachlaute erfolgt mit dem Alter des Kindes, wie dies im folgenden Abschnitt dargestellt ist.

2. Die Ausprägung der Laute und die Abgrenzung der ersten Worte

Die Mutter kennt drei Hauptgruppen von Lautäusserungen ihres Kindes: das Plaudern, das Schreien und Weinen, das Jauchzen und Lachen. Die beiden letzteren Gruppen sind mit lebhafter Erregung des Kindes verbunden. Aber auch das Plaudern ist Stimmungsschwankungen unterworfen. Die Grundstimmung, in der das Kind plaudert, wechselt: Sie kann ausgeglichen, freudig oder unbehaglich sein. Die Übergangszonen vom Plaudern zum Schreien und Weinen, Lachen und Jauchzen werden mit zunehmendem Alter des Kindes breiter. Der junge Säugling weint, aus der Ruhe gebracht, unmittelbar sehr heftig; er ist leichter zum Lachen zu bringen und fällt auch unvermittelt vom Lachen ins Weinen. Je älter das Kind wird, um so stimmungsvoller wird auch sein Plaudern, um so deutlicher kommen darin feine Stimmungsschwankungen zum Ausdruck.

Die Abbildungen 109–112 zeigen verschiedene Stimmungen des Kindes: ruhiges Plaudern, gespannte Aufmerksamkeit, freudige und unbehagliche Grundstimmung.

Das *erste* Auftreten bestimmter, spontan geäusserter Laute entspricht nach *Lewis* [237, 238] der Stimmung des Wohlbehagens oder Unbehagens (vgl. Tab. 4, S. 100). Die einzelnen Laute kommen während einiger Zeit vorwiegend bei der entsprechenden Stimmung vor. Allmählich bilden sie jedoch einen festen Lautschatz des Kindes und werden weitgehend unabhängig von der Stimmungslage verwendet.

Zwischen der Funktion der Organe des Mund- und Rachenraumes bei der Nahrungsaufnahme und den ersten Lautbildungen bestehen enge Zusammenhänge (vgl. *Lewis* 237, 238]). Die ersten Laute entstehen bei ähnlichen – teilweise gleichen – Bewegungen von Zunge, Lippen usw., wie sie für die Nahrungsaufnahme, besonders das Saugen, notwendig sind. Einen solchen Zusammenhang konnten wir über längere Zeit für den Schnalzlaut[6] beobachten (vgl. Schallplatte, 3. Monat). Dieser Laut war anfänglich nur hörbar, wenn das Kind am Daumen sog (vgl. Kap. 8, Abb. 122, S. 132). Später wurde er geäussert, auch ohne dass das Kind den Daumen im Mund hielt.

Bei der Entstehung der ersten Laute scheint die gesamte Körperhaltung des Kindes von Bedeutung zu sein. Der *r*-Laut, den wir vom 3. Monat an (besonders als *r*-Kette) sehr häufig hörten und aufnehmen konnten (Zäpfchen-*r*, vgl. Schallplatte, 3. Monat), trat dann auf, wenn das Kind auf dem Rücken lag. Die Stimmung war dabei meist freudig und leicht gespannt, so dass man den Eindruck erhielt,

als gerate das Halszäpfchen im Strom der forcierten Ausatmung in Schwingung.

Anatomisch-physiologische Beobachtungen liessen sich noch mehr beschreiben. Sie zeigen, wie Laute und Sprache *hörbarer* Ausdruck des Gesamtverhaltens des Kindes sind. Wenn *wir*, als Hörende und Angesprochene, den Zusammenhang zwischen Laut, Stimmung und Verhalten finden, bekommen die Laute und die Sprache *für uns* ihre Ausdrucksbedeutung. Ausdruckswert besitzt die Sprache des Säuglings *für* jemanden, für die Mutter, für uns. Es kommt darauf an, ob *wir* das Kind ‹verstehen›. Tonfall, Lautstärke usw. sind dabei ebenso bedeutungsvoll wie der Laut selbst. Eine gewisse konstante Beziehung zwischen Stimmung, Verhalten und Lautäusserung ist zweifellos vorhanden und auch in Untersuchungen über das Schreien nachgewiesen (vgl. S. 104). Plaudert das Kind allein, in ausgeglichener Stimmung, so sagt man, es «spricht für sich», oder man nennt dies ein «Spiel mit Lauten». Die erste Redewendung besagt, dass diese Lautäusserungen nicht gerichtet sind und keinen unmittelbaren Zweck verfolgen. Plaudern ist eine Lebenserscheinung, in der sich allmählich der Lautschatz erweitert. Das Kind ist von dieser Tätigkeit erfüllt, die es unterbricht, sobald es abgelenkt wird. Plaudern ist Spiel in dem Sinn, dass «Tätigsein und empfangendes Leben noch eins sind ... das Kind lebt im Funktionieren seiner Organe» [269]. Das Spiel mit Lauten zeigt mit besonderer Deutlichkeit den tiefsten Charakter eigentlichen Spielens (vgl. die Ausführung über das Spiel von *Moor* [269]). Dabei erwachen *Selbstbeachtung*, *Selbstwahrnehmung* und *Selbstbeobachtung* und die Freude am eigenen Schaffen. Es treten nicht nur verschiedene Artikulierungen auf (üben ist für die Tätigkeit des Kindes hier nicht das richtige Wort), sondern auch andere akustische Eigenschaften variieren: Klangfarbe, Tonhöhe und Tonverlauf, Stärke, Lautdauer und Schallfülle (vgl. *Brandenstein* [31]).

Gutzmann [135] schreibt in seinen Beobachtungen einer Sprachentwicklung: «Ganz besondere Aufmerksamkeit wurde auch denjenigen Stimmäusserungen des Kindes zugewendet, die man wegen ihrer längere Zeit festgehaltenen Tonhöhe und ihrer ganz bestimmt ausgesprochenen Intervalle als den primitiven Gesang des Kindes bezeichnen könnte.» Im Plaudern des Säuglings ist die Trennung von Gesang und Sprache noch nicht vollzogen. (Ein *Nach*singen tritt erst mit einsetzender Nachahmung am Ende der Säuglingszeit auf.)

Die Empfänglichkeit des Kindes für Melodie, Rhythmus und andere Spracheigenschaften bleibt noch weit über das erste Lebensjahr hinaus sehr gross. Erst mit den Jahren

---
[6] Vgl. Abb. 104, 112, 119, 120, 121, S. 127, 129, 131.

wird der Sprachinhalt von der Sprachform getrennt bedeutungsvoll. Noch beim Kleinkind, das einem Märchen lauscht, ist beispielsweise die Stimmung, die sich bei der Erzählung ergibt, so wesentlich wie der Inhalt. Worte und Sprache sind eben beim Kind – und ganz besonders beim Säugling – weit mehr als nur bestimmte Zeichen für Gegenstände und Begriffe (vgl. dazu *Max Picard* [299]).

Die Formung der Laute (Artikulation) erfordert eine genaue Zusammenarbeit aller beteiligten Muskelgruppen. Die Beherrschung des «Stimm- und Sprechapparates» setzt die körperliche Reifung des Kindes (Nervensystem, Koordination) voraus. Einen Einblick in das komplizierte Zusammenwirken bei der Lautbildung erhält man aus der schematischen Erforschung und Darstellung der Bildung von Vokalen und Konsonanten des Erwachsenen.

In neuerer Zeit konnten besonders mit Röntgenaufnahmen des sprechenden Erwachsenen die Stellungen der Artikulationsorgane näher untersucht werden (Atlas von *Wängler* [408]).

Die Vokale

Wie *Brandenstein* [31] zeigt, lässt sich von einem Vokal zum anderen ein allmählicher Übergang finden, beispielsweise vom *i* mit allen Nuancen zu *e* und *a*. Man darf diese ‹Kontinua› mit ganz ähnlichen Erscheinungen bei den Farben vergleichen, wo es auch alle feinsten Übergänge gibt. In einer bestimmten Sprache sind nun aus diesen Kontinua einzelne kleine Bereiche herausgegriffen. Diese umfassen eine Reihe sehr ähnlicher Laute, wie beispielsweise verschiedene *a*- oder *e*-Laute, die je nach dem gesprochenen Dialekt und den Eigenheiten des einzelnen Menschen verschieden «hell oder dunkel gefärbt» sind.

Was die frühen Vokallaute des Säuglings «unbeschreibbar» macht, ist das Vorkommen zahlreicher Zwischenformen, die noch zu wenig ausgeprägt sind, als dass man sie bestimmten Sprachlauten zuordnen könnte. Drei Faktoren bestimmen nach Brandenstein die Gestalt des Mund-Rachen-Raumes und damit im wesentlichen, welcher Vokal entsteht. Es sind dies:

1. die verschiedene Lagerung der Zunge; diese kann vorne oder hinten verdickt werden, wobei sie einerseits etwas nach vorne gedrückt, andererseits nach hinten gezogen wird;
2. die Gestaltung des Mundes, d. h. die Mundstellung; wir können den Mund entweder in die Breite ziehen oder runden;
3. schliesslich kann der so gehaltene Mund entweder stärker geöffnet oder enger zusammengezogen werden (man pflegt diesen letzteren Unterschied mit dem Gegensatz «offen» und «geschlossen» zu charakterisieren, obwohl der Ausdruck «geschlossen» nicht wörtlich genommen werden darf und «eng» eine bessere Bezeichnung wäre).

Das Zusammenwirken von Mundöffnung, Mundgestaltung und Lage der Zunge bei der Bildung von Vokalen lässt sich nach Brandenstein in einem räumlichen Schema darstellen (Kap. 8, Abb. 113, S. 130).

Man kann dieses Schema leicht an sich selbst überprüfen: Zieht man beispielsweise den Mund in die Breite, wobei die Zunge vorne liegt, und öffnet ihn dabei weit, so lässt sich der Laut æ bilden; durch langsames Schliessen des Mundes (bei gleicher «Breite» und gleicher Zungenlagerung) geht der Laut allmählich in *i* über.

In die Mitte des Vokalklotzes kommt ein «Ruhelaut» (e) zu liegen, welcher beim jungen Säugling oft hörbar ist.

Die Konsonanten

Während bei allen Vokalen *kein* Verschluss im Mund-Rachen-Raum besteht, ist den Konsonanten gemeinsam, dass sich dieser Mund-Rachen-Raum an bestimmten Stellen entweder ganz verschliesst oder doch verengt, wodurch an den Engen während des Ausatmungsstromes ein Geräusch entsteht. Die Art dieses Geräusches lässt sich mit *Berendes* [14] nach drei Gesichtspunkten kennzeichnen.

1. Ein *Sprenglaut* (Explosivlaut, Verschlusslaut) entsteht, wenn ein Verschluss durch den Luftstrom gesprengt wird, ein *Reiblaut*, wenn die Luft an einer Enge vorbeistreicht.
2. Je nach Beteiligung der Stimmlippen kann der Laut *stimmhaft* oder *stimmlos* sein.
3. Der Klang des Lautes ist bestimmt durch die *Stelle des Mund-Rachen-Raumes,* an der er entsteht. In den europäischen und indogermanischen Sprachen lassen sich drei sogenannte Artikulationsstellen unterscheiden: a) zwischen den Lippen oder zwischen der Unterlippe und der oberen Zahnreihe; b) zwischen Zungenspitze und oberer Zahnreihe; c) zwischen Zungenrücken und Gaumen.

Hinzu kommen der Zitterlaut *r*, der an allen drei Artikulationsstellen hervorgebracht werden kann, und die Nasallaute, ferner der Laut *l*, welcher den Vokalen nahesteht, und der Hauchlaut *h*. Dieser entsteht im Kehlkopf, wobei die Stimmlippen zusammentreten, aber nicht so weit, dass sie im Atemstrom ins Schwingen geraten. Die Lautzeichen x und z der gewöhnlichen Schrift entsprechen den Lautverbindungen *ks* und *ts*.

Nach Entstehungsort (Artikulationsstelle) und Entstehungsart sind die Konsonanten in Tabelle 5 (S. 100) zusammengestellt.

Geringe Abweichungen im präzisen Zusammenspiel der Artikulationsorgane führen zu starken Unterschieden im hervorgebrachten Laut. Bildet man beispielsweise die Laute *g* oder *k*, wobei die Zunge anliegt, und senkt sie nachher leicht, so dass der Verschluss nicht mehr vollständig ist, so entsteht *ch* (vgl. Kap. 8, Abb. 114, S. 130).

Auch die Konsonanten variieren in den verschiedenen Sprachen, Dialektformen und nach den individuellen Eigenheiten der Sprecher.

Die menschliche Sprache verfügt über viel mehr Möglichkeiten, als sich schematisch darstellen lassen. Auch die Trennung von Vokalen und Konsonanten ist in Wirklichkeit nicht so vollständig, wie dies nach einem Schema scheinen könnte. Dies wird schon dadurch deutlich, dass der Bildungsort eines Konsonanten innerhalb gewisser Grenzen davon abhängig ist, welcher Vokal ihm folgt. Nimmt man beispielsweise das *kl* in «Kluft» und vergleicht es mit demjenigen in «Kliff», so sieht man, dass der Mundraum jeweils für das folgende *i* oder *u* vorbereitet ist, wodurch das *kl* eine andere Färbung erhält (*Brandenstein* [31]). Die Gliederung in Vokale und Konsonanten erleichtert den Einblick in die wunderbaren Vorgänge der Lautbildung. Sie ist aber nur eine «Anpassung an unser Schulwissen ... In Wahrheit sind die Laute der menschlichen Sprache nur wirklich als Züge oder Merkmale an der Lautgestalt des *Wortes,* so wie Flächen, Kanten und Ecken nur wirklich sind als Züge an einem Würfel, losgelöst von diesem aber gar nicht als für sich bestehend gedacht werden können» (*Porzig* [304]). Sowohl bei den Konsonanten wie bei den Vokalen gibt es unendlich viele Zwischenformen. Diese sind nur durch geringe Abweichungen in der Artikulation bedingt. Manche dieser Abweichungen führen dazu, dass wir den Laut als «völlig anders» empfinden, z. B. als *ch* statt als *g* (vgl. Abb. 114). Bei anderen Veränderungen der Lautformung haben wir aber – obschon die Abweichungen recht erheblich sein können – den Eindruck, es handle sich nur um verschiedene «Färbungen» eines im Grunde genommen «gleichbleibenden» Lautes (z. B. *kl* in K*l*uft und K*l*iff oder die verschieden gefärbten *a*-Laute usw.). Wo wir wesentliche Unterschiede und eine weitgehende Gleichheit empfinden, lässt sich nicht von isolierten Lauten her, sondern nur von ihrer Bedeutung innerhalb der Worte einer Sprache verstehen. Mit diesen Problemen befasst sich seit einigen Jahrzehnten ein besonderer Zweig der Sprachwissenschaft (Phonologie), was zu neuen Erkenntnissen geführt hat.

Für die Sprache des Säuglings müssen wir daraus folgendes festhalten: Je jünger der Säugling ist, um so mehr hören wir alle Übergangsformen zwischen den Lauten, die uns von unseren Sprachkenntnissen her vertraut sind. Aus diesem *Sprachchaos* gliedern sich allmählich bestimmte Lautgruppen, die den Sprachlauten der Muttersprache immer ähnlicher werden. Diese Gliederung vollzieht sich in der Zwiesprache. Denn die einzelnen Laute sind nicht von sich aus, sondern vom Wort und der Sprache als Ganzem her bestimmt, über die das Kind eben noch nicht verfügt, wohl aber die Mutter und die es umgebenden Menschen, welche mit ihm Zwiesprache halten.

In den Lautäusserungen eines jungen Säuglings hören wir zahlreiche Laute, die wir wohl in Fremdsprachen finden, die aber in der Muttersprache des Kindes nicht mehr

Tabelle 4. Die ersten spontanen Laute des Kindes und seine Stimmung (nach Lewis [238])[1]

Lautstadium	Laute des Unbehagens	Laute des Wohlbehagens
I. Vokalähnliche Laute	Beginn: sofort nach der Geburt Enge Vokale: e (dtsch. gegeben, engl. pen) ɛ (dtsch. gewähr, franz. père) æ (engl. man) a (dtsch. Wasser, franz. la) Nasalierungen häufig	Beginn: später als Laute des Unbehagens Offene Vokale: a (dtsch. Wasser, franz. la) o (dtsch. Sohn, franz. pause) u (dtsch. Statue, engl. look) Nasalierungen selten
II. Frühe Konsonanten	Laute, die durch teilweisen Verschluss gebildet werden: w (engl. will) l (dtsch. Lied, engl. feel) ng (dtsch. singen, engl. thing) h (dtsch. Haar, engl. horse)	Vorwiegend hintere Konsonanten: g (stimmhaftes x, wie in g in sagen nach Berliner Dialektaussprache) g (dtsch. Gegend, engl. good) x (dtsch. doch) k (franz. coup, engl. could, ‹k ohne Hauch›) r (‹Zäpfchen-r›, nordengl. borrow)
III. Spätere Konsonanten	Vordere Konsonanten, meist nasaliert: m (labial, d.h. zwischen den Lippen gebildet) n (dental, d.h. an der Zahnreihe gebildet)	Vordere Konsonanten, selten nasaliert (meist oral): p, b, m (labial) t, d, n (dental)

[1] Lewis verwendet die Buchstaben des phonetischen Alphabets. Wo diese erklärt werden müssen, geben wir in Klammern denselben Laut in einem deutschen Wort wieder (soweit sich ein solches nach Wendt [416] finden liess) sowie in einem Beispiel nach Lewis (südenglische Aussprache).

Tabelle 5. Entstehungsart und Artikulationsstelle der Konsonanten der deutschen Sprache[1] (leicht abgeändert nach Berendes [14]; vgl. Text S. 99)

Entstehungsart der Konsonanten	Artikulation zwischen den Lippen oder zwischen Unterlippe und oberer Zahnreihe		Artikulation zwischen Zungenspitze und oberer Zahnreihe		Artikulation zwischen Zungenrücken und Gaumen	
	mit Stimme	ohne Stimme	mit Stimme	ohne Stimme	mit Stimme	ohne Stimme
Sprenglaut	b	p	d	t	g	k
Reibelaute	w	f, v	s j (franz.) th (engl.)	s, ss, ß sch th (engl.)	j	ch
r-Laute	r (Lippen-r wie in brr)		r (Zungen-r)		r (Gaumen-r)	
Nasallaute	m		n		ng	

[1] l und h siehe text; x = ks, z = ts.

vorhanden sein werden. Ein besonders auffälliges Beispiel ist der bereits erwähnte Schnalzlaut (oben S. 98); ferner konnten wir vorübergehend auch den englischen th-Laut feststellen, der vom Anderssprachigen später so mühevoll erlernt werden muss! Auf dieser Entwicklungsstufe kann das Kind «deutsche, kaukasische, spezifisch afrikanische, kurz und gut beliebige Artikulationen nebeneinander hervorbringen» (Jacobsohn [189]).

Die Ausprägung bestimmter Laute und Lautverbindungen vollzieht sich in der Zwiesprache nach bestimmten Gesetzen, für die wir heute in dem Prinzip von Jacobsohn und demjenigen von Schultze erste Anhaltspunkte besitzen.

Jacobsohn [188, 189] fand das Prinzip des stärksten Kontrastes, welches von Leopold [233] als «Wendepunkt in der Kindersprachforschung» bezeichnet wird. Danach «lernt» das Kind die Laute in kontrastierenden Kategorien — in erst groben, dann immer feiner werdenden Lautkontrasten. Ein solches Kontrastpaar bildet z. B. den Anfang unseres Alphabetes: a–b. a kommt vor b, und b setzt a voraus — in allen Sprachen der Welt [189]; wer B sagt, muss zuvor A gesagt haben! In unseren Aufnahmen finden sich mehrere Kontrastbilder, besonders in Form der Kettenbildungen (beispielsweise im 5. Monat). Die Bedeutung des Prinzips reicht über das Erwerben der Laute hinaus, in andere Gebiete der kindlichen Entwicklung. Im sprachlichen Ausdruck haben wir es bereits eingangs angetroffen, wo wir (S. 98) darauf hinwiesen, dass der junge Säugling rasch von der Ruhe ins heftige Schreien verfällt und dass feinere

Kontraste der Stimmung erst allmählich zum Ausdruck gelangen. Auch in der (späteren) Begriffsbildung finden wir es wieder: Das Kind lernt zuerst den Unterschied heiss—kalt und erst später feinere Unterscheidungen, wie ‹warm›. Dasselbe gilt für das Formempfinden: Kreisrund und Viereck werden vom Kind früher unterschieden als verschiedene Rechtecke und Kreisgestalten. Auch in der Beherrschung der Motorik gilt das gleiche Prinzip. ‹Langsam laufen› ist für das Kleinkind anfangs eine Unmöglichkeit und muss erst erlernt werden. Es ist, wie Jacobsohn sagt, «eine elementarere Aufgabe, die Unterschiede zwischen einer Empfindungsklasse und einer anderen wahrzunehmen als diejenigen innerhalb ein und derselben Empfindungsklasse» [189]. Wegen seiner allgemeinen wie seiner sprachlichen Gültigkeit ist das Prinzip von Jacobsohn bedeutungsvoll. Weil die Kontrastbildung ein tief im menschlichen Wesen verwurzeltes Prinzip darstellt, hat es in allen Sprachen Gültigkeit.

In der Zwiesprache findet die Ausprägung der Laut- und Wortformen in zweifacher Hinsicht statt: in der Verankerung der *allgemein menschlichen Sprachlaute* und der *spezifischen Laute* und Lautverbindungen der Muttersprache des Kindes. Die Lautgebilde, die das Kind anfänglich besitzt, sind allen Sprachen der Welt gemeinsam, diejenigen, welche die Muttersprache von anderen Völkersprachen unterscheiden, werden erst später erworben [189].

Die Bildung immer feinerer Kontraste erfordert — physiologisch gesehen — eine immer feinere Zusammenarbeit (Koordination) der an der Lautbildung beteiligten Muskelgruppen. *Schultze* [335] hat hervorgehoben, dass das Kind zuerst diejenigen Laute bildet, welche mit der geringsten «physiologischen Anstrengung» hervorgebracht werden können. Nun ist zweifellos schon die Lautbildung des jungen Säuglings mit oft sehr grosser Anstrengung verbunden. Dennoch findet man in der Beobachtung das Prinzip von Schultze in seinem Kern bestätigt. Es scheint, dass Sprachlaute um so später gebildet werden, je ‹komplizierter› ihre Artikulierung ist, d. h. je mehr Teile des Sprachapparates (Zunge, Lippen, Mundformung) daran teilnehmen und je präziser ihre gegenseitige Stellung sein muss, damit der bestimmte Laut entsteht. Mit anderen Worten: Die Laute werden um so später erworben, je grösser die dazu notwendige neuromuskuläre Koordinationsleistung ist. In dieser Formulierung stimmt das Prinzip mit unseren Kenntnissen von der allmählichen Reifung des Nervensystems und der zunehmenden Beherrschung der Motorik in der kindlichen Entwicklung überein.

Je besser ausgebildet die Koordination ist, um so genauer werden die Bewegungen ausgeführt und um so feinere Kontraste können gebildet werden. Das Prinzip des Kontrasts findet also hier eine Bestätigung, wobei die Beschreibung des neuromuskulären Vorgangs keineswegs als ‹Erklärung› gelten kann. Eine Beziehung zwischen dem Prinzip von Jacobsohn und demjenigen von Schultze zeigt sich lediglich, sofern wir das zweite Prinzip aufgrund unserer heutigen Vorstellungen von der Reifung des Organismus neu formulieren. Manche Laute sind von Anfang an deutlich artikuliert, beispielsweise das Zäpfchen-*r* oder der *h*-Laut. Man könnte sie *Primärlaute* nennen. Andere bilden sich aus einer unbestimmten Vorstufe. Diese besteht in einer Gruppe von Lauten, die in verschiedenen überlieferten Beobachtungen «unbeschreiblich» genannt werden, weil wir die zahlreichen Zwischenformen nicht einzuordnen vermögen. Wenn das Kind die Luft leicht zwischen den Lippen ausbläst und dabei zeitweise nasaliert, zeitweise aber nicht, dann entstehen beispielsweise *m*- und *w*-artige Laute; wenn es die Lippen schliesst und öffnet, *p*- und *b*-artige, je nachdem wie kräftig der momentane Verschluss ist und wie kraftvoll er gesprengt wird. Diese Gruppen von Lauten lassen sich als *Basislautgruppen* bezeichnen. Unter den Bildungen finden sich für unser Ohr bekannte und unbekannte Einzellaute, es lassen sich verschiedene Sprachlaute *heraushören.*

So besitzt jeder Säugling das ‹Lautmaterial›, um jede beliebige Sprache der Welt zu ‹lernen›. In der Zwiesprache bildet sich nach den genannten Prinzipien der begrenzte Lautschatz der Muttersprache heraus.

Irwin und seine Mitarbeiter haben untersucht, wie häufig einzelne Laute innerhalb des Plauderns des Säuglings vorkommen. Sie haben die Laute alle den Zeichen des internationalen phonetischen Alphabets zugeordnet.

Die Zunahme der Anzahl geäusserter Laute (Lautzahl) und ihrer Vielfalt (Lauttypenzahl; vgl. S. 97) ist in Kap. 8, Abb. 115/116 (S. 130), dargestellt. Die normale Streuung ergibt sich aus dem Bereich zwischen der 10. und 90. Perzentile, die Mittelwerte liegen auf der 50. Perzentile (*Irwin* [183]).

Mit der gleichen Methodik hat *Irwin* [173] auch das Verhältnis der Häufigkeit von Vokalen und Konsonanten untersucht (Kap. 8, Abb. 117, S. 130). Dabei zeigt es sich, dass im ganzen ersten Lebensjahr die Vokallaute an Häufigkeit überwiegen. Auch die Stellung der Konsonanten innerhalb einer Silbe ist beschrieben worden [180, 181]: Während der ganzen ersten 2½ Lebensjahre stehen Konsonanten häufiger am Anfang einer Silbe (Initialstellung) als in Endstellung, in welcher sie besonders während der ersten sechs Monate kaum vorkommen (Abb. 118).

Nach den Ergebnissen von Irwin und seiner Mitarbeiter (vgl. *McCarthy* [260]) verfügt das Kind im zweiten Viertel seines ersten Lebensjahres über die meisten Vokallaute und etwa die Hälfte aller Konsonanten. Vergleicht man dies mit dem ersten Lebensmonat, in dem etwa die Hälfte der Vokallaute und sehr wenige Konsonanten vorkommen, so wird man gewahr, wie gross die Zunahme der verfügbaren Laute während der ersten 6 Lebensmonate ist.

Verglichen mit anderen Beobachtungen der Literatur treten in unseren Aufnahmen die Lauterscheinungen, soweit sie beschrieben wurden, zu einem relativ frühen Zeitpunkt auf, wobei es nicht zu entscheiden ist, was auf die regelmässige und häufige Registrierung, was auf anlagemässig rasche Entwicklung des Kindes oder die stetige Betreuung durch die Mutter (Zwiesprache) zurückzuführen ist. Wir haben uns besonders während der ersten Lebensmonate des Kindes bemüht, den frühesten Zeitpunkt des Auftretens einer bestimmten Lauterscheinung festzuhalten, was uns in gewissen Grenzen auch gelungen sein dürfte.

Unsere Beobachtungen über das Auftreten bestimmbarer Laute sind aus Tabelle 6 ersichtlich. Kurz zusammengefasst ergibt sich folgendes Bild:

Erste Laute sind Kehllaute; der *h*-Laut, gefolgt von *r* (Halszäpfchen-*r*, das an *ch* anklingt). In zweiter Linie treten *m*-, *b*- und seltener *w*-artige Laute auf. Indem diese klarer hörbar werden, erscheint auch der *g*-Laut, und es kommt zur Bildung von *mamam* als erster deutlicher Kontrastbildung. Im folgenden werden Ketten gebildet. Nun wird das Plaudern abwechslungsreicher, es treten Silbenbildungen mit *ba*- *ma*- auf und Bildungen mit vorangestelltem Vokal; Auftreten von *n* und *s*; Kettenbildung mit *ge*- und *ga*. Im weitern spielt die Bildung der ersten Worte eine grössere Rolle als das Erwerben der Laute, das an Bedeutung zurückzutreten scheint. Neu kommen im 7. bis 8. Monat Bildungen mit *w* (*wewe*) dazu. Die Nachahmung wird im 9. Monat deutlich und zeigt sich sowohl in der Übernahme von Wortbildungen wie von Rhythmus und Tonfall.

«Während die Reihenfolge der lautlichen Erwerbungen der Kindersprache in ihren Grundzügen als stabil erscheint, so ist im Gegenteil das Tempo dieses Nacheinanders höchst unbeständig und individuell, und zwei Neuerscheinungen, die bei einem Kinde unmittelbar aufeinanderfolgen, können bei einem anderen durch mehrere Monate, ja sogar durch viele Jahre getrennt sein» (*Jacobsohn* [189]). Wie sehr dieses unterschiedliche Tempo durch Anlage oder Umwelt bedingt ist, werden erst weitere Beobachtungen zeigen können.

Die bisherigen Beobachtungen lassen erkennen, dass die Sprachentwicklung in den ersten Lebensmonaten äusserst intensiv verläuft und dass die Aufmerksamkeit vermehrt dieser ersten Periode gelten sollte. Sehr früh schon ist vielleicht die Ursache mancher Sprachstörungen zu suchen. Jacobsohn hat die Zusammenhänge zwischen den Erscheinungsbildern bei Sprachstörungen (Aphasien) und der Sprachentwicklung des Kindes in eindrucksvoller Art aufgezeigt [189]. Dass der Sprachschatz älterer Kinder mit zerebralen Bewegungsstörungen ein Bild bietet, das dem Lautschatz frühkindlicher Entwicklungsstufen entspricht, sei nur am Rande erwähnt (*Irwin* [183]).

Das Prinzip von Jacobsohn (welches dasjenige von Schulte insofern enthält, als die immer feiner werdenden Kontraste der geäusserten Sprachlaute der immer präziser werdenden Koordination im Sprechapparat parallel gehen) beschreibt eine dem reifenden Kinde innewohnende Gesetzmässigkeit. Die Zwiesprache in ihrer Bedeutung für die kindliche Entwicklung ist Ausdruck dafür, dass das Kind in der Gemeinschaft der Menschen geboren wurde, in die es immer mehr hineinwächst.

Nicht alle Laute, die der Säugling im Laufe seiner Sprachentwicklung verwendet hat, sind auch weiterhin in gleichem Masse hörbar. Schon einmal geäusserte Laute treten zeitweise sehr stark zurück, insbesondere wenn eine neue Lauterscheinung häufig und intensiv ‹geübt› wird. Mit Beginn des Nachsprechens wird die Differenzierung der Laute ein Teil des nach der Säuglingszeit in Worten erfolgenden Spracherwerbs. Das Kind hat bis zu diesem Zeitpunkt (d. h. vor dem 8., 9. oder 10. Lebensmonat) Laute aller Arten schon einmal gebildet. (Einzelne Ausnahmen mag es geben; so haben wir beispielsweise deutliche *f*-Laute erst im 11. Monat feststellen können, auch einen *o*-Laut konnten wir im besprochenen Zeitabschnitt nicht hören.)

Es sei hier ein bildhafter Vergleich gestattet: Der angehende Musiker lernt auf seinem Instrument, beispielsweise der Flöte oder der Geige, in einer ersten Etappe die Haupttöne hervorbringen, wobei er gleichzeitig auch einfache Melodien zu spielen beginnt. — Das Kind hat am Ende der Säuglingszeit diese erste Etappe erreicht; die Laute sind einmal artikuliert worden, das Kind hat einmal erlebt, wie es sie selbst artikulierte. — Der Musiker schreitet von der Beherrschung der Töne fort zum Spiel schwieriger Melodien; das Auftreten ihm vertrauter Töne in neuen Verbindungen erfordert neue Anstrengungen, und auch neue Zwischenstufen müssen erlernt werden. — Das Kind schreitet fort zur Erlernung von Lautverbindungen, zu Worten und Sätzen. Dabei geht es nicht so vor, dass es einzelne Laute aneinanderreiht, sondern es versucht das ganze Wort, die ganze Wortgestalt zu erfassen. Wie der ausgebildete Musiker vom Ganzen der Melodie her versucht, die einzelnen Töne rein erklingen zu lassen, so differenzieren sich die Laute des Kindes nach der Säuglingszeit von ihrer Verbindung im Wort her.

Tabelle 6. Bestimmbare Lauterscheinungen im Plaudern eines Säuglings

1. Monat:
Leise Kehllaute, *h*-Laute, unbestimmte Vokallaute der *a-e*-Gruppe, die Ende des 1. Monates etwas differenzierter werden

2. Monat:
Kehllaute mit nachgestelltem Vokal, etwa *chah*, und zwischen zwei Vokallauten (*erre* oder *ekche* nach *Stern*). In der 8. Woche *r*-Laut in Kettenform (*r-r-r* ...)

3. Monat:
Grössere Differenzierung der vokalartigen Laute der *a*-Gruppe. Vereinzelt klingen die Vokale an *i* an, vereinzelt *je*. Kräftiger *h*-Laut. Häufig ein kurzes *ch*, teilweise an *kch* oder *g* anklingend. Häufigeres Auftreten des *r*-Lautes. Erstes Auftreten des Blasreiblautes in der 11. Woche, Auftreten von Schnalzlauten beim Fingerlutschen. Einzelne Lippenverschlusslaute, die an *m, b, w* anklingen

4. Monat:
Häufig langdauernde *r*-Ketten, deutliche *h*-Laute, gefolgt von *ä* (*häh*). Konsonantenartige Laute an *g, gl, b, m, n* anklingend, Kettenbildung mit *g*-Lauten. Auftreten von *u*- und *i*-artigen Lauten auch ausserhalb des Schreiens. Erstes Auftreten der Verbindung *mamam*. Vor dem Einschlafen erhält das Plaudern Ausdruckscharakter von Müdigkeit.

5. Monat:
b- und *n*-Laute nehmen an Häufigkeit zu, ebenso *m*-Laute. Kettenbildungen: *ge-ge-ge* ..., *da-da-da* ..., *ba-ba-ba* ..., *ma-ma-ma* ... Zeitweise melodiöser und differenzierter Tonfall, Plaudern auf verschiedenen Tonhöhen

6. Monat:
Das Plaudern wird abwechslungsreicher. Die Lippenverschlusslaute *b* und *m* werden deutlicher ausgeprägt. Am häufigsten bleibt die *r*-Kette

7. Monat:
Häufigerwerden von *m*- und *w*-Lauten, ebenso von *b* und *p* in verschiedenen Silbenbildungen. Häufigerwerden des *n*-Lautes (in Form von *na-na-na* ... und an *nei* anklingend). Auftreten der Silbe *ba* (*pa*) mit vorangestelltem Vokal (*opa*). Häufigerwerden eines *u*-artigen Lautes (in *bu* oder *pu*). Vereinzelt *s*-Laute. Bildungen von *da*, die von *la* nicht sicher zu trennen sind

8. Monat:
Deutliche *w*-Laute. Ruflaute mit Ausdruckscharakter (Rufsprache!). Doppelsilben in der Form von Worten: *mama, papa, da* und *dada, nei-nei*

9. Monat:
Erste spontane sinngemässe Anwendung einzelner Worte. Nachahmung von Lautgruppen in bestimmtem Rhythmus (*hoppa-hoppa* ...), zusammen mit bestimmten rhythmischen Körperbewegungen

Um die Bildung der ersten Worte zu erklären, müssen wir noch eine weitere, im Wesen des Kindes begründete Erscheinung beschreiben: Alle Tätigkeiten, zu welchen der Säugling im Laufe seiner Reifung neu gelangt, wiederholt er immer wieder; wenn er sich beispielsweise aufzusetzen beginnt, so versucht er dies mehrmals nacheinander; wenn er nach etwas zu greifen beginnt, so bemüht er sich immer wieder den Gegenstand zu fassen. Wir sagen dann, der Säugling ‹übt›. Diese dranghafte, stete Wiederkehr gleicher Bewegungsabläufe lässt sich als ein *physiologisches Perseverieren* bezeichnen. In der Sprachentwicklung zeigt sich dies in der steten Wiederkehr gleicher Lautverbindungen, d.h. im Auftreten von Kettenbildungen (beispielsweise *mamama, ba-ba-ba-ba-ba, ga-ga-ga* usw.; vgl. Schallplatte).

Ob die physiologische Perseveration, das physiologische Stottern des Kleinkindes und das krankhafte Stottern des älteren Menschen im Zusammenhang stehen? Obwohl man beim Stottern mehr von einer «Hemmung» des Redeflusses spricht als von einem Perseverieren bei der gleichen Silbe, schiene es der Untersuchung wert, ob sich bei Stotterern vermehrt Störungen der Reifung im zweiten Lebenshalbjahr nachweisen liessen, in dem das Empfinden des Rhythmus erwacht und in der Zwiesprache zur Sprachbildung beiträgt.

In der weiteren Reifung des Kindes werden die Silbenketten gegliedert. Bei dieser Gliederung wirken das zunehmende Empfinden des Säuglings für einen Rhythmus—das sich auch in der Ansprechbarkeit für Kinderreime zeigt—und die Zwiesprache zusammen, indem die Mutter dem Kind nur einen Ausschnitt einer Silbenkette als begrenztes Wort wiederholt: *mama(m)* oder *papa*.

Ob ab und zu auch Lautgruppen, die wie zufällig schon in einem sehr frühen Zeitpunkt entstehen (vgl. Konsonant-Vokal-Gruppen, Schallplatte 2. Monat), von den Erwachsenen als neue Worte übernommen werden und so das Sprachgut des Menschen erweitern, vermögen wir nicht zu entscheiden. Uns selbst ist eine solche Verbindung, die für uns wie *ullah* klang, aus dem 2. Lebensmonat in besonders deutlicher Erinnerung.

Die Mehrzahl der aus der Säuglingszeit in die Sprachen übergegangenen Worte sind zweifellos aus der Gliederung der Silbenketten entstanden. Einige davon seien nachfolgend genannt (nach *Jespersen* [190]):

Sehr früh wurde *ma* in unserer Sprachgruppe mit einer Endung versehen, so dass wir die Form bekommen, die dem griechischen *meter*, dem lateinischen *mater* (davon franz. *mère* usw.), dem englischen *mother*, dem deutschen *Mutter* usw. zugrunde liegt. Diese Ausdrücke wurden die anerkannten Wörter der Erwachsenen, während *mama* selbst nur im engen Familienkreise verwendet wurde. Es hängt von der Mode ab, wie ‹hoch hinauf› *mama* gebraucht werden kann: in einigen Ländern und zu manchen Zeiten dürfen die einen Kinder es länger sagen als die anderen.

Die Formen *mama* und *ma* sind aber nicht die einzigen für ‹Mutter›, auch das kindliche *am* wurde von den Erwachsenen aufgegriffen und beibehalten. Das albanische Wort für ‹Mutter› ist *amma*, das altnordische für ‹Grossmutter› ist *amma*. Das lateinische *am-ita*, gebildet aus *am* und angefügter Endung, kam zur Bedeutung ‹Tante› und wurde im altfranzösischen zu *ante*, daher dann das englische *aunt* und das neufranzösische *tante*. In den semitischen Sprachen haben die Ausdrücke für ‹Mutter› ebenfalls einen Vokal vor dem *M*: assyrisch *ummu*, hebräisch *êm* usw. Auch *baba* kommt im Sinne von ‹Mutter› vor, besonders in slawischen Sprachen, obwohl es da verschiedene abgeleitete Bedeutungen entwickelt hat, wie ‹altes Weib›, ‹Grossmutter›, ‹Hebamme›. In Tonga haben wir *bama* für ‹Mutter›. Desgleichen erscheinen *n*-Formen für ‹Mutter›, so Sanskrit *nana*, albanisch *nane*. Da haben wir auch das griechische *nanne* (Tante), das lateinische *nonna*; letzteres verlor im frühen Mittelalter die Bedeutung ‹Grossmutter› und wurde zur ehrerbietigen Art der Anrede für ältere Frauen, daher kennen wir es als *Nonne*. Von weniger bekannten Sprachen darf ich erwähnen grönländisch *a'na-na'* (Mutter), *a-na* (Grossmutter).

Nun kommen wir zu Wörtern, die ‹Vater› bedeuten... Wie bekannt, wurde *papa* ebenfalls ein Ehrentitel für einen hochstehenden Geistlichen, und daher kommt die Bezeichnung, die wir in den Formen von *Papst, pope* vor uns haben. Seite an Seite mit den *p*-Formen haben wir solche mit *b*- italienisch *babbo*, bulgarisch *baba*, türkisch *baba*. Mit vokalischem Anlaut haben wir die semitischen Formen *ab, abu* und schliesslich *abba*, das wohlbekannt ist, denn durch das griechische *abbas* ist es der Name für einen geistlichen Oberen in allen europäischen Sprachen geworden, *Abt*, engl. *abbot*, franz. *abbé*.

... Das Kind hat noch ein anderes Hauptinteresse — das für seine Nahrung, die Mutterbrust, die Flasche usw. ... In den normalen Sprachen haben wir Formen wie Sanskrit *mam̃sa* (gotisch *mimz*) und *mas* (Fleisch), das englische *meat* (das früher ebenso wie dänisch *mad* eine beliebige Speise bedeutete), das deutsche *Mus* (Brei), davon auch *Gemüse*, endlich das lateinische *mandere* und *manducare* ‹kauen› (daher franz. *manger*) — alles Entwicklungen von dem kindlichen *ma(m)* aus.

Da die erste Nahrung des Kindes die Mutterbrust bildet, kann sein fröhliches *mamama* auch für die Bezeichnung der Brust gehalten werden. So erscheint das lateinische *mama* (mit einer Verkleinerungsendung als *mamilla*, von diesem das französische *mamelle*) und mit anderen Lippenlauten das englische *pap*, der schwedische mundartliche Ausdruck *pappe*, lateinisch *papilla* ...

Untrennbar von diesen Ausdrücken ist der Laut eines langen *m* oder *am*, der das Entzücken des Kindes über etwas Gutschmeckendes ausdrückt; er hat Nebenformen im Schottischen *nyam* oder *nyamnyam*, in dem englischen Seemannsausdruck *yam* ‹essen› und mit zwei dentalen im französischen *nanan* (Zuckerwerk, Leckerei). Einige Sprachforscher wollen das lateinische *amo* (ich liebe) von diesem *am* abgeleitet wissen, der vergnügliche Zufriedenheit ausdrückt.

Sprachwissenschaftliche Zusammenhänge sind uns bereits S. 96 begegnet in der Möglichkeit, dass die Zwiesprache unter Kindern zum Ausgangspunkt einer neuen Menschensprache werden kann. Diese nur angedeuteten Tatsachen geben einen Hinweis für die tiefe Verbindung der frühen Sprachentwicklung mit den Gegebenheiten menschlichen Lebens.

Neben den Lautäusserungen des Plauderns haben noch andere Geräusche, die das Kind hervorbringt, ihre Bedeutung. Unser Kind gebrauchte eine Zeitlang ein kurzes Husten, um sich bemerkbar zu machen. Ein schmatzendes Geräusch erzeugte es vorübergehend vor der Mahlzeit. Auch die Geräusche, die durch die allgemeinen Körperbewegungen entstehen, sind als hörbare Lebensäusserungen des Kindes zu beachten. Die ‹verdächtige Stille› im Zimmer veranlasst die Mutter, nach ihrem Kind zu sehen.

3. Weinen und Schreien, Lächeln und Lachen[6]

Diesen Ausdruckserscheinungen ist gemeinsam, dass das Kind dabei stärker erregt ist als während des Plauderns. Die Breite der Übergangszonen zwischen dem Plaudern und den lautlichen Ausdrucksformen starker Erregtheit nimmt mit dem Alter des Säuglings zu.

Kussmaul bemerkt in seiner 1859 veröffentlichten Arbeit [211]: «Impflinge aus den drei ersten Monaten des Lebens weinen viel seltener als ältere Kinder, wenn man ihnen die kleinen Stiche oder Einschnitte in den Oberarm macht. Ist das geringere Empfindlichkeit, oder geringere Aufmerksamkeit und Mangel an Furcht, weshalb die jüngeren Impflinge ruhiger bleiben?» Wir kennen auch heute das Wesen des Säuglings zu wenig, um die Frage beantworten zu können.

Schreien

In den ersten Lebensmonaten (etwa von der 3. Woche bis in den 2. oder 3. Monat) gibt es im Tagesablauf des Kindes bisweilen Schreiperioden, deren Ursache wir ebenfalls nicht kennen. Man spricht von ‹Koliken›, von einer ‹Schreistunde› oder von ‹nervösen Kindern›, wenn das Schreien häufig ist. «Aber letztlich wissen wir doch nicht», schreibt *Spock*, «ob diese Bezeichnungen stimmen. Man weiss nur, dass diese Schreiperioden nichts Aussergewöhnliches sind und sich nach 2–3 Monaten geben. Eine vage Erklärung dafür wäre die, dass sich in den ersten 3 Monaten seines Lebens das Nerven- und auch das Verdauungssystem des Babys an die Aussenwelt anpassen müssen und dass es daher mit sich und der Welt noch nicht ganz im klaren ist.» Das uns unmotiviert erscheinende Schreien wäre demnach der Ausdruck erster «Anpassungsschwierigkeiten».

Das Schreien des Neugeborenen ist monoton; im Laufe der Monate wird es allmählich differenzierter. «Eine Mutter entwickelt ein feines Gehör dafür, ob ein Baby aus Wut, aus Hunger oder vor Schmerz schreit» (*Spock* [362]). Auch für das Schreien gibt es eine gegenseitige Anpassung von Mutter und Kind, ein «Sich-verstehen-Lernen». Die Mutter ‹lernt› unterscheiden, und in gleichem Mass differenzieren sich die Formen des Schreiens, die ein Teil der Zwiesprache mit der Mutter sind. Diese ‹versteht› den Säugling allmählich immer besser, und schon dadurch wird das Schreien seltener.

Wieweit die einzelnen Arten von Schreien sich als akustische Erscheinungen in ihrem *Aufbau* unterscheiden und wieweit es sich nur um Unterschiede in der Laut*stärke* handelt, kann mit besonderen Untersuchungsverfahren (vgl. S. 107) geprüft werden. Die Ergebnisse erlauben noch kein abschliessendes Urteil. Eine Hauptschwierigkeit dabei scheint uns, dass zuverlässige Befunde nur durch den Vergleich einer grossen Zahl von Säuglingen der gleichen allgemeinen Reife zu erwarten sind; diese festzustellen ist schwierig und zeitraubend.

Shermann (zit. nach [410]) hat eine Anzahl Schwestern das Schreien von Säuglingen aus einem Nebenzimmer unter verschiedenen Bedingungen hören lassen. Sie vermochten es nicht zu deuten, wohl weil es sich ausschliesslich um Neugeborene unter 12 Tagen (*Illingworth*) handelte. *Wasz-Höckert* et al. [410] kamen in ihren Untersuchungen zu einem gegenteiligen Ergebnis: Sie nahmen das erste Schreien nach der Geburt von sechs Kindern auf Tonband auf, das Schreien von sechs Kindern während einer Impfung und ebenso vielen Kindern vor der Mahlzeit (Hungerschreien) und nach der Mahlzeit (freudiges Jauchzen) und befragten 80 ausgebildete Säuglings- und Kinderschwestern nach der Bedeutung dieser Aufnahmen. Abgesehen von den Neugeborenen handelte es sich um Kinder zwischen 2 Wochen und 8 Monaten. In 67% der Befragungen wurde das Schreien richtig gedeutet, d. h. entsprechend der Lage, in der das Kind sich bei der Aufnahme befand.

Die meisten Beobachter der kindlichen Entwicklung stimmen darin überein, dass es drei Hauptformen des Schreiens gibt, denen drei Hauptursachen entsprechen. *Stirnimann* [374] hat davon eindrucksvolle Beschreibungen gegeben, die auch die Veränderungen der Mimik und die Körperbewegungen berücksichtigen:

1. *Schreien aus Schmerz:* Die Stirne ist quer gefaltet, ja tief gefurcht; über der Nase graben sich senkrechte Falten ein. Die Augenbrauen werden heruntergezogen, die Lidspalte verengt, an der Nasenwurzel entsteht eine quere Falte wie von einer Brille. Die Nasenfalte furcht sich tief ein und bildet um die Mundwinkel stärker gebogene Bogenlinien. Der Mund ist geöffnet, die Zunge darin etwas gehoben und gestreckt, auch die Kinnfalte tritt stark hervor.
2. Beim *Unbehagen* ist die Mimik viel weniger ausgeprägt. Es bestehen meist nur wenige angedeutete Falten. Der Mund kann aber trotzdem so stark bewegt werden, dass er zum Viereck wird. Die Stärke des Schreiens wechselt. Auch wird das Schreien nicht nur zum Atemholen unterbrochen, wie dies bei Schmerz geschieht. Dagegen zeigt sich oft eine allgemeine Unruhe des ganzen Körpers.
3. Beim *Hunger* fängt eine Unruhe des Körpers an, die immer stärker wird. Oft werden die Ärmchen nach oben gehalten und dann mit Gewalt herunter auf die Decke geschlagen. Dann werden die Händchen nach unten halb geöffnet, seitlich vom Hals gehalten. Die Nasenfalte gräbt einen leichten, einheitlichen Bogen, das Mündchen wird geöffnet und ein erst leises, aber immer stärker werdendes Schreien beginnt. Dabei werden die Augen eher zusammengepresst, so dass die Falten, die die Lidöffnung begleiten, stärker werden.

[6] Vgl. Abb. 104, 112, 119, 120, 121, S. 127, 129, 131.

Stirnimann nennt ferner noch ein ‹kommandierendes› und ein Schreien aus ‹Geltungstrieb›.

Von den Ursachen des Schreiens seien nachstehend einige hervorgehoben (vgl. *Illingworth* [164]):

In den ersten drei Monaten kommen als Hauptgründe *Unbehagen* und *Erschrecken* in Betracht. Für das Unbehagen, welches das Schreien ausdrückt, ist beginnender *Hunger* die wichtigste Ursache. Dabei muss man daran denken, dass manche Kinder sich nicht in einen vorgeschriebenen Mahlzeitenplan einordnen lassen; sofern man einen solchen befolgt, müssten die Nahrungszeiten etwas verschoben werden. Ferner können *Blähungen* die Ursache sein oder dass das Kind *aufstossen* muss. Der ältere Säugling schreit weniger rasch, wenn es Essenszeit ist; er beginnt zu jammern.

In der Zeit der ersten Löffelmahlzeit, des Sitzenlernens und später des beginnenden Sauberkeitstrainings ist *Zwang* eine Hauptursache des Schreiens; es kann schon nur durch das Festhalten des Kindes ausgelöst werden. *Bewegungsbehinderung* ist wohl in allen Altersstufen eine sehr wichtige Ursache des Schreiens.

Der ältere Säugling schreit, wenn er ein Spielzeug nicht erreichen kann, wenn die Mutter sich entfernt oder ein Fremder erscheint. Ein kurzes Schreien beim Schlafengehen ist «*Testschreien*» genannt worden: Ob die Mutter vielleicht doch noch einmal zurückkommt? (Illingworth)

Neben der einfachen Bewegungsbeschränkung ist die ‹Langeweile› in allen Altersstufen eine sehr häufige Ursache des Schreiens. Man lässt leicht ausser acht, dass das Kind in den ersten Lebensmonaten zu sehen, zu hören, zu greifen ‹lernt›. Es ist darauf eingestellt, während gewisser Zeiten, in denen es wach ist und aktiv sein möchte, Sinneseindrücke zu empfangen. Vom 3. Monat an beginnt es nach etwas zu greifen, den Kopf zu heben. Es will sich vom Bauch auf den Rücken drehen und umgekehrt. Von da an schreitet die Körperbeherrschung fort zum Sitzen, Kriechen, Stehen und Gehen. Wird es dem Kinde verunmöglicht, sich gemäss seiner ihm innewohnenden Entwicklungskräfte zu betätigen und zu entfalten, so schreit es. Im Alltag bedeutet dies, dass vom 2. Lebensmonat an im Blickfeld des Kindes zeitweise etwas anderes sein soll als nur eine weisse Zimmerdecke (von der es geblendet werden kann!) oder der immer gleiche Vorhang. Wer einmal beobachtet hat, wie aufmerksam ein junger Säugling mit seinen Augen die sanften Bewegungen der Blätter eines Baumes verfolgt, unter dessen Zweigen er liegt, hat erfasst, um was es hier geht. Es gibt aber auch eine Anzahl Spielsachen (vgl. [148]), die sich als ‹Blickfang› eignen. Vom 3. Monat an gehört das Kind zeitweise in ein Laufgitter oder einen ähnlich abgegrenzten und geschützten Bezirk mit einer weder zu harten noch zu weichen Unterlage, auf der es sich bewegen kann, ohne sich weh zu tun. Lange bevor es zu kriechen oder gar zu stehen und zu gehen beginnt, soll es sich herumrollen und nach einfachen Spielsachen greifen können, mit denen es zu hantieren versucht. Welche Zeiten im Tagesablauf dafür zu bestimmen sind, weiss die Mutter; sie kennt den ‹Zeitplan›, der sich zwischen ihr und dem Kind eingespielt hat.

Dass heute aber in höchstem Masse auch die Gefahr einer Überreizung der Sinne des Kindes mit Eindrücken besteht, die es *nicht* verarbeiten kann und die es hemmen, statt es zu fördern, darf nicht unerwähnt bleiben (Radiolärm, Fernsehen, Autofahrten). Der Schlaf des Kindes tagsüber wird viel leichter gestört, als die Erwachsenen es oft

Tabelle 7. Grundzüge in der Entwicklung von Schreien und Jammern bei einem Kinde

1. Monat:
Das Schreien ist monoton, der Rhythmus rasch. Ein Ausbruch dauert so lange wie eine Ausatmung und ist von einer raschen Einatmung gefolgt (3;2). Ende des 1. Monats tritt schon deutlich ein weniger heftiges Schreien auf, das jammernd klingt

2. Monat:
Das Schreien vor der Mahlzeit wird deutlich kräftiger und vom Jammern deutlich unterscheidbar

3. Monat:
Im Schreien auf einen *a*-Laut kommt es zu rhythmischer Bildung einer Art *u*-Laut, so dass eine Form wie *au-au-au-au* entsteht. Das Schreien kann äusserst heftig werden im Sinne eines ‹Alarmsignals›

4. Monat:
Die rhythmische Verengerung des Mundraumes im Jammern und Schreien des Kindes wird deutlicher, so dass Bildungen wie *eja-eja-eja* entstehen

5. Monat:
Im Schreien sind deutlich verschiedene Qualitäten zu unterscheiden: ärgerliches Schreien (wenn beispielsweise das Kind ein Spielzeug nicht erreicht), wütendes Schreien (vor einer fälligen Mahlzeit bei Ungeduld des Kindes), ein ähnlich klingendes, schrilles Schmerzschreien

6. Monat: Weitere Differenzierungen in Tonfall, Rhythmus und Lauten, insbesondere im Jammern. Heftiges Schreien ist in der folgenden Zeit nur mehr selten und bedarf eines aussergewöhnlichen Anlasses

wahrhaben möchten. Ein Zusammenschrecken im Schlaf bei plötzlichem lautem Lärm oder grellem Lichteinfall ist leicht zu beobachten (vgl. S. 32). Dadurch aufgeschreckt oder auf andere Art unvermittelt aus dem Schlaf gerissen, schreit der Säugling heftig.

Unsere Beobachtungen über die Entwicklung des Schreiens sind in Tabelle 7 zusammengestellt.

Jammern nennen wir eine Zwischenform des hörbaren Ausdrucks am Übergang vom Plaudern zum Schreien. Es ist, wie das Schreien, arm an lautlicher Variation und besitzt einen unverkennbaren klagenden Tonfall. Meist tritt es vor den Mahlzeiten auf, bevor das Kind zu schreien beginnt; etwas weniger ausgesprochen ist das Jammern manchmal vor dem Einschlafen hörbar. Es finden sich darin ausgesprochene Wiederholungen, die für die Sprachstufe der Kettenbildung kennzeichnend sind.

Gegen Ende der Säuglingszeit beginnt das Kind Schreilaute mit einer bestimmten Bedeutung zu *verwenden* in der Art sinngemässer Worte: Ein kurzer, schriller Ausruf drückte bei unserem Kind vom 8. Monat an den Wunsch aus, etwas zu erhalten, beispielsweise ein Stück Apfel (vgl. Schallplatte 8. Monat: Wunschlaut).

Definitionen, die das Schreien vom *Weinen* im Säuglingsalter abgrenzen, scheinen uns nicht möglich. Im Weinen ist das Moment des seelischen oder körperlichen

Schmerzes, des Leidens vorherrschend, während das Schreien mehr auf die Aussenwelt gerichtet ist, ein Bedürfnis, einen Wunsch, Ärger oder Protest ausdrückt. Eine Tränenabsonderung, die zur Befeuchtung des Auges notwendig ist, findet schon von Geburt an statt. Tränen fliessen aber beim Schreien oder Weinen erst nach einigen Wochen; wir konnten dies erstmals in der 11. Woche (10;5) beobachten. Es mag darin ein Erwachen des Ausdrucks seelischer Regungen gesehen werden, wie wir es in freudiger Stimmung im beseelten Lächeln erleben.

Lächeln, Lachen und Jauchzen

Sie sind in ihrem Wesen und nach ihrer ‹Ursache› noch schwieriger zu beschreiben und zu verstehen als Schreien und Weinen. Das erste beseelte Lächeln, das nicht nur ein Verziehen des Mundwinkels ist (wie das schon beim Neugeborenen im Schlaf zu beobachtende ‹Engelslächeln›), sondern eine Beziehungnahme zur Mutter ausdrückt, tritt nach *Soelderling* [352] frühestens in der 3. Lebenswoche auf und spättestens vor Ablauf des 2. Monats. Wir glauben allerdings, ein erstes ‹richtiges› Lächeln schon vom 11.Tag an beobachtet zu haben. Weiter erlebten wir in der 5. Woche ein breites Lächeln als Ausdruck der Fühlungnahme mit der Mutter. Zuerst ist das Lächeln lautlos, später von leisen Lauten begleitet (vgl. Schallplatte, 2. Monat). Ein heftiges Lachen begleitete vom 3. Monat an eine intensive freudige Fühlungnahme zwischen Mutter und Kind. Später wurde das Lachen auch in bestimmten einfachen Spielen ausgelöst; es folgte beispielsweise dem *dada* im Spiel des Versteckens und Erscheinens (*kuckus—dada*), bei dem sich Mutter oder Vater kurz hinter einem Tuch oder Gegenstand verbergen und dann wieder auftauchen. Hierbei kann man von einem Vergnügtsein des Kindes sprechen.

Für die Auslösung von Lächeln und Lachen (das nicht nur eine Verstärkung des Lächelns bedeutet, sondern auch eine andere ‹Qualität› besitzt, indem es eine *erregte* Vergnügtheit ausdrückt, die dem Lächeln fehlt), lassen sich verschiedene Elemente, aber keine eigentlichen ‹Ursachen› angeben. *Spitz* [358] hat gezeigt, dass im 3. Monat das Lächeln des Kindes durch ein Signal veranlasst wird, das in der bewegten Gestalt von Stirn, Nase und Augen des Menschen besteht und das auch die Form einer Maske haben kann, womit wir uns bereits an anderer Stelle auseinandergesetzt haben (vgl. S. 12). Zweifellos ist das Gesicht des Erwachsenen der erste und wesentlichste auslösende ‹Faktor›; sehr bald schon ist es nicht nur der Eindruck der Gestalt bestimmter bewegter Gesichtspartien, sondern der *fröhliche* Ausdruck des Erwachsenen, der das Kind zum Lächeln bringt. Ein weiteres Element, das sich in der Untersuchung von *Spitz* zeigt, liegt im *Bewegungseindruck,* den das Kind erhält. Dazu kommt eine gewisse *Unvermitteltheit* und Plötzlichkeit des Geschehens; *Wiederholung, Rhythmus* und erwartete *Lösung einer Spannung* sind wesentliche Elemente einfacher Spiele, die das Kind zum Lachen bringen, wobei das Wieder*erkennen* eines vertrauten Eindrucks eine Rolle zu spielen scheint.

Das Jauchzen drückt eine freudig ‹gehobene› Stimmung des Kindes aus; es ist beispielsweise hörbar, wenn das Kind sich vergnügt und frei bewegen kann. Das Kind erlebt dabei Tonhöhe und Stärke seiner eigenen Lautäusserungen, was wohl zur Sprachentwicklung gehört. Das Jauchzen bildet einen Übergang vom Plaudern zum Lachen, wie das Jammern vom Plaudern zum Schreien überleitet.

Die hörbare Form des Lachens scheint sich im Laufe der Reifung des Kindes sehr wenig zu ändern, was darauf schliessen lässt, dass es zu den elementaren Gegebenheiten menschlichen Lebens gehört. Wir erreichen als Erwachsene — sagt *S. Freud* [111] — durch Komik, Humor und Witz «die Stimmung einer Lebenszeit..., die Stimmung unserer Kindheit, in der wir das Komische nicht kannten, des Witzes nicht fähig waren und den Humor nicht brauchten, um uns im Leben glücklich zu fühlen».

Lächeln und Lachen sind Lebenserscheinungen, die wir begrifflich kaum zu fassen vermögen. Wir empfinden aber ihre tiefe Verbindung zum Menschlichen, wenn wir erleben, was das erste beseelte Lächeln des Kindes seinen Eltern bedeutet.

4. Neuere Forschungsarbeiten*

Erst im letzten Jahrzehnt ist man sich der Bedeutung der Anfänge der Sprachentwicklung in weiten Kreisen zunehmend bewusst geworden. Es sind in erster Linie Mediziner, Psychologen und Linguisten, die sich diesem Forschungsbereich seit einigen Jahren intensiv zuwenden. Ihre Arbeiten über die Sprachentwicklung lassen sich in zwei grosse Gruppen gliedern. Die eine befasst sich nur mit dem Säuglings*schreien*, die andere mit der Säuglings*sprache* und der Sprachentwicklung im engeren Sinn.

Schreien

Damit setzen sich vor allem folgende Gruppen von Forschern auseinander: *Vourenkoski, Wasz-Höckert, Bosma, Truby* und *Lind* et al. in Skandinavien; *Karelitz* und *Fisichelli* in New-York; *Ostwald* und *Peltzman* in Kalifornien; *Kiss* und *Makoi* et al. in Ungarn.

Allen diesen Forschergruppen geht es darum, durch eine Analyse des Schreiens Neugeborener so früh als möglich eventuell vorhandene Schäden oder Abnormitäten feststellen zu können. *Karelitz* und *Fisichelli* glauben sogar, dass eine solche Analyse Voraussagen über die spätere Sprechfähigkeit und die Intelligenz des Kindes erlauben dürfte [198].

Untersuchungsmethoden (vgl. Tab. 8)

Früher arbeiteten die Sprachforscher vermittels der direkten schriftlichen Aufzeichnung; später auch mit Tonbandaufnahmen. Heute ist die *Tonspektrografie* die meistverwendete und aufschlussreichste Methode zur Analyse des Säuglingsschreiens geworden. Sie liefert eine permanente Frequenz-Zeit-Stärke-Analyse des aufgenommenen Lautmaterials. Die erhaltenen Klangmuster gestatten einen visuellen Vergleich der Lautäusserungen. Auf der Tonspektrografie basieren auch alle in Tabelle 8 noch detaillierter aufgeführten Verfahren, die von den obengenannten Gruppen entwickelt worden sind, um das Lautmaterial optimal erfassen und auswerten zu können. *Makoi* und *Kiss* [256] beschreiben eine neue Methode zur Analyse des Säuglingsschreiens. Sie setzen das auf Tonband aufgenommene Schreien Neugeborener in Notenschrift um. Diese Methode soll nach Ansicht der Autoren noch bessere Resultate liefern als die Tonspektrografie und andere rein instrumentelle physikalische Verfahren.

Die *Oszillografie*, von *Truby* und *Lind* beschrieben [389], ergänzt als eine nicht unbedingt notwendige Zusatzuntersuchung die Tonspektrografie.

Zur Erforschung der motorisch-akustischen Korrelationen des Säuglingsschreiens erweist sich die *Cineradiografie* als ausserordentlich aufschlussreich [26]. Mit einem Röntgenfilmapparat werden die Schreibewegungen im Larynx-Pharynx-Bereich festgehalten, wobei den Säuglingen vorher eine Bariumsuspension eingeflösst worden ist, um einen besseren Kontrast zu erhalten.

* Von Dr. med. *R. Sommerhalder-Moser;* vgl. Die Sprachentwicklung im ersten Lebensjahr (Diss. Zürich 1975).

Eine ganz neue Technik entwickelten *Ostwald* und *Peltzman,* um eventuell vorhandene Anomalien aufzudecken. Es handelt sich dabei um die Messung von nach akustischem Reiz evozierten Potentialen, d.h. Änderungen im Elektroenzephalogramm (EEG) als Antwort auf Töne.

Das Schreiverhalten normaler Neugeborener

Der Geburtsschrei beweist für *G. Clauser* [62] die Funktionstüchtigkeit der Stimm-Muskulatur zum Zeitpunkt der Geburt als eine dem Menschen wesensgemässe Kundgebung des Befindens. *Yao* et al. [430] untersuchten die Bedeutung des exspiratorischen Stöhnens bei der Abnabelung an 24 früh und 33 spät abgenabelten normalen Neugeborenen. Das Stöhnen trat nur bei einem Teil der spät Abgenabelten auf, was die Autoren zur Vermutung veranlasste, dieses Phänomen sei als Kompensationsmechanismus zur besseren respiratorischen Adaptation zu verstehen.

Bosma, Truby und *Lind* [26] führten eine cineradiografische, tonspektrografische und spirografische Analyse des Schmerzschreiens normaler Neugeborener durch und studierten dabei die Bewegungen der Mundhöhle, des Pharynx und Larynx. Die Schreibewegungen des Pharynx waren relativ langsam und bestanden beim Ausatmen in einer Verkürzung des Pharynx und einer Trennung des weichen Gaumens von der mittleren Zungenpartie, während beim Einatmen gerade das Gegenteil der Fall war. Es schien keine signifikante Korrelation zu bestehen zwischen diesen Bewegungen und den Abstufungen der Schreilaute. Beim gleichen Individuum sind diese Bewegungen des oberen Respirationstraktes während der verschiedenen Schreifolgen einander sehr ähnlich und zeigen damit, welch geringe Antwortmöglichkeiten auf Stress-Situationen ein Neugeborenes hat.

Cullen et al. [72] untersuchten an 20 Neugeborenen, ob zu diesem Zeitpunkt bereits eine auditive Rückkoppelungskontrolle bestehe. Das Schreien der Testbabies wurde unter synchroner und unter um 200 msec verzögerter Rückkoppelung auf Band aufgenommen. Es zeigten sich bedeutsame Effekte in bezug auf Schreidauer und Amplitude. Bei Rückkoppelung, die um mehr als 100 msec verzögert war, verringerte sich die Dauer der Schreiepisoden. Die hier gefundenen Resultate gestatten noch keine endgültigen Schlüsse, lassen jedoch eine auditive Rückkoppelungskontrolle vermuten.

Auch *K. de Hirsch* geht in ihrem Überblick über die frühe Sprachentwicklung auf das Schreien Neugeborener ein: Die ersten Vokalisationen der Säuglinge benützen zu ihrem Entstehen die exspiratorische Phase des Atemzyklus zusammen mit den Stimmbändern und den peripheren

Tabelle 8. Untersuchungsmethoden für das Schreien des Säuglings (Übersicht)

Autoren	Tests	Prinzip	Anwendbarkeit
Truby H. M. und *Lind J.*	«Cry-Prints»	Tonspektrografische Analyse des Schreiens Neugeborener und grafische Darstellung der visuell-akustischen Charakteristika desselben. Diese sind für jedes Kind einmalig und individuell verschieden	Als zusätzliche Routineuntersuchung bei allen Neugeborenen
Makoi Z., Kiss P. G. und *Popper P.*	«Schrei-Standard»	Akustische Analyse des Schreiens Neugeborener sowie 4 und 8 Monate alter Kinder nach den Parametern Grundfrequenz, Lautstärke und Tonfärbung	Erfasst verschiedene Altersgruppen und normale und pathologische Bedingungen
Vuorenkoski V. und *Wasz-Höckert O.*	Cry-Detector	Apparat basiert auf spektrografischer Analyse des Schreiens Neugeborener. Reagiert auf: 1. Erhöhung der Grundfrequenz, 2. abnorm hohe oder tiefe Schreiaktivität	Untersuchung und Überwachung aller klinisch unklaren Fälle
Vuorenkoski V. und *Wasz-Höckert O.*	«Cry-Score»	Wertungssystem beruht auf tonspektrografischer Analyse des Schmerzschreiens von Säuglingen im Alter von 0 Tagen bis 8 Monaten. 13 verschiedene Schreicharakteristika wurden berücksichtigt.	Gibt praktische Anhaltspunkte über den Grad der Anomalität Neugeborener und junger Säuglinge

Sprechmechanismen. Die Autorin unterscheidet bei Neugeborenen ein Schreien des Schmerzes, des Hungers und des Unbehagens. Diese Arten von Schreien bestehen aus geschlossenen Vokalen, die gewöhnlich nasal sind. Wohlbehagen hingegen wird mit offenen Vokalen ausgedrückt.

Fisichelli und *Karelitz* [103] stellten in einer Studie an 54 Neugeborenen in den meisten Fällen ein Abflauen der Schreiaktivität 2–6 Stunden nach der Geburt fest. Sie sehen in dieser Erscheinung eine durch prä-, peri- und postnatale Faktoren bedingte Ermüdung. In einer anderen Arbeit [198] untersuchte das gleiche Team das Schreisegment der Apgar-Skala in seiner Beziehung zu den anderen Segmenten und zur gesamten Skala. Wie erwartet, fand sich eine hohe Übereinstimmung zwischen der Bewertung des Schreisegmentes und dem Ergebnis der gesamten Apgar-Skala.

Makoi und *Kiss* [256] stellten anhand der akustischen Analyse des Schreiens Neugeborener sowie 4 und 8 Monate alter Kinder einen sogenannten «Schreistandard» für die verschiedenen Altersgruppen und für normale und pathologische Bedingungen auf. Dazu nahmen sie das Schreien von 30 Kindern im Alter von 1 Tag sowie von 4 und 8 Monaten auf Band auf und analysierten es nach den Parametern Grundfrequenz, Stärke und Tonfärbung. Zuerst wurde aus dem Lautmaterial gesunder Kinder eine Standardgrundfrequenz ausgearbeitet. Der nächste Schritt bestand darin, die genannten Schreicharakteristika während verschiedener pathologischer Zustände zu analysieren und das Ausmass und die Art der Abweichung zu bestimmen, wobei die pathologischen Aufzeichnungen mit dem normalen Standard verglichen wurden. Die Autoren bemerken am Schluss ihrer Arbeit, dass sich die vorliegenden Untersuchungen noch immer im Anfangsstadium befänden.

Truby und *Lind* [389] machten folgende Überlegung: Als ein vom Menschen produziertes Phänomen ist das Schreien der Neugeborenen (d.h. die visuell-akustischen Charakteristika desselben) einmalig und individuell. Die Autoren stellten in der Folge mit Hilfe der Tonspektrografie die Schreilaut-Ein- und -Austrittszyklen von 200 Neugeborenen grafisch dar und analysierten und katalogisierten das gesammelte Material. In Analogie zum System der Fingerabdrücke nennen die Autoren ihr System der visuell-akustischen Analyse «Cry-Prints» und hoffen, dass sich dieses in Zukunft zu einer Standardmethode bei der Untersuchung Neugeborener entwickeln werde.

Die Gruppe von *Vuorenkoski, Wasz-Höckert* et al. konstruierten einen sogenannten «Cry-Analyser» oder «Cry-Detector» [400], der auf zwei Charakteristika im spontanen Schreien anomaler Kinder reagiert und in der Absicht geschaffen wurde, zur Überwachung klinisch unklarer Fälle eingesetzt zu werden.

Smitherman fand in ihrer Studie an 15 Neugeborenen [350] ein gesteigertes vokales Verhalten bei Kindern, die nach dem Füttern gewiegt wurden, im Gegensatz zu den ungewiegten Kindern.

Eine interessante Untersuchung stellte *Lieberman* an, indem er tonspektrografische Aufzeichnungen des Schreiens von 20 Neugeborenen mit den Vokalisationen nichtmenschlicher *Primaten* verglich [239]. Die von ihm festgestellten Ähnlichkeiten beruhen wohl darauf, dass sich der vokale Apparat Neugeborener und derjenige nichtmenschlicher Primaten physiologischerweise ähnlich sind.

Das Schreien neugeborener Risikokinder

Dieses Schreien wird in zwei Arbeiten studiert. Die eine stammt von *Michelsson* [262], der das Schmerzschreien von 310 Neugeborenen auf 17 Schreicharakteristika hin untersuchte. Die Kinder wurden in drei Gruppen eingeteilt (Mindergewichtige und Frühgeburten—asphyktische Kinder—normale Kontrollgruppe). Das Schreien der untergewichtigen Neugeborenen glich weitgehend demjenigen der gesunden Kontrollgruppe. Das Schreien der Frühgeburten unterschied sich in Amplitudenmaximum und -minimum, maximalem Wechsel der Tonhöhe und Auftreten von Biphonation und von Gleitlauten. Je jünger das Frühgeborene war, desto höher lag die Grundfrequenz. Das Schreien der Neugeborenen mit einem peripher bedingten Atemnotsyndrom unterschied sich in der Dauer der Phonation, der Schreidauer, in Amplitudenmaximum und -minimum und im Auftreten von Biphonation. Neugeborene mit zentral bedingtem Atemnotsyndrom unterschieden sich in ihrem Schreien durch die Dauer der Phonation, das Amplitudenmaximum und -minimum, das Auftreten von Biphonation und die Art der Schreimelodie. Die letztgenannte Gruppe wies die grösste Zahl abnormer Schreicharakteristika auf.

Eine ähnliche Arbeit stammt von *Ostwald* [279], der 356 exspiratorische Schreiäusserungen von 13 Säuglingen, die er in normale, eventuell geschädigte oder anomale unterteilt hatte, sonografisch analysierte. Verglichen mit der normalen Gruppe, wurde bei der zweiten und dritten Gruppe ein markanter Anstieg des Basistones festgestellt.

Das Schreien anomaler Neugeborener

Karelitz und *Fisichelli* [198] verglichen einige Eigenheiten des Schreiens anomaler mit dem Schreien normaler Kinder. Sie fanden zum Beispiel beim jungen, geistig retardierten Säugling keine Modulation im Schreien, wie das bei gesunden Kindern der Fall ist. Die charakteristische Antwort eines normalen Neugeborenen auf Schmerzreiz ist ein erschrecktes Schreien, gefolgt von einer Periode des Atemanhaltens. Ein hirngeschädigtes Kind reagiert gewöhnlich nicht so. Das Schluchzen, wie es beim älteren Säugling auftreten kann, wird an schwer hirngeschädigten Kindern nicht beobachtet. Anhand einer Tonbandaufnahme wird der Unterschied im Schreiverhalten eines diffus hirngeschädigten Kindes im Vergleich zu demjenigen eines gesunden Säuglings noch genauer illustriert.

Vuorenkoski zeigte, dass eine tonspektrografische Analyse des Schreiens Neugeborener eine Differentialdiagnose zwischen hirngeschädigten asphyktischen Kindern und solchen mit durch hyaline Membranen bedingten Asphyxiesymptomen ermöglicht [398].

Ostwald untersuchte spektrografisch das Schreien eines Neugeborenen mit der Chromosomenanomalie Trisomie 13–15 [280]. Eine sehr interessante Untersuchung stellte er kürzlich zusammen mit *Peltzman* an [282]. Es handelte sich um an den Köpfen zusammengewachsene *siamesische Zwillinge*, bei denen man feststellen wollte, ob sie ein voneinander unabhängiges Nervensystem aufwiesen. Mit Hilfe der Tonspektrografie und der Messung von nach akustischem Reiz evozierten Potentialen gelang es den Autoren, den Nachweis eines unabhängig voneinander funktionierenden Nervensystems zu erbringen, der dann später noch autoptisch verifiziert wurde.

Das Schreiverhalten nach Anästhetikagabe während der Geburt

Dieses studierten *Karelitz* und *Fisichelli* [198], die darauf hinwiesen, dass Kinder, die schwach schreien, durchaus normal sein können, jedoch noch unter dem Einfluss der mütterlichen Sedierung stehen.

Das Schreiverhalten neugeborener Kinder drogensüchtiger Mütter

Eine Studie von *Blinick* [20] ergab, dass bei diesen Neugeborenen eine signifikante Zunahme von abnormen Tonspektrogrammen festzustellen ist, wobei besonders häufig eine hohe Grundfrequenz auffällt.

Schmerzinduziertes Säuglingsschreien

Der Stimulus zur Auslösung des Schreiens variiert von Gruppe zu Gruppe. *Karelitz* [197] fand, dass normale Kinder eine weniger schmerzhafte Stimulation benötigen, um in Schreien auszubrechen, und dass das Intervall zwischen der Stimulation und dem Einsetzen des Schreiens sowie die Schreidauer kürzer sind als bei hirngeschädigten Kindern. Kurz: normale und hirngeschädigte Kinder zeigen auf Schmerzreiz ein in verschiedenen Punkten divergierendes Verhalten.

Vuorenkoski et al. [398] haben nachgewiesen, dass auch die tonspektrografische Analyse des schmerzinduzierten Schreiens eine Differentialdiagnose zwischen normalen und hirngeschädigten Kindern ermöglicht. Des weiteren schufen sie ein neues Beurteilungssystem, den sogenannten «Cry-Score» [401]. Er basiert auf 13 verschiedenen schmerzinduzierten Schreicharakteristika von Säuglingen im Alter von 0 Tagen bis 8 Monaten.

Das Schreiverhalten älterer Säuglinge

Wolffs direkte Beobachtungen, kombiniert mit der Analyse von Tonspektrogrammen [426], lassen die Vermutung zu, dass das Schreien funktionell und morphologisch mit den frühesten nicht-schreiartigen Vokalisationen in Beziehung steht. Laut früheren Hypothesen würden Schreien und früher Spracherwerb nicht im geringsten miteinander in Beziehung stehen, und die ersten nicht-schreiartigen Lautäusserungen hätten mit einem Monat praktisch vom Nullpunkt aus zu beginnen und sich dann weiter zu differenzieren. Wolffs Studien erbrachten nun den Beweis, dass die Schreimuster Neugeborener nicht ausschliesslich zufällige Ausdrücke einer Notlage sind, sondern dass man in vielen Fällen die auslösende Ursache von den morphologischen Charakteristika des Schreiens ableiten kann. Er unterscheidet drei hauptsächliche Schreiarten: das Basis-, das Zorn- und das Schmerzschreien. Dazu kommen noch ein Frustrationsschreien und eines, das gastrointestinales Missbehagen anzeigt. In der 3. Woche notiert er ein ‹gefälschtes› Schreien (mit dem das Kind die Aufmerksamkeit auf sich lenken will) und das Auftreten der ersten nicht-schreiartigen Vokalisationen. Wolff gibt zu, dass daneben noch verschiedene Übergangstypen existieren, die nicht deutlich in seine Trias Basis-, Zorn- und Schmerzschreien passen, und empfindet jede endgültige Typologisierung als verfrüht.

Krüger [210] führte eine tonspektrografische Analyse des Schreiens eines 2monatigen Säuglings durch. Jede der sechs vorgestellten Schreiarten hat ihr eigenes, individuelles Muster, dessen Frequenzbereich von den tiefen Bass- bis zu den höchsten Soprantönen reicht.

Kiss [204] ging in seiner schon erwähnten Arbeit nicht nur auf das Hungerweinen der Neugeborenen, sondern auch auf dasjenige von Säuglingen im Alter von 2–8 Wochen ein. Dieses spezifische Weinen verliert sich nach 2–3 Monaten allmählich.

Ebenfalls schon erwähnt wurde die Arbeit von *Makoi,* die bei der Ausarbeitung ihres «Schreistandards» [256] nicht nur Neugeborene, sondern auch Kinder im Alter von 4 und 8 Monaten berücksichtigte.

Rebelsky [313] studierte anhand von Tonbandaufzeichnungen das Schreiverhalten von Säuglingen im Alter von 1 Woche bis zu 3 Monaten. Dabei gelangte sie zu folgenden Feststellungen: Bis zum Alter von 6 Wochen nahm das Schreien quantitativ zu, um dann wieder abzunehmen. Zwischen der 1. und der 13. Woche fanden die Schreiepisoden immer ungefähr um die gleichen Tageszeiten statt, wobei eigentliche Schreispitzen um die Essenszeiten herum registriert wurden. Um die 12. Woche herum trat eine Adaptation an kulturelle Ess- und Schlafmuster zutage. Gesamthaft gesehen zeigte es sich, dass das Schreiverhalten nicht nur zwischen den einzelnen Kindern, sondern auch beim gleichen Kinde stark variierte.

Karelitz und *Fisichelli* stellen in ihrer umfangreichen Publikation [198] eine Longitudinalstudie eines Kindes vor, in der sie über zwei Jahre hinweg die normale Entwicklung seines Schreiens beobachtet hatten: Im Alter von 2 Tagen erhielten sie auf einen Schmerzreiz hin ein sofortiges Antwortschreien. Jede Schreifrequenz dauerte während der ganzen Exspiration, worauf ein heftiges Atemholen folgte. Der Rhythmus war schnell, aber regelmässig und von grosser Intensität; er flaute dann langsam ab. – 4 Tage: Das Schreien nahm an Lautstärke noch etwas zu. – 1 Monat: Das Kind schrie noch immer schnell und rhythmisch, und hustenartige Töne konnten gehört werden. – 2 Monate: Schreien noch rhythmisch, das Muster aber irgendwie verlangsamt durch Verlängerung der Inhalation und der Schreisequenz. – 3 Monate: Variationen der Modulation und ein klagender Beiklang werden evident. – 6 Monate: Dem Schreien fehlt das rhythmische Schreimuster des jüngeren Säuglings. – 9 Monate: Das Schreien ist moduliert und klagend, mit grösseren Variationen in der Tonlage. – 12 Monate: Das im übrigen unveränderte Schreien ist intensiviert worden. – 18 Monate: Zwischen dem Weinen sind erkennbare Worte eingestreut. – 2 Jahre: Das Kind kommuniziert mit Worten ebensogut wie mit Weinen.

Das Schreiverhalten und die mütterliche Reaktion

In ihrer Studie untersuchte *Bernal* [15] an 77 Mutter-Kind-Paaren das in Tagebuchform aufgezeichnete Schreiverhalten der Kinder in den ersten 10 Tagen nach der Geburt und die Reaktion ihrer Mütter. Sie fand, dass Mütter zweitgeborener Kinder und stillende Mütter schneller auf das Schreien reagieren und dann häufiger füttern. Sie stellte auch eine Divergenz im Schreiverhalten brust- und flaschengenährter Kinder fest.

Formby [106] liess Mütter anhand von Tonbändern mit Säuglingsschreien das Schreien des eigenen Kindes identifizieren. Bereits vor Ablauf von 48 Stunden nach der Geburt erkannten 12 von 23 Müttern das Schreien des eigenen Kindes. In den ersten 3 Nächten erwachten schon 15 von 26 Müttern aufgrund des Schreiens ihres Kindes, in den folgenden Nächten sogar 22 von 23 Müttern.

Eine ganz ähnliche Untersuchung unternahm *Lind* [241]. Er spielte Müttern das auf Band aufgenommene Geburts-, Schmerz- und Hungerweinen ihrer Babies vor und erhielt weit über der Zufallsrate liegende Gruppenresultate.

Eine weitere interessante Beobachtung machte *Vuorenkoski* [399]. Er ging von derselben Versuchsanordnung aus wie die beiden anderen Autoren und führte zusätzlich eine thermografische Analyse der laktierenden Brüste von 40 Erstgebärenden durch. Es zeigte sich ein deutlicher Zusammenhang zwischen dem Schreien Neugeborener und der Haupttemperatur der Brustdrüsenregion.

Bell und *Ainsworth* [12] unternahmen eine das 1. Lebensjahr umfassende Longitudinalstudie an 26 Mutter-Kind-Paaren. Sie interessierten sich für den Zusammenhang zwischen kindlichem Schreiverhalten und mütterlicher Ansprechbarkeit. Sie fanden unter anderem, dass die Häufigkeit des Schreiens nicht so sehr Ausdruck der kindlichen Irritabilität ist, sondern eher der Art und Wirksamkeit des mütterlichen Eingreifens auf das Schreien entspricht.

Erlernbarkeit der qualitativen Beurteilung des Säuglingsschreiens

Darauf gehen verschiedene Arbeiten ein. *Karelitz* und *Fisichelli* geben an [198], dass erfahrene und geübte Personen rein aufgrund der Art des Schreiens in der Lage sind, ein Kind als gesund zu diagnostizieren.

Lind [241] weist ebenfalls darauf hin, dass eine Früherfassung von abnormen Schreimustern durch erfahrenes und geübtes Personal möglich ist.

Auch *Vuorenkoski* et al. gehen in drei Arbeiten [395, 397, 402] auf dieses Problem ein und betonen, wie wertvoll es wäre, wenn bereits Studenten im Rahmen ihrer Ausbildung eine allgemeine Information über die akustischen Merkmale des Säuglingsschreiens erhielten.

Überblick über das Säuglingsschreien

Diesen gibt *Ostwald* in seiner Studie ‹The sounds of infancy› [281], um zu zeigen, was bisher auf diesem relativ neuen Gebiet in Erfahrung gebracht worden ist. Er weist auch auf weitere sinnvolle Studien hin: Die analytischen Methoden (vor allem die Tonspektrografie) ermöglichen die Untersuchung der genaueren Zusammenhänge zwischen den Vokalisationen einerseits und der Respiration, der Phonation und den Aktionen von Hals und Mund andererseits. Da diese komplexen physiologischen Vorgänge vom Zentralnervensystem gesteuert werden, zieht er daraus den Schluss, dass man durch das Studium des Säuglingsschreiens mehr über das Zusammenspiel von Körper und Gehirn erfahren könnte.

Sprache

Sprache im pränatalen Stadium

Einige wenige Autoren wenden ihr Interesse bereits dem fötalen Stadium zu, so *Bittner,* der auf eine vorgeburtliche Spracherziehung hinweist in dem Sinne, dass «die Stimmung der Schwangeren – als Übereinstimmung zwischen Mutter und Kind begriffen – Stimmbildung ist und frühe Spracherziehung bedeutet» [19].

Clauser stellt sich zu Anfang seines Buches [62] zwei Grundfragen: 1. Wie entwickeln sich Stimmvermögen, Lautbildung und Sprache beim Menschen? 2. Was bringt das Kind mit seiner stimmlichen Kundgabe und deren weiterer Differenzierung zum Ausdruck? Der Autor zweifelt nicht daran, dass der Mensch bereits im Mutterleib Bildung und Gebrauch seiner Stimme erlernt. Im Embryonalstadium des Gestaltskreises ‹Sprache› vermittelt das fötale Labyrinth den ersten Sprachschall zwischen Mutter und Kind. Dadurch werden Reifung und motorische Funktionierung der Artikulationsorgane rhythmisch induziert und in einem noch undifferenzierten Regelkreis koordiniert. Den ersten Funktionsreiz für die Stimmbildung bildet die akustische Rhythmik des mütterlichen Herzschlags. Das Herz der Mutter ist Organisator der menschlichen Welt. Als bleibende Leistungen der vorgeburtlichen Phase definiert Clauser 1. die Fähigkeit, Laute zu artikulieren und 2. den Erwerb eines rhythmischen Sprechmusters. *Carmichael* [51] meint, dass die rezeptorischen und motorischen Mechanismen des Sprechens wohl schon vor der Geburt funktionieren, postnatal aber noch eine fortdauernde Reifung erfahren bis zur Erreichung einer «Sprechbereitschaft».

Ostwald und *Peltzman* versuchten herauszufinden, ob ein Fötus im letzten Schwangerschaftstrimester auf Tonstimuli antworten würde. Während der ersten Stadien der Wehentätigkeit wurde ein Miniaturmikrophon in die Gebärmutter eingeführt und in der Nähe des kindlichen Ohres plaziert. Hierauf wurde eine Elektrode an die Kopfhaut des Fötus geheftet, die mit einem die enzephalen Wellen aufzeichnenden Apparat in Verbindung stand. Aber nur 1 der 6 untersuchten Föten zeigte eine konstante Antwort auf die Tonstimuli [281]. Im Rahmen dieser Untersuchung entwickelten die beiden Forscher ein sehr komplexes Überwachungssystem durch Messung der fötalen Herzrate, der fötalen Hirnströme und des uterinen Kontraktionsmusters. Dieses sollte dem Geburtshelfer ermöglichen, Abweichungen in der Wehentätigkeit, die den Föten schädigen könnten, so früh als möglich festzustellen. Die jüngste Errungenschaft dieses Forscherteams ist ein Laserstrahl-optisches System, das eine grafische Darstellung fötaler Hirnwellen Minuten nach deren Entstehen auf einen TV-Schirm projiziert.

Sprachentwicklung beim Säugling

a) Linguistisch orientierte Publikationen. – *Moffitt* wies nach [265], dass bereits 20–24 Wochen alte Säuglinge zwischen verschiedenen synthetischen Sprechsilben unterscheiden können und dass somit ein linguistisches Wahrnehmungsvermögen bereits im frühen Säuglingsalter vorhanden ist.

Eine ähnliche Studie stammt von *Morse* [270], der 40–54 Tage alte Säuglinge auf ihr Unterscheidungsvermögen für künstliche Sprach- und Nichtsprachlaute hin testete und zu einem positiven Ergebnis gelangte.

Eine dritte Arbeit zu diesem Thema leistete *Eimas* [88]. Seine Resultate zeigen, dass 1monatige Kinder nicht nur für Sprechlaute empfänglich und fähig sind, feine Unterschiede zu machen, sondern dass sie die Sprechlaute in einem Lautumfang aufnehmen, der annähernd der kategorischen Perzeption, d. h. der Art, in der Erwachsene Laute aufnehmen, entspricht. Eimas folgerte daraus, dass diese Anlage, die in einem unerwartet frühen Alter zur Funktion gelangt, wohl biologisch verankert sein könnte.

Sheppard [342] studierte mit einer neuen, elektroakustischen Technik die prosodischen Grundzüge kindlicher Vokalisationen, die von zwei Säuglingen während ihrer ersten 5 Monate aufgenommen worden waren. In der non-segmentalen Phonologie, worunter man Intonation, Rhythmus, Sprechgeschwindigkeit, Betonung und Klangart der Stimme versteht, braucht man den Begriff ‹prosodisch› dann, wenn die zu untersuchenden Grundzüge die Parameter Grundfrequenz, Lautstärke, Dauer oder Ruhepause betreffen. Das gesammelte Material analysierte Sheppard nach den Parametern Grundfrequenz, Amplitude und Dauer.

Cruttenden [69] nahm an seinen eigenen Zwillingen eine phonetische Longitudinalstudie vor. Seine Methode: allmonatliche 2stündige Tonbandaufnahmen. Er kam zu folgenden Ergebnissen: 1. Der von ihm ermittelte phonetische Bereich war nicht so umfassend, wie allgemein angenommen worden war. 2. Die Entwicklung des ‹Plauderns› zeigte schon vor dem eigentlichen Sprechbeginn eine Ausrichtung auf die Muttersprache.

Grubers Studie [132] über die Lautäusserungen eines 13 Monate alten Kindes hatte zum Ziel, irgendwelche eventuell darin enthaltene Muster zu eruieren, was dem Autoren auch gelang.

Francescato schreibt in seinem umfassenden Buch [108] folgendes:

«Das erste Stadium der Sprachentwicklung, das die ersten 3 Monate umfasst, ist ein rein vorbereitendes Stadium. Die Laute sind ohne spezifische sprachliche Bedeutung. Sinn dieser Phase ist die Entwicklung der für die Artikulation wichtigen Nervenverbindungen und Muskeln und das Beherrschenlernen der Atmungsorgane. Das zweite Stadium, dessen Höhepunkt bei 5–7 Monaten liegt, ist die Lall- oder Stammelphase. Ihre erste Phase verläuft parallel mit der Aneignung anderer psychischer Funktionen. Die zweite Phase ist eine Phase der Identifizierung von Lauteinheiten mit sprachlichen Ausdrücken und bringt die Entwicklung der Fähigkeit zur Symbolbildung. Die Lallphase ist keine Primitivform der eigentlichen Sprache, sondern gehört ins Vorfeld der artikulierten Sprache.

Die stimmlichen Äusserungen eines Kindes nach den ersten 6 Monaten unterscheiden sich von denjenigen eines gleichaltrigen Kindes, das eine andere Sprache spricht.»

Mit dem letzten Thema befasste sich auch *Weir* [413]. Ihre Studie basiert auf der Untersuchung der auf Band aufgenommenen Vokalisationen eines chinesischen, zweier arabischer und eines amerikanischen Säuglings im Alter von 6–8 Monaten. Sie kommt zum Schluss, dass sich einzig der chinesische Säugling in seinen Vokalisationen von den drei übrigen Kindern unterscheidet. In einer zusätzlichen Longitudinalstudie untersuchte sie 15 Kinder im Alter von 5–18 Monaten (5 chinesische, 5 amerikanische und 5 russische). Während sich die chinesischen Babies nicht nur von den anderen beiden Gruppen, sondern auch innerhalb ihrer eigenen Gruppe unterschieden, zeigten die russische und die amerikanische Gruppe im Alter von 7–8 Monaten noch kaum Unterschiede in ihren Vokalisationen.

Zum Thema *Intonation* meint *Crystal* [71]:

«Intonation scheint die früheste Art von linguistischer Struktur der kindlichen Vokalisationen zu sein. Beim Durchführen einer Intonationsanalyse im Zusammenhang mit der Säuglingssprache findet man, dass gewisse Muster bereits lange vor der Entwicklung der erkennbaren Wörter innerhalb der Vokalisationen der Säuglinge in Betrieb sind.»

Francescato schreibt darüber [108]: «Die musikalische Phase, die vom 4.–12. Lebensmonat dauert, ist von wesentlicher Bedeutung für den Spracherwerb. Es existiert aber noch kaum Literatur über dieses Problem.»

Für *W. von Raffler-Engel* geht die Intonation allen anderen linguistischen Phänomenen voraus [308]. Sie betrachtet sie als Bindeglied zwischen der ersten, rein passiven Phase der Sprachentwicklung und den ersten Manifestationen der artikulierten Sprache, wobei der erste artikulierte Laut noch keine phonetische Bedeutung hat, sondern nur die Grundlage bildet, auf der sich dann die Laute modulieren. Zusammenfassend sieht es die Autorin folgendermassen: Zuerst durchläuft der Säugling eine Periode des passiven Melodienverständnisses, dann folgt eine Phase des In-sich-Speicherns, die schliesslich durch eine aktive melodische Ausdrucksweise abgelöst wird.

In einer zweiten Arbeit [310] ging von Raffler-Engel von der Frage aus, warum die erste Stufe der verbalen Kommunikation melodischer und nicht artikulatorischer Art sei. Offensichtlich bringt das Kind jedoch die Vokalisation nicht mit der Artikulation in Verbindung. Artikulatorische Bewegungen scheinen nur mit dem Prozess des Essens in Beziehung zu stehen, während die Vokalisation mit einer Variation der Grundfrequenz verknüpft ist. Die Reihenfolge des zeitlichen Auftretens sieht für sie folgendermassen aus: Zuerst bewegt das Kind zum Zweck, sich mitzuteilen, die Stimmbänder. In dieser melodischen Phase hat das Kind noch keine bewusste Kontrolle über die Konfiguration seines Mundes und der Artikulationsorgane. Dann folgt eine neue Stufe, auf der das Kind die Fähigkeit entwickelt, die Form seines Mundes zu ändern. Daraus resultiert die Produktion des ersten Vokals. Auf einer dritten Stufe mit dem Auftreten des ersten Konsonanten kommt dann die eigentliche Artikulation hinzu, wobei das Verständnis der Artikulation ihrer Produktion vorausgeht.

W. von Raffler-Engel verfasste noch eine weitere Publikation [309], in der sie aufgrund der Beobachtungen an ihrem eigenen Söhnchen einen kurzen Überblick über die Entwicklung der Sprache im ersten Lebensjahr gibt, d.h. vom Schreien des Neugeborenen bis zur Imitation der Muttersprache.

Eine Sonderstellung in diesem Zusammenhang nimmt die sowohl linguistische als auch medizinisch orientierte Arbeit von *Hagmann* ein. Er unternahm eine Longitudinalstudie über das Auftreten komplexer Lautäusserungen (sogenannter sprachlicher Entwicklungsschritte) an 65 Säuglingen im ersten Lebensjahr aufgrund der Einzelstudie von *Herzka* [147] (deren Ergebnisse hier wiedergegeben sind). Die von Herzka beobachteten und auf Band aufgenommenen Lautäusserungen konnten allgemein von Hagmann ebenfalls festgestellt werden, wenn auch mit einer erheblichen und mit dem Alter des Kindes immer deutlicher werdenden Streuung. Es zeigte sich bei Nachuntersuchungen von Kindern mit Extremwerten, dass das erste zeitliche Auftreten von Lautäusserungen für die spätere sprachliche Entwicklung des Kindes von begrenztem prognostischem Aussagewert ist. Anhand von Einzeldarstellungen wird das zeitliche Auftreten dieser Lautäusserungen auch in Beziehung zur übrigen Entwicklung des Säuglings und des Kleinkindes gebracht. Interessante Perspektiven eröffnet Hagmanns Frage, ob durch die Feststellung eines sehr langdauernden Bestehenbleibens eines Entwicklungsschrittes Hinweise auf eine Stagnation in der gesamten Entwicklung gewonnen werden könnten. – Weitere auf der Longitudinalstudie von Herzka beruhende Untersuchungen sind zur Zeit im Gange.

b) Biologisch orientierte Publikationen. — *Lenneberg* schreibt in seinem Buch [219] im Kapitel «Primitive Stufen der Sprachentwicklung» unter anderem:

«Es gibt zwei verschiedene Typen der Vokalisation, die mit dem Schreien im Zusammenhang stehenden und die anderen, erst nach der 6.–8. Woche auftretenden Lautäusserungen. Die letzteren unterscheiden sich insofern von den ersteren, als sich dabei gewisse Artikulationsorgane (vor allem Zunge) bewegen, die sich beim Schreien vorwiegend in Ruhe verhalten. Tonspektrografisch sind aber in beiden Fällen keinerlei Artikulationen feststellbar. Im Alter von etwa 6 Monaten differenzieren sich die Laute in mehr vokalische und konsonantische Komponenten. Während des ganzen ersten Jahres findet noch ein schwach koordiniertes Zusammenspiel zwischen den verschiedenen Sprechmechanismen statt.»

In einem anderen Werk [227] wirft Lenneberg die Frage auf, ob es im Menschen nicht biologische Anlagen gebe, die die menschliche Form der Kommunikation einzig und allein nur für unsere Art möglich machten. Er führt im weiteren verschiedene Gründe auf, die ihn zu dieser Annahme bewogen haben.

Für *W. von Raffler-Engel* ist «die Fähigkeit, zu sprechen, ein dem Menschen angeborener Instinkt, der in seiner Vervollkommnung einer Kurve der Reifung folgt» [309].

Carmichael formuliert ähnlich so [51], dass die wohl schon *vor* der Geburt funktionierenden rezeptorischen und motorischen Sprechmechanismen postnatal noch eine fortdauernde Reifung erfahren bis zur Erreichung einer «Sprechbereitschaft».

Diese Sprechbereitschaft ist nach *Lenneberg* dann erreicht, wenn die physischen Reifezeichen, wie Hirngewicht, Dichte der Neuronen in der Grosshirnrinde usw., mindestens 65% ihres Endwertes erreicht haben. Weiter meint er, dass die Sprachbegabung sicher in genetischen Faktoren begründet sei, ohne dass man aber die Existenz von eigentlichen «Sprachgenen» annehmen könne.

Francescato vermutet [108], dass die an der Lautbildung beteiligten Muskelgruppen angeborenen physiologischen Gesetzmässigkeiten unterstehen. Allmählich lerne dann das Kind, diese Muskelgruppen zu kontrollieren.

Portmann [303] setzt für die menschliche Sprachentwicklung ein grosses Aufbauwerk von erblichen Strukturen voraus. Die Lallperiode definiert er als Vorbereitung für die Entstehung der Sprache. Die Sprache selbst wird in einer zweiten Entwicklungsphase durch Imitation übernommen und in jahrelangem Einüben erworben.

c) Psychologisch orientierte Arbeiten. — *Sprachentwicklung und Mutter-Kind-Beziehung: Eveloff* kommt zum Schluss [94], dass eine normale oder anomale Sprachentwicklung in hohem Grad von der Natur der Mutter-Kind-Beziehung abhängig sei.

Freedman [110] beschreibt den Fall eines 10 Wochen alten blinden Mädchens, das selektiv auf die Stimme seiner Mutter antwortet. Die Autorin widerlegt damit frühere Behauptungen, wonach der Laut im Suchverhalten blinder Kinder erst mit etwa 10 Monaten eine Rolle spiele.

Brazelton [32] berichtet über ein 9 Wochen altes Mädchen, das die Grimassen und stimmlichen Laute seiner Mutter imitierte. Er wertet dieses Phänomen teils als Folge einer besonderen Mutter-Kind-Beziehung, teils als Folge eines angeborenen Potentials.

K. de Hirsch [154] weist auf die Bedeutung der mütterlichen Stimme für die soziale, psychische und sprachliche Entwicklung des Kindes hin, ebenso auf die Auswirkungen eines Mangels an mütterlicher Stimulation, z. B. bei Heimkindern.

Die Studie von *Jones* [192] beinhaltet die Beziehung der Vokalisation von Säuglingen im Alter von 2 Wochen sowie von 3 Monaten zu den mütterlichen Vokalisationen. Sie fand, dass Kinder, die sich in einem lebhaften Wachzustand befanden, in Gegenwart der Mutter weniger vokalisierten als in deren Abwesenheit, was zeigt, dass die Mehrzahl der frühen Vokalisationen mit einer nicht-sozialen Situation verknüpft sind.

Bullowa et al. untersuchten in ihrer umfangreichen Arbeit [47] auch die Interaktionen von mütterlichem und kindlichem Sprechmuster.

Sprachentwicklung — Vater-Kind-Beziehung: Mit diesem Aspekt befasste sich eine einzige Autorin, nämlich *Rebelsky* [314], die die verbalen Wechselbeziehungen zwischen Vätern und ihren zwischen 2 Wochen und 3 Monate alten Kindern studierte. Ihre Untersuchung zeigt, dass Väter im allgemeinen wenig Zeit im Geplauder mit ihren Kindern verbringen, wobei die Zahl dieser Interaktionen je nach Tageszeit, Alter und Geschlecht des Kindes sowie seiner Ansprechbarkeit variiert.

Sprachentwicklung und Umwelteinflüsse: Bullowa et al. [47] weisen auf die Bedeutung hin, die der Erforschung der frühen Periode der menschlichen Kommunikation zukommt. Anhand von Tonbandaufzeichnungen der in den ersten Lebensmonaten produzierten Laute versuchen sie, einen Überblick zu geben und Beziehungen zwischen den verschiedenen Lautkategorien herzustellen. Für diesen Beginn der zwischenmenschlichen Kommunikation prägen die Autoren den Begriff der «Proto-Konversation».

Greenfield untersuchte die Reaktionen eines 4 Monate alten Säuglings auf das ‹Versteckenspiel›. Sie benützte dazu sprachliche oder visuelle Stimuli und belebte oder unbelebte Gegenstände. Eine Stimulation mit Sprachbeteiligung löste am ehesten eine Reaktion aus [126].

Sprachperzeption: Mit diesem Thema setzt sich vor allem *Friedlander* auseinander [113]. In drei Longitudinalstudien an drei 11—15 Monate alten Kindern untersuchte er die Sprachperzeption mittels eines von ihm entwickelten Verfahrens, der «Play-Test-Methode». Er entdeckt eine Bevorzugung der Stimme der Mutter vor derjenigen Fremder und vor Musik, wobei einer der Gründe der Bevorzugung in der Stimm-Modulation liegt.

d) Verhaltenspsychologisch orientierte Publikationen. — Diese stammen von einer Gruppe von Forschern, die auf dem Gebiet der experimentellen und sozialen Psychologie arbeiten. Sie alle beschäftigen sich mit der behavioristischen Frage, welche Art von Verstärkung die Vokalisation beeinflusse. Verstärkung (engl. reinforcement) ist der experimentalpsychologische Fachausdruck für Belohnung. Zum besseren Verständnis des Prinzips der Verstärkung möchte ich hier ein Beispiel folgen lassen, das einem Werk von *Holland* und *Skinner* [158] entnommen wurde: Eine Psychologin fütterte (verstärkte) ihren kleinen Sohn, nachdem er einen bestimmten fröhlichen Laut von sich gegeben hatte. In der Folge erhöhte sich die Rate dieses fröhlichen Lautes, wenn das Kind hungrig war. Man kann aber das lautbildende Verhalten eines Säuglings erst verstärken, wenn zumindest eine Vokalisation emittiert worden ist. Diese Art von Verhalten wird als operantes Verhalten bezeichnet im Gegensatz zum respondenten (Reflex-)Verhalten, bei dem die Reaktion nur als Antwort auf einen auslösenden Stimulus erfolgt.

Tomlinson [388] führte an 3 Monate alten Säuglingen in ihrer häuslichen Umgebung mittels nicht-sozialer Verstärkung eine direkte Konditionierung der Vokalisationen durch. Die Vokalisationsrate konnte durch die Verstärkung tatsächlich gesteigert werden.

Todd [387] unternahm eine ähnliche Studie. Bei 85 Tage alten Kindern untersuchte er die Konditionierung des Plauderns unter Verstärkung durch eine menschliche Stimme. Die Vokalisationsfrequenz erhöhte sich in der Folge, und zwar ganz besonders in jener Gruppe, die in Gegenwart eines Erwachsenen verstärkt worden war.

Ramey [312] unternahm bei normalen Kindern im Alter von 3, 6 und 9 Monaten eine direkte Konditionierung mit Hilfe von unmittelbarer und verzögerter auditiver Verstärkung. Es zeigte sich, dass Lernvorgänge nur bei unmittelbarer Verstärkung auftraten, während verzögerte Verstärkung einen negativen Konditionierungseffekt hatte.

Wahler [405] studierte eine einzelne Mutter-Kind-Beziehung über den Zeitraum des ersten Lebensjahres hinweg, währenddessen er experimentelle Analysen vom sich entwickelnden verbalen Verhalten des Kindes durchführte. Dabei kam er unter anderem zum Schluss, dass die Mutter eine sehr wirkungsvolle Verstärkerquelle darstellt.

Kagan [195] zeigte, dass beim Mädchen die Vokalisation ein empfindlicherer Massstab für die Erregung zu sein scheint, die die Informationsverarbeitung begleitet, als beim Knaben. Er führt diesen geschlechtlichen Dimorphismus in der Vokalisationsantwort auf Unterschiede im mütterlichen Verhalten zurück.

e) Psychomotorisches Verhalten in der Säuglingszeit in Beziehung zu späteren Sprachleistungen. — *Engel* und *Fay* bestimmten in zwei Arbeiten [92, 93] elektroenzephalografisch die Latenzzeiten von nach Lichtreiz evozierten Potentialen bei Neugeborenen und versuchten, diese zu den psychomotorischen und sprachlichen Leistungen der älteren Säuglinge und Kleinkinder in Beziehung zu bringen. Sie fanden einen signifikanten Zusammenhang zwischen den Resultaten der Latenzzeitbestimmung bei den Neugeborenen und ihren psychomotorischen Leistungen im Alter von 8 Monaten sowie der Fähigkeit, mit 1 Jahr allein zu gehen, jedoch keine Korrelation zu einer freien Vokalisation der Worte und des Wortverständnisses.

Im Gegensatz zu früheren Untersuchungen, die nur teilweise eine Übereinstimmung zwischen den Resultaten der Entwicklungstests bei Säuglingen und der späteren Intelligenz ergaben, zeigte *Cameron* [50] anhand der Bayley's California First Year Mental Scale, dass eine auffällige Korrelation zwischen dem Zeitpunkt des Auftretens des ‹Plauderns› und der späteren Intelligenz der untersuchten Mädchen besteht.

Steensland Junker [366] führte in einem grossangelegten Versuch an 480 Kindern im Alter von 2½—13 Monaten Aufmerksamkeitstests durch. Bei einer Nachuntersuchung der nun 2½—3½ Jahre alten Kinder stellte sie eine signifikante Beziehung zwischen einer mangelhaften Sprachentwicklung und dem negativen Resultat des Aufmerksamkeitstests im Säuglingsalter fest, wobei die Mädchen bessere Ergebnisse zeitigten als die Knaben. Aufgrund der in obiger Studie gewonnenen Erkenntnisse entwickelte die Autorin einen speziellen Aufmerksamkeits-Screening-Test, den sogenannten BOEL-Test. (BOEL = deutsch: Blick orientiert sich nach dem Licht.)

Die Zusammenhänge zwischen Sprachentwicklung und der Entwicklung kognitiver Funktionen sowie dem neurologischen Status deckt *Gross-Selbeck* in seiner Arbeit auf, die über die Resultate der Nachuntersuchungen von Risikogeburten berichtet. Es fand sich eine enge Korrespondenz zwischen der neurologischen Symptomatik, der Entwicklung kognitiver Funktionen und der Sprache.

Sprachentwicklung und Ernährungsweise: Eine interessante Arbeit zu diesem Thema kommt von *Broad* [34], die die Sprache von 134 5-6jährigen studierte, in der Absicht, retrospektiv den Einfluss der Ernährungsweise (Flaschen- oder Brustkinder) auf die Sprachentwicklung zu untersuchen. Sie gelangte zum Ergebnis, dass Mädchen im allgemeinen deutlicher sprechen als Knaben, dass aber zwischen Mädchen und brustgenährten Knaben diese Diskrepanz wegfällt.

f) Sprachpathologie. — *Sprache der hörgeschädigten Kinder:* Downs [87] führte bei 17 000 Neugeborenen einen Screening-Test des Hörvermögens durch und verfolgte die Weiterentwicklung in einer Follow-up-Studie. Diese liefert wertvolle Informationen über das frühe Sprechverhalten des hörgeschädigten Säuglings. Der Autor stellt eine genaue phonetische Analyse eines tauben Kindes vor, die er mit derjenigen eines gesunden Kindes vergleicht.

Lenneberg [221] fand, dass sich in den ersten 3 Lebensmonaten die Lautproduktionen taub geborener von derjenigen hörender Babies noch kaum unterscheiden. Erst nach der ersten Lallperiode werden die Lallmonologe vom eigenen Gehör unterstützt. Man spricht hier von sogenannter Selbstnachahmung.

Friedlander [113] untersuchte das Sprachvermögen hörgeschädigter Säuglinge und Kleinkinder mit dem Ziel, 1. Methoden zu entwickeln, um die subjektive Spracherfahrung dieser Kinder zu messen und zu verbessern, und 2. bessere Kenntnisse der rezeptiven Sprachentwicklung in der Säuglings- und Kleinkinderzeit zu erwerben. Friedlander vermutet, dass die Sprachbehinderung mehr Kinder betreffe als jede andere Behinderung im Kindesalter, wobei Schwierigkeiten in der rezeptiven Decodierung eine wichtige Rolle spielen könnten.

Laut *Lenneberg* [223] verhalten sich Kleinkinder unter 18 Monaten, die plötzlich ihr Gehör verlieren, in der Folge wie taubgeborene Kinder. Kindern, die nach Einsetzen des Spracherwerbs ertauben, stellt man eine bessere Prognose, wobei eine direkte Beziehung besteht zwischen der Zeitdauer, während der das Kind mit der Sprache in Kontakt war, und der Fertigkeit, diese zu einem späteren Zeitpunkt wieder zu erwerben.

Blindheit und vokale Reaktion: Wie schon weiter oben erwähnt, zeigte *Freedman* [110], dass der Laut im Suchverhalten blinder Kinder nicht erst mit etwa 10 Monaten eine Rolle spiele, wie früher angenommen worden war, sondern bereits in der frühen Säuglingszeit.

Aphasie: Nach der Geburt sind noch beide Hemisphären an der Sprachentwicklung beteiligt, worauf dann schrittweise eine Links-rechts-Polarisation der Funktionen stattfindet [189]. So wirken sich Läsionen der linken Hemisphäre bei Kindern unter 2 Jahren nicht aus, weil die rechte Hemisphäre die Kompetenz für die Sprache übernimmt, während solche Läsionen beim älteren Kind und beim Erwachsenen in den meisten Fällen zu einer Aphasie führen.

Die verbalen Aspekte der Kommunikation in Beziehung zur Pathologie und Psychotherapie der Schizophrenie: Diese Zusammenhänge versuchen *Bullowa* et al. zu erhellen [47]. Sie stützen sich auf die weitverbreitete Meinung, dass viele der bei Schizophrenie auftretenden Phänomene als Regression auf eine frühere Entwicklungsstufe verstanden werden können. Es wäre also möglich, dass bei Menschen, die später schizophren werden, bereits im Säuglingsalter Abweichungen von der normalen Sprachentwicklung auftreten. Aus diesen Gründen scheint es den Autoren unbedingt notwendig, detailliertere Kenntnisse des normalen Verlaufs der Sprachentwicklung zu erarbeiten, so dass etwaige Anomalitäten in der Sprachentwicklung festgestellt werden könnten. Zu diesem Zweck unternahmen sie an gesunden, erstgeborenen Babies eine die ersten 6 Lebensmonate umfassende Longitudinalstudie und zeichneten deren Sprachentwicklung in der ihnen eigenen häuslichen Umgebung auf. Da sich die Studie erst über die ersten 6 Lebensmonate der Kinder erstreckt, erscheint es den Autoren aber noch zu früh, die gewonnenen Daten schon im Hinblick auf psychiatrische Probleme anzuwenden.

Zusammenfassung

Wie wir gesehen haben, gliedern sich die Arbeiten über die frühe Sprachentwicklung in zwei grosse Gruppen. Während sich die eine Gruppe nur mit dem Säuglingsschreien befasst, beschäftigt sich die andere mit der Säuglingssprache und der Sprachentwicklung im engeren Sinne.

Detaillierte Untersuchungen der Physiologie des *Schreiaktes,* bei denen die Cineradiografie grosse Dienste leistet, und Studien, in denen tonspektrografische Analysen des spontanen und des schmerzinduzierten Schreiens normaler und abnormer Neugeborener durchgeführt und ausgewertet werden, liefern wertvolle Informationen über den Zustand des Kindes sowie die Art und den Grad einer eventuellen Schädigung. Von grossem Interesse sind die in Tabelle 8 noch genauer beschriebenen Arbeiten, in denen neue Untersuchungsmethoden ausgearbeitet worden sind, die es ermöglichen sollen, etwelche Schäden und Abnormitäten so früh wie möglich festzustellen und therapeutisch anzugehen. Alle diese Methoden — sie dürften besonders Gynäkologen, Neonatologen und Pädiater interessieren — können ohne grossen Kostenaufwand routinemässig in allen Neugeborenenstationen und Kinderkliniken angewendet werden. Zu diesen Untersuchungen, bei denen vor allem medizinische Aspekte des Schreiens im Vordergrund stehen, kommen dann auch die Ergebnisse jener Arbeiten, die die verschiedenen Schreiarten noch detaillierter analysieren und beschreiben und unter anderem deren Beziehung zu den ersten nicht-schreiartigen Vokalisationen studieren.

Etliche Forscher widmen ihr Interesse der Beziehung zwischen dem kindlichen Schreiverhalten und der mütterlichen Reaktion. Dabei wird auch die Fähigkeit der Mütter geprüft, das Schreien des eigenen neugeborenen Kindes zu identifizieren. Verschiedene Autoren machen darauf aufmerksam, dass eine qualitative Beurteilung des Säuglingsschreiens erlernbar sei, und verweisen mit Nachdruck auf die grosse Bedeutung, die diesem Faktor inskünftig bei der Ausbildung von Pädiatern und Säuglingsschwestern zukommen müsse. *Ostwalds* ‹Überblick über das Säuglingsschreien› schliesslich gibt unter anderem Anregungen für weitere mögliche Forschungsstudien. Er vermutet, dass das Studium des Säuglingsschreiens wertvolle Informationen über das Zusammenspiel von Körper und Zentralnervensystem liefern könnte.

Da das Thema der Säuglings*sprache* von breitem und wachsendem Interesse ist, finden sich auch ganz verschieden geartete Publikationen darüber. Einige wenige Autoren beschäftigen sich bereits mit der Sprache im pränatalen Stadium. Sie sind sich darin einig, dass der Mensch schon im Mutterleib Bildung und Gebrauch seiner Stimme erlernt, dass die Sprechmechanismen postnatal aber noch eine fortdauernde Reifung erfahren. Bei den *linguistisch* orientierten Publikationen findet man drei Arbeiten, in denen das Unterscheidungsvermögen junger Säuglinge für synthetische Sprechsilben geprüft wird. Alle gelangen zu einem positiven Ergebnis. Die Kinder nehmen diese Sprechsilben in einem Lautumfang auf, der annähernd einer kategorischen Perzeption, d. h. der Art, in der Erwachsene Laute aufnehmen, entspricht. Erwähnenswert ist ferner eine phonetische Longitudinalstudie. Sie ergab einen phonetischen Bereich, der weniger umfassend war als allgemein angenommen, und die darin verfolgte Entwicklung des «Plauderns» zeigte schon vor dem eigentlichen Sprechbeginn eine Ausrichtung auf die Muttersprache. Interessant sind auch jene Arbeiten, die die Unterschiede in den Vokalisationen von Säuglingen verschiedener Muttersprache studierten und solche erst von 6 Monaten an feststellten. Einzig chinesische Babies unterscheiden sich schon früh von den anderen Gruppen. Etliche Studien widmen sich der Intonation, die als die früheste linguistische Struktur der kindlichen Vokalisationen angesehen wird. Hervorzuheben ist eine Publikation, die das Auftreten komplexer Lautäusserungen (sogenannter sprachlicher Entwicklungsschritte) sowohl von der linguistischen als auch von der medizinischen Seite her studiert.

Die *biologisch* orientierten Arbeiten untersuchen vor allem die physiologischen Aspekte der prä- und postnatalen Reifung der Sprechmechanismen und beschäftigen sich mit der Frage, in welchem Masse genetische Faktoren und Strukturen für die menschliche Sprechfähigkeit verantwortlich sind.

Eine ganze Reihe der *psychologisch* orientierten Publikationen studieren die Natur der Mutter-Kind-Beziehung und deren Einfluss auf die frühkindliche Sprachentwicklung. Die Ergebnisse zeigen, dass die Art des Mutter-Kind-Verhältnisses für die sprachliche Entwicklung eines Säuglings eine grosse Rolle spielt. Von eher geringem Interesse scheint die Vater-Kind-Beziehung zu sein, widmet sich doch nur eine Autorin diesem Aspekt. Grosse Bedeutung wird der frühesten Periode der menschlichen Kommunikation zugemessen, und es wird betont, wie wichtig es sei, detaillierte Kenntnisse über diese Zeitspanne zu besitzen.

Der Aspekt der Sprach*perzeption* im Rahmen des Spracherwerbs wird vor allem von einem Forscher genauer untersucht, der dazu ein spezielles Testverfahren, die «Play-Test-Methode», entwickelt hat.

Die Arbeiten der *Verhaltens*psychologen, die alle um die Frage kreisen, ob und auf welche Art Verstärkung (engl. reinforcement) die Vokalisation beeinflusse, ergeben, dass Verstärkung, jedoch nur die unmittelbare, immer einen positiven Konditionierungseffekt zeitigt.

Etliche Arbeiten versuchen, den Zusammenhang zwischen dem psychomotorischen Verhalten in der Säuglingszeit und späteren Sprachleistungen zu ermitteln. Hier ist vor allem eine Publikation hervorzuheben, die vermittels eines speziell entwickelten Tests, des BOEL-Tests (Tab. 9) eine signifikante Beziehung feststellen lässt zwischen einem negativen Ausfallen des Tests im frühen Säuglingsalter und einer mangelhaften Sprachentwicklung.

Die meisten Studien zum Thema Sprach*pathologie* betreffen das frühe Sprechverhalten des hörgeschädigten Kindes und dessen Abweichung von der Sprachentwicklung gesunder Kinder. Es wird behauptet, dass die Sprachbehinderung mehr Kinder betreffe als jede andere Behinderung im Kindesalter, wobei vor allem Schwierigkeiten in der rezeptiven Decodierung angenommen werden. Einer besonderen Erwähnung wert ist noch eine umfangreiche Arbeit, die die verbalen Aspekte der frühkindlichen Kommunikation in Beziehung zur Pathologie und Psychotherapie der Schizophrenie studiert. Die bisher gewonnenen Daten stellen allerdings erst einen Anfang dar und lassen noch keine Rückschlüsse auf psychiatrische Probleme zu.

Tabelle 9. Untersuchungsmethoden zur Erfassung einer mangelhaften Sprachentwicklung (Übersicht)

Autor	Tests	Prinzip	Anwendbarkeit
Steensland Junker K.	BOEL-Test	Aufmerksamkeitstest (BOEL = [deutsch] Blick orientiert sich nach dem Licht)	Kann bei negativem Ausfallen schon beim jungen Säugling auf eine mangelhafte spätere Sprachentwicklung aufmerksam machen
Friedlander B.	Play-Test-Verfahren	Besteht aus einem Paar langen Antwortschaltern, an denen das Kind nach Belieben drehen kann, einem Lautsprecher, einer Kontrolleinheit und einem Tonbandgerät mit vorprogrammierter Auswahl auf 2 Tonbändern	Erst beim älteren Säugling und beim Kleinkind anwendbar. Dient vor allem der Erforschung der Sprachperzeption

5. Unsere Aufnahmetechnik

Am Anfang der modernen Forschungen über das Kind stehen Beobachtungen an einzelnen Kindern über längere Zeiträume hinweg (sogenannte longitudinale Einzelstudien, beispielsweise von Preyer, Scupin, Stern, aber auch Piaget). Diese frühen Autoren haben ihre Forschungsergebnisse zunächst aus Tagebuchaufzeichnungen abgeleitet. In diesen Einzelstudien wurden bestimmte Entwicklungsschritte dargestellt, in denen die Reifung des Kindes zum Ausdruck kommt. Reihenfolge und zeitliches Auftreten der einzelnen ‹Meilensteine› der Entwicklung haben sich innerhalb gewisser Grenzen als allgemein gültig erwiesen (vgl. S. 117ff.).

Das unten in Kapitel 8 und auf der Schallplatte vorliegende Protokoll gibt ebenfalls die Entwicklung eines einzelnen Kindes wieder; bei der Aufnahme wurde auf komplexe Lautäusserungen geachtet, die dem zuhörenden Vater als besonders markant und für ein bestimmtes Lebensalter des Kindes charakteristisch erschienen sind. Die Schallplatte bringt Ausschnitte aus langfristigen Tonbandaufnahmen weitgehend naturähnlich zu Gehör und konfrontiert so den Hörer unmittelbar mit den Lautäusserungen des Kindes.

Die Laut- und Sprachentwicklung des Säuglings scheint in den ersten fünf Lebensmonaten am raschesten zu verlaufen; später verlangsamt sich die Reihenfolge der Veränderungen und das Vorkommen neuer Lauterscheinungen. Deshalb ist es notwendig, in den ersten Lebensmonaten besonders häufig Aufnahmen zu machen.

Im zweiten Halbjahr ist es schwieriger, den sprachlichen Fortschritt zu hören und zu verfolgen. In diesem Zeitraum ist die Bewegungsentwicklung des Kindes besonders auffällig. Das wache Kind ist fast dauernd in Bewegung: Es versucht zu ergreifen, sich herumzudrehen, zu kriechen, sich aufzusetzen und schliesslich sich in den Stand aufzuziehen. Bei all dieser Tätigkeit ist es, als ob wenig Zeit und Energie für das Plaudern bliebe. Wir hören das Kind seltener und müssen die Aufnahme der Sprache unbemerkt vornehmen, ohne das Kind auf Mikrophon und Apparat aufmerksam zu machen. Wesentliche Reifungsschritte im zweiten Halbjahr vollziehen sich anscheinend ‹in aller Stille›: Die Sprache gewinnt an Ausdrucksmöglichkeiten, die Lautäusserungen werden gegliedert, das Wortverständnis, das Bedeutungsbewusstsein für Sprachlaute entfalten sich; die ersten Worte werden abgegrenzt, sinngemäss verwendet, und die Nachahmung von Lautbildungen wie von Rhythmus und Betonung beginnt.

Neben den grossen gibt es kleinere Schwankungen der Intensität in der Entwicklung bestimmter Bereiche der Reifung des Kindes. Während einiger Tage oder Wochen scheint in der Bewegungsentwicklung oder der Sprachentwicklung nichts ‹Neues› zu geschehen, bis das Kind dann ganz unvermittelt eine ganze Reihe ‹neuer Dinge kann›. Sie haben sich in der Stille vorbereitet. Die Reifung des Kindes, die Entwicklung auf einzelnen Gebieten ist kein gleichförmig kontinuierlicher Vorgang, der gleichmässig ‹abläuft›.

Unsere Bandaufnahmen erfolgten in folgenden *Zeitabschnitten* (Alter des Kindes in Wochen und Tagen): 3;2 3;3 4;4 7;1 7;2 7;3 7;5 9;3 9;4 9;6 10;1 10;3 11;0 11;4 12;3 12;4 12;5 13;3 13;4 14;2 14;4 15;1 16;2 16;3 17;2 17;3 19;2 19;4 19;6 20;1 20;4 20;6 21;0 21;1 21;2 21;6 22;2 23;4 26;2 26;3 27;2 30;4 32;2 34;4 36;5 39;2.

Die Dauer der einzelnen Aufnahmen reicht von einigen Minuten bis zu etwa einer halben Stunde. Unmittelbar nach abgeschlossener Aufnahme oder häufiger einige Stunden oder Tage später habe ich die Aufnahmen abgehört und protokolliert. Es wurde jeweils darauf geachtet, neu aufgetretene Lautäusserungen möglichst vollständig festzuhalten; bisweilen wurden aber auch mittels der Aufnahme neue Lautelemente festgestellt.

Das Kind befand sich zumeist in einem anderen Raum als das Aufnahmegerät (Uher ‹Universal›), das mit dem Mikrophon durch ein 5 Meter langes Kabel verbunden war. Eine getrennt verlaufende, etwa gleichlange Fernsteuerung ermöglichte die Beobachtung des Kindes, unabhängig von dessen Aufenthaltsort und dem Standort des Apparates.

In Kapitel 8 sind die auf der Schallplatte wiedergegebenen Tonbeispiele aufgeführt. Zu jeder Aufnahme ist das Alter des Kindes im jeweiligen Zeitpunkt in Wochen und Tagen angegeben (3;2 = 3 Wochen und 2 Tage). Die Aufnahmen sind nach Kalendermonaten geordnet und in ihrer ursprünglichen zeitlichen Reihenfolge aufgeführt.

Die Fortschritte der sprachlichen und allgemeinen Entwicklung des Kindes sind jeweils in einer Übersicht zusammengefasst, die sich auf Tagebuchnotizen stützt.

Die Lautäusserungen des Säuglings sind uns Erwachsenen ungewohnt. *Darum ist ein ‹Einhören› wie in eine Fremdsprache notwendig.* Es empfiehlt sich, anfänglich Monat für Monat unter Zuziehung des erklärenden Textes getrennt abzuhören. Erst allmählich wird der die Sprache des Säuglings ungewohnte Hörer Einzelheiten erkennen.

Die auf der Schallplatte aufgezeichneten Entwicklungsschritte kommen nicht nur bei diesem einen Kind vor; vielmehr haben sie eine gewisse Allgemeingültigkeit, wie dies einerseits die Literatur und andererseits die nachstehende Untersuchung bestätigen.

6. Die sprachlichen Entwicklungsschritte bei 65 Säuglingen der deutschsprachigen Schweiz*

Die Studie untersucht das Auftreten komplexer menschlicher Lautäusserungen im ersten Lebensjahr (vgl. Tab. 10). Es wird untersucht, ob Lautäusserungen, wie sie in diesem Buch aufgrund einer Einzelbeobachtung beschrieben sind, bei einer gezielten Beobachtung von 65 Säuglingen ebenfalls festgestellt werden können und was für Gesetzmässigkeiten gegebenenfalls dabei in Erscheinung treten.

Die Durchführung der Untersuchung erfolgte in enger Zusammenarbeit mit der Schweizerischen Stiftung Pro Juventute. Mütter, die mit ihren jungen Säuglingen die Mütterberatungsstelle aufsuchten, wurden gefragt, ob sie sich an der Sprachuntersuchung beteiligen würden. Durch dafür instruierte Säuglingsfürsorgerinnen wurden die interessierten Mütter mit Hilfe der Schallplatte auf die Erkennung der Lautbeispiele vorbereitet, damit sie feststellen konnten, ob und wann solche Laute auch bei ihrem Kind auftreten. Jede Mutter erhielt einen Fragebogen, auf dem sie – oft unter Mithilfe der Säuglingsschwester – nicht nur das Auftreten der sprachlichen Entwicklungsschritte eintrug, sondern auch die psychomotorische Entwicklung ihres Kindes (hauptsächlich nach Kriterien von *Illingworth* und *Gesell*; vgl. Tab. 10) sowie die Ernährung, bestimmte Faktoren der sozialen Umgebung und eventuelle Besonderheiten in Schwangerschaft, Geburt oder in der sprachlichen Familienanamnese. Zwei Fragebogen sind von Vätern ausgefüllt worden. Alle Daten wurden auf Lochkarten gespeichert, so dass auch weitere Auswertungen rationell erfolgen können.

Die Beobachtung der Sprachentwicklung des Kindes durch seine eigene Mutter hat Vor- und Nachteile. Die Vorteile liegen besonders in der Kontinuität der mütterlichen Beobachtung, die ideal ist für die Erkennung des ersten – und vielleicht nur kurzfristigen – Auftretens eines Lautgebildes. Vorteilhaft ist auch, dass das Mutter-Kind-Verhältnis, in dem sich die erste Sprachentwicklung vollzieht, nicht gestört wird durch fremde Beobachter; die Phänomene können so spontan erfasst werden (Tab. 12). Die Nachteile dieser Beobachtungstechnik sind darin zu suchen, dass verschiedene Beobachter, je nach Übung, die Laute anders interpretieren können. Daneben kann eine Mutter auch den Wunsch haben, die Laute bei ihrem Kind möglichst früh zu entdecken. Auch haben sich wohl hauptsächlich solche Mütter zu dieser Untersuchung gemeldet, die grosses Interesse an der Entwicklung ihrer Kinder zeigen. Dieses Interesse und die intensive Beobachtung können die sprachliche Entwicklung beschleunigen. Die erhobenen Werte (in Tagen) dürften so eher zu tief als zu hoch liegen.

Auswahl der Säuglinge: Da die Kinder nicht durch das Los ausgewählt werden konnten, liegen statistisch keine idealen Verhältnisse vor. Dennoch verteilen sich die 65 Kinder, 29 Mädchen und 36 Knaben, ziemlich gleichmässig auf das schweizerische Mittelland, wobei sie vorwiegend aus ländlichen Ortschaften stammen. Einzig in der Stadt Bern zeigt sich mit 6 Kindern eine gewisse Ballung. Beruflich sind alle sozialen Schichten vertreten, nämlich Akademiker und Künstler 20%, Angestellte und Kaufleute 45%, gelernte Arbeiter 25% und ungelernte Arbeiter 10%, wobei der Anteil der Lehrer mit 17% auffallend hoch ist.

Unabhängigkeit der Angaben: Die Untersuchung enthält 3 Zwillingspaare, deren Angaben eine hohe Konkordanz aufweisen (vgl. S. 121). Diese als sachimmanent zu interpretierende Interdependenz beeinträchtigt jedoch nur den normativen Charakter der Untersuchung, nicht aber die Gültigkeit der Einzelresultate. Anders verhält es sich mit der Möglichkeit, dass mehrere Mütter, die von der gleichen Säuglingsschwester instruiert wurden, ihre Erfahrungen untereinander austauschen konnten; praktisch dürfte das allerdings keine Rolle spielen.

Vergleich der psychomotorischen Entwicklung mit älteren Normwerten: Tabelle 10 zeigt die psychomotorische Entwicklung der eigenen Fälle im Vergleich mit Werten, wie sie von *Illingworth* [166] und *Griffiths* [229] angegeben werden. Im allgemeinen liegen die eigenen Daten eher etwas tiefer als die in der Literatur angegebenen. Die Frage muss offen bleiben, ob das auf eine bessere Förderung der Säuglinge, auf die besondere Beobachtungsmethodik oder auf ein Phänomen der Akzeleration gegenüber den älteren Normwerten zurückzuführen ist.

Tabelle 11 zeigt die Auswertung der sprachlichen Entwicklungsschritte (ES). Angegeben sind die Anzahl der Beobachtungen eines ES (Beobachtbarkeit), Mittelwert, Streuung sowie 10. Perzentile, Median und 90. Perzentile des Auftretens eines ES (Alter der Kinder in Tagen). Der Mittelwert liegt meist in der Nähe des Medians, was auf eine Normalverteilung schliessen lässt. Somit entspräche der Median der 50. Perzentile. Diejenigen ES, die unter Berücksichtigung von Beobachtbarkeit, Streuung und zeitlichem Auftreten geeignet erscheinen, in eine Normskala aufgenommen zu werden, wurden in Abb. 101 aufgenommen. Dabei wurde der Median dem Mittelwert vorgezogen, weil so der normative Charakter der Abb. 101 durch die

* Vgl. Dr. med. *P. Hagmann:* Das Auftreten sprachlicher Entwicklungsschritte im Säuglingsalter (Diss. Zürich 1971). Helv. paediat. Acta *27*, 71–84 (1972). – Statistische Beratung durch das Biostatistische Zentrum der Universität Zürich, Prof. *Th. Marthaler.*

Tabelle 10. Entwicklung der untersuchten Säuglinge im Vergleich mit Angaben anderer Autoren

Griffiths [129]	Illingworth [166]	Eigene Untersuchung
		5 Wo. Erstes antwortendes Lächeln
	6 Wo. Lächeln in Antwort	
8 Wo.[1] Lächeln		8½ Wo. Kopfdrehen, um der Mutter nachzusehen
	12 Wo. Dreht Kopf, um der Mutter mit den Augen zu folgen	
	12 Wo. Gerät in Erregung, wenn Spielzeug gezeigt wird	
		13 Wo. Erstmals in deutliche Unruhe geraten, wenn die Mahlzeit vorbereitet wird oder ein Spielzeug in Sicht kommt usw.
		15 Wo. Lachen (laut, ‹gigelen›) beim Spiel mit Kind
		15 Wo. Selbständiges Greifen nach hingehaltenem oder hingehängtem Spielzeug
16 Wo. Lacht laut	16 Wo. Gerät in Erregung bei Zubereitung der Nahrung	
	16 Wo. Lacht laut	
		19½ Wo. Erstes zweihändiges Spielen mit Spielzeug
	20 Wo. Strebt nach Objekt und erfasst es, obwohl nicht in die Hand gegeben	
		23 Wo. Kind versucht, durch Husten oder anderes Geräusch die Aufmerksamkeit auf sich zu lenken
	24 Wo. Streckt die Arme aus, um aufgenommen zu werden	
		27½ Wo. Reaktion auf Rufen des Namens
28 Wo. Antwortet, wenn gerufen	28 Wo. Wechselt Spielzeug von einer Hand in die andere	
	28 Wo. Antwortet auf Namen	
	28 Wo. Sitzt für Sekunden auf Boden ohne Unterstützung und ohne zu fallen	
		29½ Wo. Sitzt einige Sekunden frei ohne Unterstützung
32 Wo. Schreit um Aufmerksamkeit		
32 Wo. Sitzt für kurze Zeit alleine		
32 Wo. Gibt Spielzeug von einer Hand in die andere		
		33 Wo. Streckt die Arme aus, um aufgenommen zu werden.
	40 Wo. Winkt ade	
		43 Wo. Winkt ade auf Vormachen und Aufforderung
	52 Wo. Geht ohne Hilfe	
56 Wo. Winkt ade		
56 Wo. Geht alleine		
		58½ Wo. Geht erstmals einige Schritte frei ohne Hilfe und ohne sich festzuhalten

[1] Wo. = Wochen (arithmetisches Mittel).

Tabelle 11. Statistische Auswertung der in der Untersuchung erfassten sprachlichen Entwicklungsschritte (ES)[1]

ES-Nr.[2]	Anzahl Beobachtungen	Alter in Tagen				
		P_{10}	Median	P_{90}	Standardabw. s	Mittelwert $\bar{x}$
1	60	36	58	106	26,45	61,25
2	54	40	64	128	42,33	78,50
3	62	45	75	134	38,41	82,61
4	60	35	78	138	46,71	83,53
5	61	65	101	147	36,23	103,77
6	50	68	112	200	51,17	121,10
7	47	65	126	232	88,00	149,75
8	60	73	128	235	80,17	146,87
9	48	60	135	237	64,20	139,52
10	56	97	144	195	50,23	145,42
11	58	148	200	304	72,38	211,36
12	57	159	227	324	66,00	233,53
13	58	166	227	346	78,47	244,57
14	53	141	232	356	94,19	248,23
15	56	136	260	385	93,35	264,61
16	47	172	276	401	92,65	288,56
17	45	148	279	407	102,61	287,07
18	53	215	341	423	82,50	316,13
19	42	268	351	433	82,79	349,05
20	26	299	379	420	65,67	346,69
21	45	269	385	467	85,63	375,31

[1] Erläuterung zu dieser Tabelle und zur zugehörigen Abb. 101 vgl. Text S. 117
[2] Code der ES-Nummern siehe Tab. 12.

Tabelle 12. Die einzelnen Entwicklungsschritte (ES) und ihre Code-Nummer

1 *Lächeln,* als Antwort, von Lautäusserungen begleitet
2 Lautgruppe *erre, ekche* oder ähnliches
3 Erstes ‹Pläuderlen› (Vokalplaudern, d. h. vorwiegend weiche Vokallaute)
4 *Schnalzlaute* (beim Saugen an den Fingern oder ohne dieses)
5 *Lachen* (laut, ‹gigelen›) (wenn man mit dem Kinde spielt)
6 Kettenartige, jammernde, in der Lautfolge sich wiederholende Lautäusserungen (‹*Wiederholungen*›)
7 Lautgruppen, die aus einem Konsonanten und einem Vokal bestehen (*Konsonant-Vokal-Gruppe*)
8 *Blasreiblaut,* d. h. Geräusch durch Ausblasen der Luft zwischen geschlossenen Lippen (*brrr* ...)
9 Feine Laute beim Einschlafen (‹*Einschlaflaute*›)
10 ‹Stimmübungen› mit starkem Wechsel der Tonhöhe und Lautstärke (*Stimmlagewechsel*)
11 Bildung von Silbenketten (Entladungsketten), wie *ga-ga-ga ..., ge-ge-ge ..., da-da-da ..., de-de-de ...* oder andere
12 Erstes *ma* oder *na* (*Mama-Laute*)
13 Erstes *pa* oder *ba* (*Baba-Laute*)
14 Rufen mit ärgerlichem Tonfall (*ärgerliche Ruflaute*)
15 Bestimmter Schreilaut, um etwas zu erhalten (*Wunschlaut*)
16 *nei-*ähnliche Laute (*Verneinungslaute*)
17 Flüsterndes Pläuderlen (‹*Flüstern*›)
18 Erstes nachgeplappertes Wort
19 Erstes verstandenes Wort
20 Erstes spontanes ‹Wort›, ohne damit sicher etwas Bestimmtes zu meinen
21 Erstes mit Bewusstsein der Bedeutung verwendetes Wort

sachimmanente Konkordanz der Zwillingspaare (vgl. S. 121 und 126) und durch einzelne Extremwerte, die auf einer falschen Interpretation der Lautgebilde beruhen können, am wenigsten verfälscht wird.

Für jeden ES kann ein Sprachquotient

$$SQ = \frac{Sprachalter}{chronologisches\ Alter}$$

definiert werden. Das *Sprachalter* ist definiert als Median *aller* Säuglinge, an dem ein ES auftrat (mit andern Worten: an jenem Tag trat bei dem Säugling, der für diesen ES reihenfolgemässig in der Mitte aller Säuglinge liegt, zum ersten Mal dieser ES auf). Das *chronologische Alter* ist das Lebensalter *eines* Säuglings in Tagen, an dem der entsprechende ES auftrat. Wenn dieses Ereignis im Vergleich mit den andern Säuglingen früh auftrat, so liegt der entsprechende Wert links der um 45° geneigten Medianlinie (‹Norm›-Linie), d. h. gegen die 10. Perzentile zu, und der SQ ist grösser als 1; falls das Ereignis dagegen relativ spät auftrat, liegt dieser Wert auf der andern Seite des Medians gegen die 90. Perzentile zu, und der SQ liegt unter 1. Der waagrechte Abstand zwischen 10. und 90. Perzentile, innerhalb deren jeweils 80% aller Werte liegen, zeigt die Streuung eines ES. Die Entwicklung eines Säuglings, der immer als mittlere aller Säuglinge einen ES erreicht (d. h. die SQ betrügen jeweils 1), würde genau der Medianlinie entsprechen. Frühentwickler bewegen sich links, Spätentwickler dagegen rechts des Medians.

Die in Herzkas Einzelstudie beobachteten und phonographisch archivierten Lautäusserungen konnten, wie Tabelle 11 und Abbildung 101 zeigen, auch bei den Säuglingen dieser Untersuchung festgestellt werden. Die Reihenfolge des Auftretens weist ebenfalls eine gewisse Regelmässigkeit auf, so dass der Ausdruck ‹Entwicklungsschritt› angebracht erscheint. Die Beobachtbarkeit der einzelnen ES ist jedoch unterschiedlich, so dass sich nicht alle ES gleich gut für eine Entwicklungsskala eignen. Die Differenzierung des ‹ersten Wortes› in vier verschiedene ES erwies sich als nötig, da das Auftreten zeitlich stark differierte (vgl. ES 18–21 in Tab. 11). Die schlechte Beobachtbarkeit dieses Items hängt damit zusammen, dass die Untersuchung bald nach dem 1. Geburtstag der Säuglinge abgeschlossen wurde. Dennoch kann gesagt werden, dass die Angabe des ‹ersten Wortes› für die sprachliche Entwicklung eines Kindes von geringem Aussagewert ist.

Die Standardabweichung (s) erstreckt sich von s = 26 Tagen für ES 1 bis zu s = 103 Tagen für ES 17. Sie nimmt mit zunehmendem Alter deutlich zu, was auch auf Abb. 101 sofort auffällt, und ist im allgemeinen ziemlich gross. Diese Weite der Streuung ist auch für die Sprachentwicklung nach dem ersten Lebensjahr typisch. Nach *Griffiths* [130], die neben einer Sprach-Hör-Skala noch eine lokomotori-

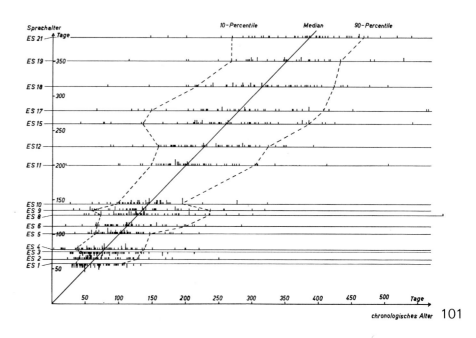

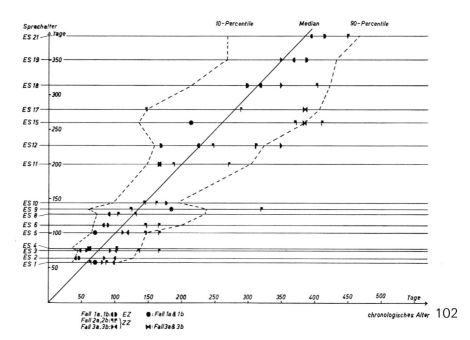

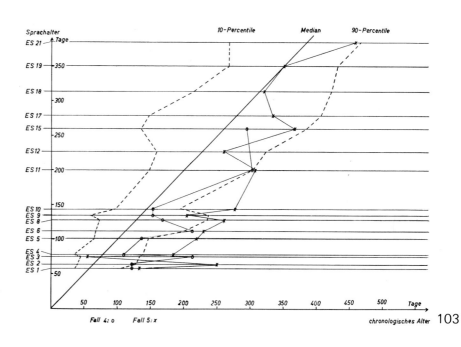

sche, eine personal-soziale, eine Augen-Hand-Koordinationsskala und eine Ausdrucksskala verwendet, weisen die Sprach-Items die grösste Streuung auf. Auch *Illingworth* [168] findet eine grosse Variation in der sprachlichen Entwicklung und führt sie auf die komplexe Beeinflussung der Sprachaktivität durch die verschiedensten Faktoren zurück. Wie wir auch unten sehen werden, ist weniger der Beginn als vielmehr der Verlauf der Sprachentwicklung entscheidend (*Lutz* [251a]). Wie schon erwähnt, ist die Zunahme der Streuung mit zunehmendem Alter sehr deutlich. In den Untersuchungen von *Griffiths* an 604 Säuglingen verhielt sich die Standardabweichung dagegen gerade umgekehrt: Sie ging von s = 280 Tagen im ersten Monat auf s = 63 Tage im neunten Monat zurück. Griffiths erklärt ihre Befunde damit, dass die verschiedenen Reifezustände bei Früh- und Spätgeborenen sowie Krankheiten und emotionelle Störungen auf junge Säuglinge einen viel stärkeren Einfluss haben. Vielleicht liegt die Ursache des Unterschiedes zu unseren Ergebnissen darin, dass in den beiden Untersuchungen ganz verschiedene Merkmale (Items) untersucht wurden, die nicht den gleichen Gesetzmässigkeiten folgen. Wir versuchen, eine Erklärung für eine Zunahme der Streuung unten (im Abschnitt «Besonderheiten») zu geben.

Alle Kinder, die mehr als 20% ihrer ES jenseits der 90. Perzentile aufwiesen, d. h. solche, von denen man, wenn eine Beziehung zwischen Sprachquotienten und Entwicklung bestehen sollte, annehmen kann, einige Besonderheiten in ihrer Entwicklung zu finden, wurden im Alter von 2–3 Jahren nachkontrolliert. Von den 65 Kindern waren es nach diesem Kriterium 6 (3 Mädchen und 3 Knaben). Keines dieser Kinder zeigte bei dieser Nachkontrolle einen schweren geistigen oder körperlichen Schaden in seiner Entwicklung. Im folgenden werden die drei Zwillingspaare der Untersuchung und zwei der Nachkontrollen dargestellt (Abb. 102 und 103) und besprochen.

Zwillinge: In Abbildung 102 sind die drei Zwillingspaare, die in der Untersuchung vorkamen, eingezeichnet. Die Angaben über die eineiigen Zwillinge (Fälle 1a und 1b) liegen sehr nahe beieinander, und zwar durch das ganze Jahr hindurch. Die hohe Konkordanz ist offensichtlich. Es stellt sich dabei die Frage, ob die Zwillinge sich imitieren können. Dass dies von einem gewissen Alter an möglich ist, wissen wir vom zweieiigen Zwillingspaar 3a und 3b, wo letzterer seinen Bruder vom 8. Monat an nachahmte. Da in diesem Fall auch viele Angaben fehlen, ist er schlecht zu interpretieren. Aufschlussreich ist dagegen das Verhalten des zweieiigen Zwillingspaares 2a und 2b: Die Werte liegen deutlich auseinander, und zwar weist 2a mit einer Ausnahme bei jedem ES einen höheren Sprachquotienten auf als sein Schwesterchen. 2a wog bei der Geburt mit 3425 g auch fast doppelt soviel wie 2b mit nur 1800 g. Auch in der gleichzeitig aufgenommenen psychomotorischen Entwicklung zeigte sich der Vorsprung von 2a gegenüber 2b, allerdings nicht so deutlich wie in der Sprachentwicklung. Eine Nachkontrolle mit zwei Jahren zeigte ebenfalls noch Unterschiede: 2a war ruhiger, selbständiger, zeichnete besser und mit Geduld und hatte früher selbständig zu essen begonnen als 2b.

Zwei späte Sprachentwickler: Bei Fall 4 weisen die Angaben ziemlich gleichmässig tiefe SQ-Werte für die einzelnen ES auf. Die aufgenommene psychomotorische Entwicklung ist ebenfalls deutlich verlangsamt. Der Bericht der Mutter mit 2½ Jahren bestätigt, dass es sich um einen ausgesprochenen Spätentwickler handelt. Das Kind ging erst mit 20 Monaten frei, dafür dann aber plötzlich und gut. Auch das erste Wort mit Bedeutungsgehalt äusserte es erst mit nicht ganz 2 Jahren; mit 2½ Jahren sprach es aber bereits kleine Sätze und hatte eine auffallend gute Aussprache. Eine solche schubweise Entwicklung ist typisch für die sogenannten ‹slow starters›, die keine schlechte Prognose haben müssen. In diesem Fall konnte im 1. Lebensjahr der besondere Entwicklungsverlauf weder in der psychomotorischen noch in der sprachlichen Entwicklung schon vorausgesehen werden (die Angaben der Sprachentwicklung sind allerdings im zweiten halben Jahr sehr lückenhaft).

Etwas anders verhält es sich mit Fall 5: Die SQ-Werte der ersten ES liegen ausserordentlich tief, normalisieren sich aber mit zunehmendem Alter, so dass sich eine steile Entwicklungslinie ergibt. Wir haben früher schon erwähnt, dass der Verlauf der Sprachentwicklung wichtiger ist als der Zeitpunkt des Beginns. Die psychomotorische Entwicklung zeigte bei diesem Kind jedoch keine Besonderheiten; insbesondere sind die ersten Stufen im Gegensatz zur Sprachentwicklung nicht verspätet erreicht worden, sondern im allgemeinen früher, als es dem Durchschnitt entspräche. Die Nachfrage mit 2½ Jahren zeigt eine überdurchschnittliche Entwicklung. Das Kind stammt von einer Akademikerfamilie, in der italienisch, schriftdeutsch und schweizerdeutsch gesprochen wird. Nach dem Bericht der Mutter sind die Fortschritte im Sprechen ganz plötzlich gekommen, nachdem das Kind lange sehr wortkarg gewesen war. Aber bereits mit 2 Jahren redete es alles ziemlich deutlich und bildete richtige Sätzchen. In diesem Fall kann die späte, aber steile Sprachentwicklung als Hinweis für die Entwicklungspotenz dieses Kindes gedeutet werden; das mehrsprachige Milieu könnte im 1. Lebensjahr einen hemmenden Einfluss auf den Beginn der Sprachentwicklung ausgeübt haben.

Die Besprechung der 8 Einzelprofile hat gezeigt, dass die Ergebnisse der Untersuchung über die Feststellung, dass gewisse Lautäusserungen regelmässig beobachtet werden, dahin erweitert werden können, dass das Auftreten dieser Lautäusserungen auch in Beziehung mit der übrigen Entwicklung des Säuglings und Kleinkindes steht. Um diese Beziehung genauer zu bestimmen, bedarf es allerdings weiterer Studien, vor allem an pathologischen Fällen.

Von besonderer Bedeutung für unsere Betrachtung ist die Beziehung zwischen der allgemeinen motorischen Entwicklung und der Sprachentwicklung, die ja unter anderem ebenfalls ein motorischer Prozess ist. Obwohl sich die Motorik noch in voller Entwicklung befindet, ist nach *Lenneberg* die Sprachentwicklung ziemlich unabhängig von der Artikulationsfähigkeit. Lenneberg neigt zur Ansicht, dass ein sprachspezifisches Reifungsmuster existiert, das nicht mit der allgemeinen motorischen Entwicklung in Beziehung zu stehen braucht. Obwohl eine normale physische Reifung Voraussetzung für eine Sprachentwicklung ist, sieht er den hemmenden Faktor beim Spracherwerb

Abb. 101. Das Auftreten der einzelnen ES und ihre Streuung. – Jeder | entspricht einem Kind.
Abb. 102. Darstellung der drei Zwillingspaare (s. S. 126).
Abb. 103. Zwei Spätentwickler (s. unten).

normalerweise nicht in einer mechanischen, sondern in einer psychologischen oder kognitiven Funktion. Ein unterdurchschnittliches Sprachverhalten darf auch nicht als Beweis für eine unterdurchschnittliche Kapazität betrachtet werden. Daher ist bei jeder prognostischen Interpretation einer Sprachentwicklung Vorsicht geboten.

Viele Experimente zeigen, dass die Urlaute im 1.–2. Monat von der Umgebung oder von der Wahrnehmung von Geräuschen unabhängig sind. So zeigen beispielsweise taube Kinder von taubstummen Eltern in den ersten zwei Monaten keine Besonderheiten in ihren Vokalisationen. Erst nach zwei Monaten beeinflusst die Umgebung die Varietät und Frequenz der kindlichen Töne [221: S. 186]. Hier dürfte die Erklärung liegen, warum die Streuung in unserer Untersuchung am Anfang geringer ist (vgl. S. 121). Diese zuerst bestehende Unbeeinflussbarkeit durch die Umgebung kann man auch nicht durch ein schlecht entwickeltes Gehör erklären. Denn bereits das Neugeborene kann Töne orten und Frequenzen unterscheiden (sicher zwischen 200 und 1000 Hz, eventuell sogar zwischen 200 und 250 Hz. Ein 8 Monate altes Kind unterscheidet bereits sinnlose von sinnvollen Worten, auch wenn es diese noch lange nicht hervorbringen kann.

Während die ersten ES noch weitgehend reflektorischen Charakter haben, gewinnt von ES 6 («Wiederholungen») an immer mehr die kognitive Funktion von *Lenneberg* an Bedeutung. Für die ärgerlichen Ruflaute (ES 14), die Wunschlaute (ES 15) und die Verneinungslaute (ES 16) bedarf es bereits einer gewissen Zielgerichtetheit der psychischen Organisation. Die Verneinungslaute traten im Mittel bereits im 9. Monat auf. Nach *Spitz* [359] ist die semantische Geste «Nein» mit Kopfschütteln, die an eine Urteilsfindung gebunden ist, erst viel später, von 15 Monaten an zu beobachten.

Auf eine Besonderheit der frühkindlichen Sprachentwicklung muss noch hingewiesen werden: Man muss sich nämlich die Frage stellen, wieweit das erste Auftreten eines ES entscheidend ist für die Beurteilung der Entwicklung. Für die spätere Sprachentwicklung fand *Morley* nämlich, dass das Auftreten von Sprachgewohnheiten relativ wenig umweltabhängig ist; weit mehr hat nach *Bühler* und *Irwin* die Umwelt Einfluss auf die (sekundäre) Verarmung der Sprache und somit natürlich auch auf das endgültige Sprachniveau. *Illingworth* meint dasselbe, wenn er sagt, dass retardierte Kinder bereits erlernte Worte wieder für viele Monate zu vergessen scheinen. Bei der frühkindlichen Sprachentwicklung liegt die Sache jedoch anders, da die sprachlichen Entwicklungsschritte ja Vorstufen der endgültigen Sprache sind und als solche schon normalerweise oft wieder verschwinden. Man kann sich sogar die Frage stellen, ob durch die Beobachtung eines sehr langdauernden Bestehenbleibens eines ES Hinweise auf die Stagnation der Entwicklung gewonnen werden können.

Die Ergebnisse der Untersuchung an den hier beschriebenen 65 Säuglingen seien abschliessend zusammengefasst: Es konnte festgestellt werden, dass die in der Einzelstudie beobachteten sprachlichen Entwicklungsschritte auch bei den hier untersuchten Säuglingen auftreten, allerdings mit unterschiedlicher Regelmässigkeit. Die Streuung des Auftretens ist erheblich und nimmt mit dem Älterwerden des Säuglings deutlich zu (vgl. Tab. 11 und Abb. 102). Anhand von 8 Einzeldarstellungen, darunter ein eineiiges und zwei zweieiige Zwillingspaare, wird gezeigt, wie das Auftreten der sprachlichen Entwicklungsschritte zu der übrigen Entwicklung des Kindes in Beziehung steht. Die graphische Darstellung unserer Werte ergibt eine erste Normkurve der Sprachentwicklung im ersten Lebensjahr. Bei der Beurteilung einer Entwicklung ist die mengenmässige Verteilung der Entwicklungsschritte im Vergleich zur Normkurve zu beachten; aus einzelnen, isolierten Werten sind keine Schlüsse zu ziehen.

7. Die Lautäusserungen im ersten Lebensjahr und die spätere Entwicklung des Kindes

Es stellt sich schliesslich noch die Frage, wieweit die komplexen Lautäusserungen im ersten Lebensjahr Hinweise auf die spätere Entwicklung des Kindes ergeben. Die spätere Sprachentwicklung wie die allgemeine Entwicklung des Kindes ist von vielen Umständen abhängig, wie das folgende Kapitel zeigt.

Frühkindliche Sprachentwicklung und späteres Sprachvermögen*

Es gibt wenig explizite Untersuchungen hinsichtlich der Beziehung zwischen ‹Sprache› bzw. Artikulationsfähigkeit der Säuglinge und späterer Sprachleistung. — Templin [382] fand positive Korrelationen zwischen der Artikulationsfähigkeit und dem Wortschatz sowie syntaktischer Komplexität. Der Autor folgert daraus, dass die Entwicklung der Artikulationsfähigkeit Voraussetzung für den Erwerb anderer Elemente sprachlicher Kommunikation darstellt. — In der Literatur betont man oft, dass die sprachliche Entwicklung stark von der Qualität der frühkindlichen sprachlichen Stimulanz abhängt.

Artikulationsfähigkeit und Intelligenz

Über den Zusammenhang von Artikulationsfähigkeit und Intelligenz liegen kaum Untersuchungen vor. — Johnson [191] nimmt an, dass die Störungen der Artikulationsfähigkeit Reduzierung der intellektuellen Fähigkeiten bedeutet. — Catalano und McCarthy [55] berichten über die positiven Korrelationen zwischen der Artikulationsfähigkeit im Alter von 6 bis 18 Monaten und dem IQ im Alter von 3 Jahren. — Winnitz [425] vertritt in einer Literaturübersicht, in der er über positive Korrelationen von 0,24–0,71 zwischen Intelligenz und Artikulationsfähigkeit berichtet, die Ansicht, dass diese Zusammenhänge durch die gemeinsame Variation beider Variablen mit dem sozioökonomischen Status zustande kommen. Da alle Untersuchungen einen Einfluss der frühen Mutter-Kind-Beziehung auf die Lautentwicklung erkennen lassen, kann man annehmen, dass die Entwicklung der Intelligenz und der Artikulationsfähigkeit zu einem Teil durch dieselben Milieukomponenten beeinflusst wird (Oevermann [278]).

Catalano [54] fand eine positive Korrelation von 0,38 zwischen Konsonant-Vokal-Frequenz in der Kindheit und dem späteren IQ im Alter von 4 Jahren.

---

* Vgl. K. Skalsky-Bock: Lautäusserungen im ersten Lebensjahr und späteres Sprachverhalten im sechsten Lebensjahr (Lizentiatsarbeit, Zürich 1975).

Sprache und Intelligenz

Die Beziehung zwischen Sprache und Intelligenz wurde zwar häufig untersucht, aber eine einheitliche Auffassung hat sich noch nicht herausgebildet. So wird von einigen Wissenschaftlern die Annahme vertreten, dass sprachliche und kognitive Entwicklung zwei unterschiedliche Prozesse darstellen (Piaget [296]), während andere Denken und Sprachentwicklung als identische Prozesse betrachten (Roth [323]).

Viele Autoren halten die sprachliche Entwicklung für die wichtigste Determinante der kognitiven Entwicklung überhaupt (Deutsch [83], Bereiter [13]). Die Sprache ist nach Kainz [196] eine Tätigkeitsform, die engste Beziehungen zum Denken und dem intellektgesteuerten Handeln aufweist. — Intellektuelle Tätigkeit und geistiger Zuwachs sind mit der Entwicklung der Sprache verbunden. Höhere Intelligenz drückt sich eben in der Plastizität sprachlicher Vollzüge aus, wie umgekehrt die Erweiterung des Sprachschatzes zu einer Verbesserung des Intellekts führt (Schüttler-Janikulla [337]). — Besondere Umweltbedingungen, welche die Entwicklung der Sprache unterstützen, fördern die Intelligenzentwicklung. Umweltbedingungen, die weniger gute Formen des Sprachgebrauchs bedingen und eine gute Sprachentwicklung eher verhindern, werden die Entwicklung der Intelligenz eher hemmen oder verzögern (Bernstein [18]; Milner [264]; Bloom [21]). — Sinclair [347] fand einen statistischen Zusammenhang zwischen den Leistungen bei kognitiven Aufgaben und dem Sprachniveau. Durch Training konnte das sprachliche Niveau verbessert werden; dadurch wurden die Leistungen in den kognitiven Aufgaben jedoch nicht gesteigert. — Terman [383] fand, dass Kinder mit einem IQ von 140 meistens 4 Monate früher zu sprechen begannen als andere. — Sirkin und Lyons [348] haben festgestellt, dass von 1400 untersuchten debilen Kindern nur ein Drittel eine normale Sprachentwicklung aufwies.

Goodnow [124] stellt dagegen fest, dass das Sprachverhalten allein kein entscheidender Faktor für die kognitive ‹Strukturhöhe› ist. Kinder mit differenziertem Sprachverhalten unterschieden sich in ihrer ‹Kognitiven Strukturhöhe› nicht von den Kindern mit durchschnittlichem Sprachverhalten. — Auch Cerwenka [56]) weist die Behauptung, ein schlechtsprechendes Kind sei weniger intelligent als ein gutsprechendes, zurück.

Sprache und Motorik

Viele Autoren sehen Sprache als intellektuelle ‹Tätigkeit› an. Eine neue Richtung vertritt hauptsächlich in den

USA unter der Anführung *Lennebergs* die Annahme, dass eine enge Beziehung zwischen frühkindlicher Sprache und Motorik besteht. Lenneberg [224] hat die Auffassung begründet, dass eine ganz bestimmte Konstellation biologischer Eigenheiten für das Vorhandensein der Sprache beim Menschen verantwortlich sei:
— sprachliches Verhalten ist mit einer grossen Zahl spezieller morphologischer und funktionaler Entwicklungen korreliert;
— das Einsetzen und der Verlauf der Sprachentwicklung beim Kind ist ein ausserordentlich regelmässig verlaufendes Phänomen;
— selbst bei schwersten Behinderungen (Blindheit, Taubheit) ist Sprache möglich.

Nach Lenneberg hängt die Fähigkeit, eine menschliche Sprache zu erwerben und zu verwenden, nicht davon ab, dass der Organismus intelligent ist oder ein grosses Gehirn hat, sondern davon, dass es ein *menschlicher* Organismus ist. Die Fähigkeit zum Erlernen der Sprache ist genetisch gegeben. Die Kapazität des Erlernens der Sprache eines Kindes ist durch die physische Reifung bestimmt. Sprachliche Entwicklung hängt direkt mit der physischen zusammen.

Diese Synchronisation (Verknüpfung der sprachlichen und physischen Entwicklung) bleibt oft auch bei entwicklungsgestörten Kindern bestehen. Die Verlangsamung ihrer motorischen Entwicklung geht mit der Verlangsamung der sprachlichen zusammen. Bei noch bestehender motorischer Retardation fördert selbst intensives Sprachtraining die Sprachentwicklung nur wenig.

Shirley [345] fand in ihrer Untersuchung eine positive Korrelation zwischen Artikulation und Motorik. — *Koch* [207] trainierte für seine Verlaufsuntersuchung die motorischen Fertigkeiten von Säuglingen und fand einen Entwicklungsvorsprung dieser Kinder gegenüber nicht-trainierten Kindern im ersten Lebensjahr um etwa 2–3 Monate, im 6. Lebensjahr um ein Jahr. Am deutlichsten zeigte sich dieser Entwicklungsvorsprung im Sprachgebrauch. — Es ist bekannt, dass motorisch geschädigte Kinder oft Lautbildungsschwierigkeiten und eine Verzögerung der Sprachentwicklung zeigen (*Cerwenka* [56]). Dies könnte man auch als einen Zusammenhang von Sprache und Motorik interpretieren.

Sprache und soziale Schicht

Über den Einfluss der Schichtzugehörigkeit auf die Sprache gibt es viele Untersuchungen. Nach *Irwin* [178] kann der ungünstige Einfluss, den das Milieu des Elternhauses in der Unterschicht auf die Sprachentwicklung hat, lebensgeschichtlich schon recht früh nachgewiesen werden. Die schichtenspezifischen Differenzen in der Lautentwicklung nehmen gemessen an der Gesamtzahl der produzierten Phoneme vom 16. Monat an, gemessen an der Anzahl verschiedener Phoneme vom 18. Monat an ständig und statistisch gesichert zu. — *Templin* [381] berichtet, dass bei einer Untersuchungsgruppe von 3- bis 8jährigen schichtspezifische Unterschiede in der Artikulationsfähigkeit zu beobachten waren. — *Sampson* [326] schloss aus einer Untersuchung bei Kindern zwischen 18 und 30 Monaten, dass es einige Hinweise für die Mitwirkung der sozialen Umwelt an der sprachlichen Entwicklung gibt. — Untersuchungen vieler Autoren bei älteren Kindern weisen auf eine enge Beziehung zwischen Sprache und Schichtzugehörigkeit hin (vgl. bes. *Bernstein* [18]).

Sprache und Geschlecht

Die meisten geschlechtsspezifischen Untersuchungen zur sprachlichen Entwicklung zeigen, dass sich Mädchen auf allen Gebieten früher entwickeln; einige Forscher behaupten, dass sich geschlechtsspezifische Unterschiede hauptsächlich im Wortfluss äussern (d. h. wieviel das Kind spricht). Andere Untersuchungen haben jedoch bewiesen, dass diese Tendenz auch für den Wortschatz, für die Satzlänge und für die Fähigkeit, verständlich zu sprechen, gilt. Bestimmte Untersuchungen ergaben, dass Sprachstörungen bei Jungen häufiger auftreten (*Bruun* [39]).

Die meisten standardisierten Wortschatztests scheinen keine Geschlechtsunterschiede aufgedeckt zu haben. Demgegenüber führt *Schomburg* [332] an, dass bei einer Untersuchung mit Hilfe des Mill Hill Vocabulary Scale die Buben den Mädchen zu einem geringen, jedoch signifikanten Grad überlegen waren. — Sowohl beim Worttest nach Crichton als auch beim EPVT (English Picture Vocabulary Scale) schnitten die Jungen mit einem signifikant höheren Mittelwert besser ab als die Mädchen (5–5½jährige Kinder aus der Arbeiterklasse in London). Es wurde schon früher festgestellt, dass Jungen bei Tests, die auf dem Erkennen von Wörtern basieren, zu besseren Leistungen tendieren (*Gahagan* [118]). — Im Experiment von *Schomburg* [332] zeigten sich die Buben im Wortschatztest bei 280 1;9- bis 6;3jährigen Kindern als sprachbegabter und -freudiger. Dagegen liess die Artikulationsfähigkeit keine Geschlechtsunterschiede erkennen.

Sprache und Geschwisterreihe

Eine einheitliche Auffassung darüber, ob die Erstgeborenen sprachlich besser entwickelt sind als die Nicht-Erstgeborenen ist in der Literatur kaum zu finden. *Bühler* [45] schreibt, die Erstgeborenen seien in der Sprache besser entwickelt; *Bernstein* [18] begründet dies damit, dass das erstgeborene bzw. älteste Kind eine Vermittlerposition zwischen den Eltern und weiteren Kindern hat und sich darum sprachlich besser entwickelt.

Piaget [295] wie auch andere Wissenschaftler sind dagegen der Auffassung, dass ältere Geschwister ein wichtiger Faktor für die Schnelligkeit der Sprachentwicklung bei den jüngeren sind. — Nach *McCarthy* [261] sind Einzelkinder vielmehr durch die familiäre Situation ausgesprochen begünstigt, während die Resultate bei Anwesenheit älterer Geschwister widersprüchlich ausfallen.

Sprachentwicklung bei Zwillingen

Die meisten Autoren, die sich mit Zwillingsforschung befassen, erwähnen, dass eine gewisse Tendenz zur Verlangsamung der Sprachentwicklung besteht, wenn Zwillinge zusammen aufwachsen (*Lurija* [249]; *Day* [79]).

Die Untersuchungen über die Sprachentwicklung von Mehrlingen lassen jedenfalls eindeutig darauf schliessen, dass die Auswirkungen auf die Sprachentwicklung negativ sind, und zwar um so negativer, je grösser die Zahl der Kinder ist (*McCarthy* [261]).

Nachuntersuchung

Bei der Nachkontrolle von 24 der 65 im vorangehenden Kapitel beschriebenen Kinder stellte sich zunächst die Frage, welche Verfahren für die Nachkontrolle zu verwenden seien, um möglichst Hinweise auf Zusammenhänge zwischen dem 1. und 6. Lebensjahr zu erhalten; schliesslich wurden folgende Verfahren gewählt:

Sprachtest: Ein Verfahren, mit dem wir den Stand der Sprache bei 6jährigen Kindern beurteilen konnten, war sehr schwer zu finden. «Je mehr sich die Sprache des Kindes der Normalsprache nähert, desto schwieriger ist ihr Entwicklungsstand zu bestimmen», schreibt *Mohr* [266: S. 220] über die Sprache der Schulanfänger. Nach *Grünner* [133] fehlt eine zusammenhängende Darstellung der Sprache vom 6. Lebensjahr an. *Bruun* [39: S. 138f.]: «... mit Hilfe des IQ können wir die Fähigkeit eines Kindes in bezug auf die übrige Population Gleichaltriger beschreiben. Für die Sprachentwicklung existiert kein ähnlicher Quotient. Wir können nur eine grobe und recht subjektive Beschreibung der Sprachfertigkeiten eines Kindes für die verschiedenen Altersstufen geben. Warum gibt es keine standardisierten Sprachtests? Ein Grund dafür ist, dass wir uns nicht auf angemessene Bewertungsmassstäbe einigen können. Die Tatsache bleibt bestehen, dass wir bis jetzt noch keine Bewertungsskala zur Verfügung haben, um Sprachentwicklung zu messen, wie wir die allgemeine Intelligenz messen können.»

Die Sprachmessungen von *Descœudres* [82], *Williams* [421], *Thurstone* [386], *Guilford* [134] wurden nicht übersetzt.

Wortschatztests u.a. von *Kluge* [206], *Schomburg* [332], Frankfurter Wortschatztest von *Raatz* und *Möhling* [307] gibt es für Vorschulkinder im deutschsprachigen Raum schon mehrere.

Da wir den Stand der sprachlichen Entwicklung und nicht nur den Wortschatz beurteilen wollten, war es notwendig, einen Sprachtest zu finden, der hauptsächlich die Entwicklung der Syntax untersucht. Wie wir festgestellt haben, gibt es in deutscher Sprache kein standardisiertes Verfahren mit solchen Eigenschaften. Wir haben uns darum entschlossen, die Methode, die *Wiederhold* [419] in seiner Untersuchung bei 230 Schulanfängern angewendet hat, zu benützen. Wir entnahmen aus seiner Studie zwei der drei beschriebenen Verfahren:

Für die *Bildbeschreibung* (Auf der Kirmes) wurde ein 40×30 cm grosses farbiges Bild angefertigt, das einen Kirmesplatz zeigt; ferner wurde sichergestellt, dass alle Kinder schon einmal eine Kirmes besucht hatten und ihnen die abgebildete Situation daher bekannt war.

Als Erlebnisbericht wurde das Thema «Wie ich einmal hingefallen bin» gewählt. Es wird zwar allen Kindern gleichermassen gerecht, doch beeinflussen die Intensität und der unterschiedliche zeitliche Abstand zum Erlebnis die sprachlichen Äusserungen. Diese Schwierigkeit lässt sich bei Erlebnisberichten schwer ausschalten.

Intelligenztest: Für die Beurteilung der Intelligenz bei den untersuchten Kindern brauchten wir einen standardisierten Intelligenztest, der sowohl den Verbal- wie auch den Handlungs- bzw. Nichtverbalteil der Intelligenz getrennt untersucht. Wir entschieden uns für den HAWIK.

Test für die Beurteilung von Artikulations- und anderer Sprachstörungen: Für die Beurteilung der Sprachstörungen bei Kindern benutzt fast jede Klinik, jedes Institut, jeder Logopäde seine eigene Methode. Wir liessen uns von Frl. *Stiefel,* der leitenden Logopädin der Sprachheil-Kindergärten in Winterthur, beraten und benutzten den Test, mit dem Kinder in den Sprachheil-Kindergärten in Winterthur in ihren möglichen Sprachstörungen überprüft werden.

Test für die Beurteilung der sozialen Reife: Wegen der klaren Übersicht und der Möglichkeit, einen standardisierten Quotienten zu bestimmen, entschieden wir uns für den Test von *Griffiths* [130], bei dem wir die Kinder mit der Personal-social-Scale geprüft haben.

$$SQ = \frac{MAs \cdot 100}{CA}$$

SQ = Sozialquotient, MAs = total Punkte, CA = Lebensalter in Monaten

Die Untersuchung der Kinder wurde folgendermassen durchgeführt: Nach dem Absenden von Briefen an die Eltern von Kindern und an Säuglingsschwestern, die 1967/68 bei der Untersuchung mitgearbeitet haben, nach dem Erhalten von vielen Antworten, telephonischen Absprachen und vielen Vorbereitungen konnten wir im Mai 1973 unsere Untersuchung durchführen. Um möglichst objektive Aussagen von allen Kindern zu erhalten, wurde die ganze Untersuchung von einer Person vorgenommen. Wir haben die Kinder in ihren Wohnungen (in den Kantonen AG, BE, BL, GL, LU, SG, SO, ZG, ZH) untersucht.

Zuerst haben wir den Kontakt zum Kind hergestellt, oft in Anwesenheit der Mutter. Meistens waren die Kinder gut auf den Besuch vorbereitet. Nachher konnten wir mit der Sprachuntersuchung beim Kind beginnen. Die Aussagen der Kinder wurden auf ein Tonband aufgenommen. An alle Kinder wurde nach einführendem Gespräch über Kindergarten, Freunde, Geschwister, Spielzeuge, Tonbandgerät usw. die gleiche Sprechaufforderung gerichtet. Sie lautete (im Dialekt) für die *Bildbeschreibung:* «Du darfst dir jetzt ein Bild von der Kirmes anschauen und alles dazu erzählen. Wenn du fertig bist, dann sagst du es»; für den *Erlebnisbericht:* «Du bist sicher schon einmal hingefallen. Erzähl mir, wie das passiert ist.» Anschliessend wurden die eventuellen Sprachentwicklungsstörungen überprüft. Als dritter Test kam der HAWIK. Zuletzt wurde nach Verwandlungswünschen gefragt. Nach der Untersuchung des Kindes folgte ein Gespräch mit der Mutter anhand eines Fragebogens. Dieser war in drei Teile aufgeteilt:

1. *Grundlegende soziographische Daten:* neben Namen, Adresse, sozial-ökonomischen Fragen, Muttersprache usw. haben wir auch nach dem Besuch der Kinderkrippe, des Kindergartens, ob und wie lange das Kind weg von zu Hause weilte, nach eventuellen Sprach- und psychischen Störungen in der Verwandtschaft gefragt.
2. *Allgemeine Entwicklung:* Fragen über Kleinkindzeit, Sauberkeitserziehung, Spielverhalten, Kontakt zu den Kindern, Krankheiten, Entwicklungsstörungen und soziale Entwicklung des Kindes.
3. *Testuntersuchung:* Sprachentwicklungstest, Sprachentwicklungsstörungen-Bestimmung, Intelligenztest, Persönlichkeit.

Die Arbeit im einzelnen und ihre statistische Auswertung kann hier nicht wiedergegeben werden. Hingegen seien die Ergebnisse dieser Nachuntersuchung, die noch fortgeführt werden soll, kurz wiedergegeben. Allgemein ergab sich folgendes:

— Die These von *Lenneberg,* der die Wichtigkeit der motorischen Koordination für die Sprache des Säuglings unterstreicht, wurde bestätigt.

   Die Lautbildung beim Säugling als eine komplexe motorische Leistung ist mit der praktischen, nicht-verbalen Intelligenz korreliert; hingegen lässt die Lautentwicklung keine Schlüsse auf die spätere Sprache zu.

— Die Sprachentwicklung bei Säuglingen und ihre Intelligenz im 6. Lebensjahr sowie auch der Sprachstand und die Intelligenz der 6jährigen sind nicht korreliert.

- Keines der Geschlechter ist bei 6jährigen Kindern dem anderen in der Sprachentwicklung und in der Intelligenz überlegen.
- Die Erstgeborenen erweisen sich in ihrem Sprachstand im 6. Lebensjahr statistisch signifikant als besser; schon im Säuglingsalter zeigt sich diese statistisch bestätigte Tendenz.
- Die Artikulationsstörungen der 6jährigen haben keinen Einfluss auf ihre Intelligenz und ihre Ausdrucksfähigkeit.
- Die Artikulationsstörungen kommen bei beiden Geschlechtern gleichmässig vor.

Besondere Beachtung wurde den in der Untersuchung von Hagmann zufällig vorkommenden Zwillingspaaren geschenkt: Die drei Zwillingspaare sind die jüngsten Kinder in den Familien. Paar I und II stammt aus einer Angestelltenfamilie, der Vater des III. Paares ist gelernter Arbeiter. Keine der Mütter arbeitet. In den Familien spricht man nur Schweizerdeutsch. Die Kinder haben nie eine Kinderkrippe besucht, die Paare I und II gehen in den Kindergarten. Alle drei Mütter betonen die grosse Abhängigkeit der Zwillinge von ihnen.

Die drei Paare entwickelten sich im Säuglingsalter hinsichtlich der Sprache immer ähnlich. Die Ergebnisse der Mädchen (Paar I [Fälle 1a und 1b], eineiige Zwillinge) waren durchschnittlich, die der anderen Paare (Paare II und III, zweieiige Zwillinge) unterdurchschnittlich. Man würde erwarten, dass die Entwicklung bei Zwillingen, hauptsächlich bei den eineiigen, auch später im 6. Lebensjahr ähnlich verläuft. Die Paare II und III sind wirklich ähnlich, und zwar sehr unterdurchschnittlich sprachlich entwickelt. Das bestätigt die Theorie von *Jakobson,* der die genetischen Faktoren hervorhebt [189].

Beim Paar I ist ein Mädchen durchschnittlich, das andere weit unterschiedlich sprachlich entwickelt. Beide Kinder sind durchschnittlich bis überdurchschnittlich intelligent; das sprachlich schwächere Mädchen zeigt keine Besonderheiten, die auf eine Hirnschädigung hinweisen würden. Der Unterschied im Sprachentwicklungsstand der Zwillinge ist somit vorerst nicht erklärbar.

5 von 6 Zwillingskindern sind in ihrer sprachlichen Entwicklung wie auch in ihrer Aussprache gegenüber anderen untersuchten Kindern verlangsamt. Die Kinder sind durchschnittlich bis überdurchschnittlich intelligent; in ihrer sozialen Entwicklung sind sie durchschnittlich.

Die Untersuchungen von *Hagmann* und *Skalsky* erlauben im Hinblick auf das hier vorgelegte Protokoll und die Schallplatte die folgenden Aussagen:
1. Die wiedergegebenen komplexen Lautäusserungen haben zum grössten Teil allgemeine Gültigkeit und treten bei den meisten oder allen Kindern auf.
2. Für wissenschaftliche Untersuchungen müsste nicht nur der erste Zeitpunkt des Auftretens dieser Lautäusserungen festgehalten werden, sondern wahrscheinlich auch der Zeitpunkt ihres Verschwindens und womöglich die Intensität und Häufigkeit, mit der diese Lautäusserungen während einer bestimmten Zeitspanne geäussert werden.
3. Die Erforschung komplexer Lautäusserungen im ersten Lebensjahr eröffnet neue Wege für die Erforschung des Zusammenspiels zwischen Anlage und Umwelt.
4. Diese Zusammenhänge sind sehr komplex, von vielen Faktoren abhängig und benötigen noch zahlreiche und aufwendige wissenschaftliche Untersuchungen. Die Ergebnisse über den Zusammenhang der Sprachentwicklung im ersten Lebensjahr und dem weiteren Entwicklungsverlauf sind natürlich sehr von den für die Kontrolluntersuchungen gewählten Prüfmethoden abhängig. Vorläufig scheint es sich zu bestätigen, dass vor allem die differenzierte Bewegungsgeschicklichkeit ein wichtiger Faktor in der ersten Sprachentwicklung ist. Nach der Arbeit von *Skalsky* muss man annehmen, dass bei den Lautäusserungen des Säuglings ähnliche grundlegende Faktoren eine Rolle spielen wie später bei der sogenannt praktischen Intelligenz, bei der die Bewegungsgeschicklichkeit, aber auch das Zusammenspiel von Wahrnehmung, intelligenter Überlegung und ausführender Bewegung geprüft wird.

8. Abbildungen zur Sprachentwicklung des Säuglings

(Abb. 104–125)

Abb. 104. Heftiges Schreien (7;4). An der Nasenwurzel entstehen senkrechte und quere Falten, die Augen sind bis auf einen kleinen Spalt geschlossen; der Mund ist weit geöffnet, die Zunge liegt etwa in der Mitte des Mundraumes. – Die Hände sind zur Faust geschlossen; mit den Armen führt das unruhige Kind schlagende Bewegungen aus.

Abb. 105. Ruhiges Plaudern (7;4). Das Kind äussert leise Vokallaute der *a*-Gruppe. Der Gesichtsausdruck ist leicht gespannt, der Mund wenig geöffnet. – Die Haltung des Körpers, der Arme und Finger ist ruhig, locker, jedoch nicht völlig entspannt (leichter Grundtonus).

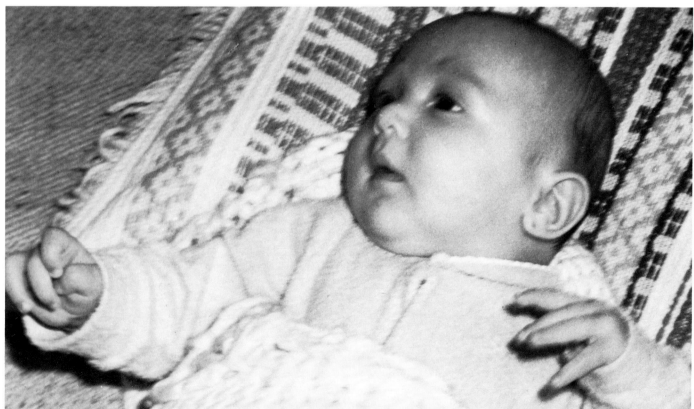

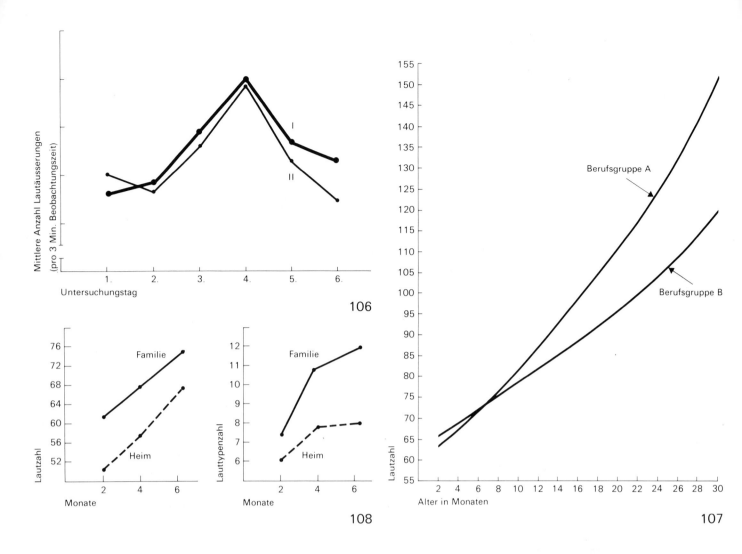

Abb. 106. Zunahme der Lautäusserungen von Kindern bei sprachlicher Anregung und Beziehungnahme durch einen Erwachsenen (nach *Rheingold* et al. [316], vgl. Text S. 97). – Werden die vom Kind geäusserten Laute von einem Beobachter beantwortet, so wird es dadurch zu weiterem Plaudern angeregt, und die Anzahl der Lautäusserungen nimmt zu (3. und 4. Untersuchungstag).

Abb. 107. Der Einfluss der Berufsgruppenzugehörigkeit der Eltern auf die Sprachentwicklung des Kindes (nach *Irwin* [181]; vgl. Text S. 97). – Berufsgruppe A («professional business, clerical group») entspricht etwa unseren «Akademikern und Angestellten». Berufsgruppe B («labouring group») entspricht etwa unseren «gelernten und ungelernten Arbeitern». – Nach dem 8. Lebensmonat nimmt die Lautzahl (vgl. Text S. 101) bei den Kindern der Gruppe A rascher zu als bei denjenigen der Gruppe B.

Abb. 108. Lautäusserungen von Säuglingen in Familien und in einem Waisenheim mit geringer sprachlicher Anregung (nach *Irwin* [181], vgl. Text S. 97). – Die sprachliche Entwicklung der Heimkinder (-------) bleibt hinter derjenigen der Kinder in Familien (———) sowohl in der gesamten Häufigkeit (Lautzahl) wie in der Vielfalt (Lauttypenzahl) der geäusserten Laute zurück.

Abb. 109. Ruhiges Plaudern (7;4). – Ausdruck und Mundstellung beim Äussern leiser Vokallaute der *a*-Gruppe.

Abb. 110. Beobachtende Aufmerksamkeit (10;2). – Der fotografierende Beobachter wird aufmerksam betrachtet; keine Lautäusserungen.

Abb. 111. Freudige Grundstimmung mit Lautbildung (20;5). – Das Kind bildet *r*-Laute in Kettenform (*r*-Ketten). Die Zunge liegt flach im Mund, der *r*-Laut kommt durch Schwingungen des Halszäpfchens zustande (Zäpfchen-*r*), vorwiegend bei Rückenlage des Kindes.

Abb. 112. Ausdruck des Unbehagens mit Lautbildung (20;5). – Mit leicht *über* die Unterlippe geschobener Oberlippe äussert das Kind häufig nasalierte *m*- und *n*-artige Laute. Auch bei deutlicher Artikulation eines *m*-Lautes auf dieser Entwicklungsstufe kommen nach unserer Beobachtung die Lippen nicht genau aufeinander zu liegen.

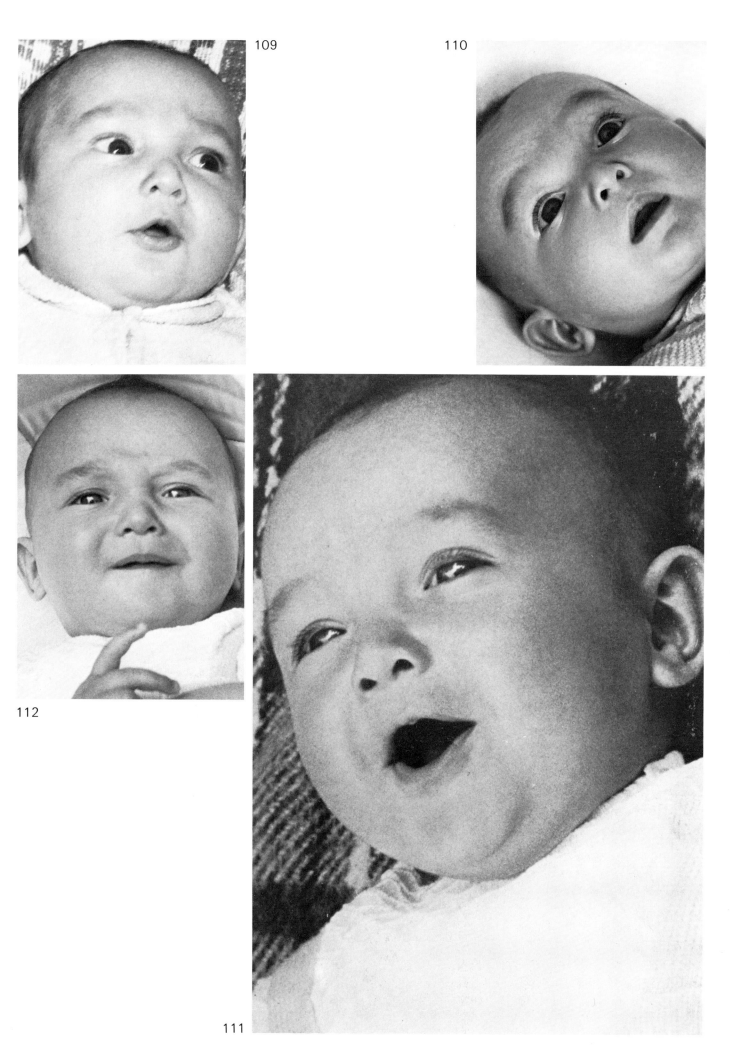

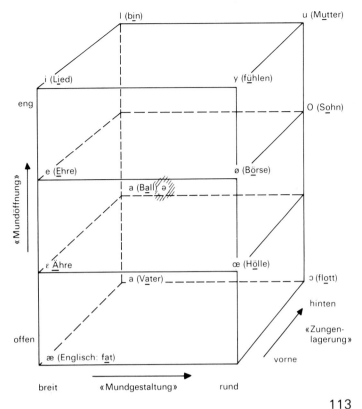

113

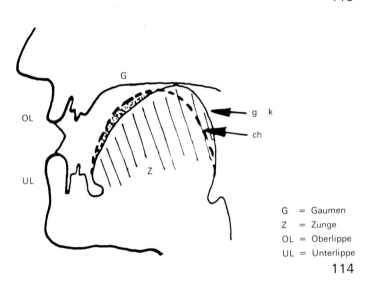

114

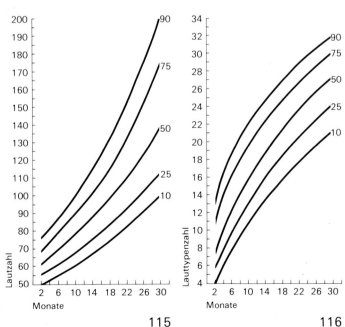

115 116

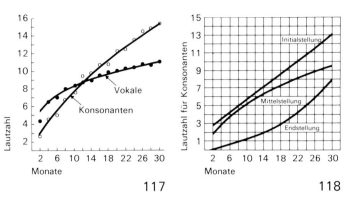

117 118

Abb. 113. Vokalbildung: Gestaltung des Mund-Rachen-Raumes (Vokalklotz, etwas vereinfacht nach *Brandenstein* [31]). — Grad der Mundöffnung, Mundgestaltung und Lagerung der Zunge sind die Hauptfaktoren bei der Artikulation der Vokale. Aus der Reihe aller möglichen, ineinander übergehenden Lautbildungen sind in einer Sprache bestimmte Bereiche herausgegriffen, welche sich beim Säugling erst allmählich abgrenzen. Man kann das Schema leicht an sich selbst überprüfen (vgl. Text S. 99).

Abb. 114. Unterschiedliche Stellung der Zunge am Gaumen bei der Bildung von *g, k* und *ch* (in Anlehnung an *Gutzmann* [136]). — Bei den Sprenglauten *g* und *k* wird der vollständige Verschluss zwischen Zunge und Gaumen gesprengt, bei *ch* entsteht eine Enge, die zur Bildung eines Reiblautes führt. Die eindeutige Darstellung der einzelnen Konsonanten erfordert eine präzise Artikulation, die in der Säuglingszeit erst allmählich erworben wird. *g, k* und *ch* werden wie andere Gruppen von Konsonanten anfänglich mit allen Übergangsformen nebeneinander gebildet (vgl. Text. S. 99).

Abb. 115. Lautzahl (Gesamtzahl der geäusserten Laute) und Lebensalter des Kindes (nach *Irwin* [183]). — Die Mittelwerte sind durch die 50-Perzentile dargestellt, der Streubereich, innerhalb dessen die Normalwerte liegen, befindet sich zwischen der 10- und der 90-Perzentile. Die Kurven zeigen, wie die Lautäusserungen des Kindes mit zunehmendem Alter häufiger werden.

Abb. 116. Lauttypenzahl (Anzahl der geäusserten *unterschiedlichen* Laute) und Lebensalter des Kindes (nach *Irwin* 183]). — Die Kurven zeigen, wie die Vielfalt der geäusserten Laute mit dem Alter des Kindes zunimmt.

Abb. 117. Verhältnis von Vokalen zu Konsonanten in den Lautäusserungen von Kindern bis 2½ Jahre (nach *Irwin* [173]). — Bis zum Ende des ersten Lebensjahres sind Vokale häufiger als Konsonanten, nachher wird das Verhältnis umgekehrt.

Abb. 118. Stellung der Konsonanten innerhalb einer Silbe (nach *Irwin* [173, 181]). — Konsonanten in Endstellung sind besonders während der ersten 6 Monate sehr selten. Am häufigsten sind sie stets zu Beginn einer Silbe.

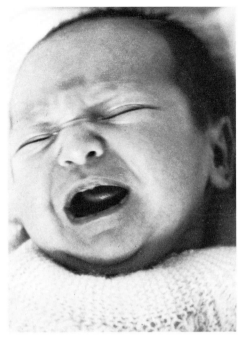

Abb. 119. Schreien vor der Mahlzeit (4;3). Starke Beteiligung der gesamten Mimik. Das ‹ganze Kind› schreit (vgl. auch Abb. 1).

Abb. 120. Antwortendes Lächeln (7;4). Das Kind äussert dabei leise Vokallaute der *a*-Gruppe.

Abb. 121. Übergang vom Jammern zum Schreien (7;4). Ausdruck starken Unbehagens; das Kind beginnt zu schreien. Die Augen sind auf den Beobachter gerichtet; die Anteilnahme der gesamten Mimik ist gemässigter als in Abb. 16.

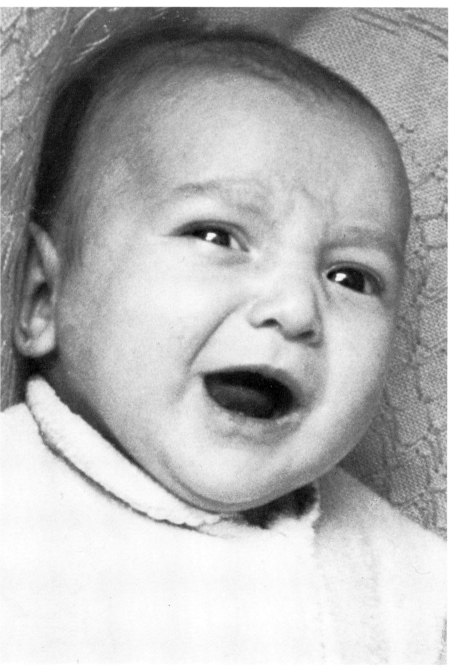

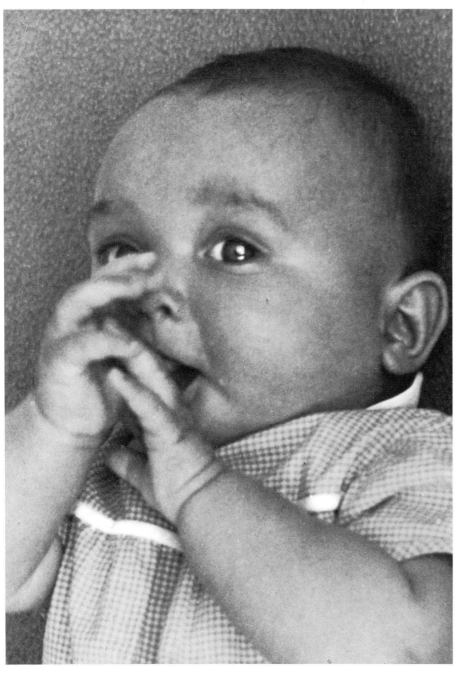
122

123

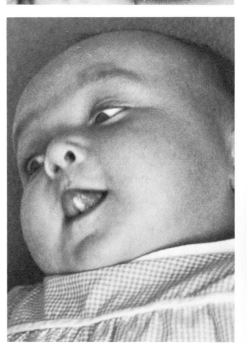
124

132

Abb. 122. Der Schnalzlaut entsteht anfänglich dann, wenn das Kind an den Fingern saugt (19;1). Später ist er auch hörbar, ohne dass das Kind die Finger in den Mund hält. Hier besteht ein offensichtlicher Zusammenhang zwischen Saugbewegungen und Lautbildung (vgl. S. 98).

Abb. 123. Der ‹Blasreiblaut› entsteht, indem das Kind die Luft zwischen den geschlossenen Lippen ausbläst (19;1).

Abb. 124. Zungenspielbewegungen (19;1). Mit zunehmender Beteiligung der Zunge und der Lippen an der Lautbildung werden derartige Bewegungen sichtbar, wobei häufig kein Laut gebildet wird.

Abb. 125. Bildung des *p*-Lautes (*pa-*) (20;5). Die Lippen sind vor der Sprengung des Lippenverschlusses nur leicht aufeinandergepresst. Freudig gespannter Gesichtsausdruck.

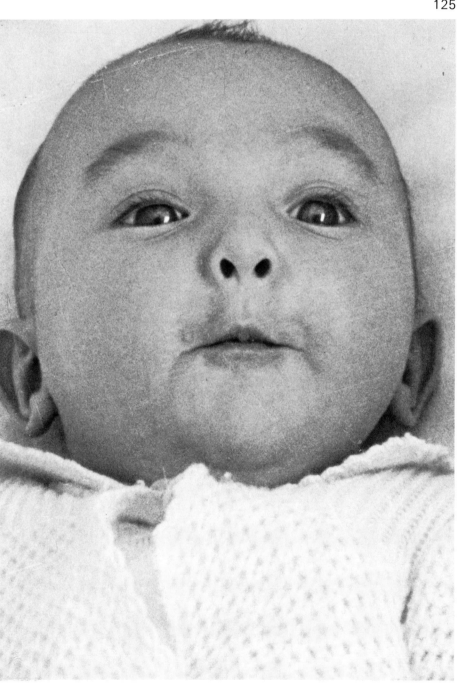

125

9. Die Sprachentwicklung eines Säuglings[7]

Kommentar zu den Beispielen der Schallplatte
und Übersicht über die sprachliche und allgemeine Entwicklung

[7] Die Umgangssprache der Eltern ist Schweizerdeutsch (Zürcher Mundart).

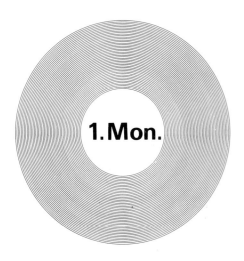

1. Mon.

Tonbeispiele

Schreien (3;2)[8]. Vor der Mahlzeit, im Stubenwagen liegend (vgl. Abb. 1 und 16).
Das Schreien ist monoton, lautlich herrscht ein ä-Laut vor. Ein Ausbruch dauert so lange wie die Ausatmung des Kindes und ist von einer raschen Einatmung gefolgt.

Trinkgeräusche (3;2). Während der Flaschenmahlzeit, im Arm gehalten.
Beim Saugen und Schlucken entstehen Geräusche (Anfang der Aufnahme). Wie weit schon auf dieser Altersstufe die Wahrnehmung selbstverursachter Laute (sogenannte Selbstwahrnehmung) eine Rolle spielt, wissen wir nicht. Sie bildet aber zweifellos einen wichtigen Faktor der frühen Sprachentwicklung: Allmählich wird das Kind seiner Möglichkeit, Laute hervorzubringen, gewahr.
Im zweiten Teil der Aufnahme sind die leisen, weinerlich, fast klagend klingenden Laute hörbar, die das Kind äussert, wenn es durch vorübergehendes Absetzen der Trinkflasche beunruhigt wird.

Urlaute (3;2). Nach der Mahlzeit, im Arm gehalten. Ähnliche Laute, wie sie am Schluss der vorangehenden Aufnahme hörbar waren, entstehen nach beendeter Mahlzeit. Es sind Kehllaute, die bei leicht geöffnetem Mund gebildet werden, ohne dass der Mundraum oder die Zunge dazu geformt werden.

Jammern (4;4). Vormittags, zwischen den Mahlzeiten, im Stubenwagen liegend.
Ende des ersten Monates wird ein weniger heftiges Schreien häufiger, das wir als Jammern bezeichnen. Es entspricht einem ‹mässigen Unbehagen› und geht, wenn das Kind sich selbst überlassen bleibt, oft in heftiges Schreien über.

Übersicht

Sprache
Schreit nachts und erhält eine Mahlzeit; tagsüber Schreien häufig 2½ Stunden nach der letzten Mahlzeit (3;1). Wenn das Kind hungrig ist, so beruhigt es sich nicht, wenn ihm ein Schnuller gegeben wird (4;1).
Das monotone Schreien erfolgt in raschem Rhythmus. Gegen Ende des 1. Monates kommt neben dem kräftigen Schreien, das vom Kind ganz Besitz ergreift, schon ein weniger heftiges, mehr jammerndes Schreien vor.
Nach der Mahlzeit äussert das Kind leise, kurze Kehllaute. Ende des 1. Monates (4;1) klingen die Vokallaute schon etwas differenzierter.

Allgemeine Entwicklung
Geburtsgewicht des Kindes 3900 g. Sofortiges Schreien nach der Geburt (Schwangerschaft, Geburt und Wochenbett ohne Besonderheiten). Leichte Neugeborenengelbsucht. Ein erstes Lächeln glaubt die Mutter schon am 11. Tag beobachtet zu haben, als sie sich mit dem Kind beschäftigte und zu ihm sprach. Die Beherrschung der Kopfbewegung (‹Kopfkontrolle›) ist mit 4;1 schon deutlich besser als beim Neugeborenen. Das Kind wird vorwiegend mit der Flasche ernährt.

---

[8] Altersangabe in Wochen und Tagen.

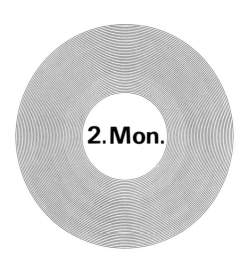

2. Mon.

Tonbeispiele

Lächeln (4;4). Nach der Mahlzeit, im Stubenwagen liegend (vgl. Abb. 17).
Das erste antwortende Lächeln des Kindes ist lautlos. Später wird es von leisen Tönen begleitet.

Lautgruppe « erre » (7;2). Nach der Mahlzeit.
Diese Lautgruppe scheint für eine bestimmte frühe Periode der Sprachentwicklung kennzeichnend zu sein. Sie wurde von *W. Stern* «Vergnügungslaut» oder «Urlaut» genannt, der auch die «primitive Unterhaltung» beschrieb, die durch Nachsprechen dieser Lautverbindung mit dem Kind geführt werden kann (vgl. S. 94).
Eigentümlich ist die auch anderen ersten Lautäusserungen eigene Symmetrie.

Schreien vor der Mahlzeit (7;3). Im Stubenwagen liegend.
Ende des 2., Anfang des 3. Monates wird das Schreien bedeutend kräftiger als beim Neugeborenen. Vor den Mahlzeiten kann das Kind sehr erregt werden.

Vokalplaudern (7;5). Nach der Mahlzeit, auf der Couch frei strampelnd (vgl. Abb. 2 und 6).
Die eintönigen Urlaute differenzieren sich allmählich zu verschieden gefärbten *ä*-ähnlichen Vokalen, wobei Länge und Intensität der Laute variieren. Die Mundöffnung wird dabei kaum verändert.

Jammern (7;5). Nach der Mahlzeit, frei strampelnd (vgl. Abb. 18).
Das nach der Mahlzeit müde werdende Kind beginnt ein müde klingendes an- und abflauendes Schreien mässiger Intensität, das wir zum Jammern rechnen. Vom heftigen, kraftvollen, sich steigernden Schreien vor der Mahlzeit ist es deutlich unterscheidbar.

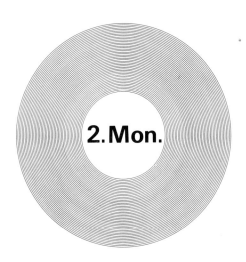

2. Mon.

Übersicht

Sprache

Das Kind lacht jetzt breiter (4;4), wenn man sich über es beugt und es anlacht. Dabei gibt es häufig leise Vokallaute von sich, die Kehllaute sind. Das Kind schreit oft, ohne dass man eine Ursache finden kann; kommt jemand ins Zimmer und dreht das Licht an, so beruhigt es sich sofort, ebenso wenn man es aufnimmt. Häufig wird auch ein kurzer *a*-Laut wahrgenommen, dem ein *ch*-Laut vorangeht (etwa *cha*). Mit 6;2 lacht das Kind laut. Es schreit jetzt (6;0) meist gegen Abend.

Der *ch*-Laut klingt jetzt häufig an ein *r* an (Halszäpfchen-*r*); durch Einschaltung zwischen zwei in der Kehle gebildeten Vokalen entsteht die wie *erre* klingende Bildung. Spricht man dem Kind diese Lautverbindung vor, so beginnt es, deutlich vermehrt Laute von sich zu geben – darunter auch häufig die vorgesagte Lautgruppe; doch erhält man auch andere Laute zur ‹Antwort› (vgl. S. 102, *Stern* [369]). Mit 5;6 gibt das Kind morgens vor der Mahlzeit beim Erwachen erstmals längere Zeit Laute von sich, die wie ein ‹Spiel› mit Lauten klingen. Das abendliche Schreien erfolgt (5;6) meist zwischen 18 und 19 Uhr und hört sofort auf, wenn man das Kind auf den Arm nimmt, während das Schreien vor anderen Mahlzeiten beim Aufnehmen eher noch heftiger wird.

Erstmals in der 8. Woche (7;1) tritt die kettenartige Wiederholung des *r*-Lautes auf (*r*-Kette, *r-r-r-r-r*). Einmal hören wir kurz klingende Lautverbindungen wie *bah, wah, hah*. Diese scheinen jedoch völlig ‹zufällig› zu entstehen, im Gegensatz zu den *r*-Ketten, wo man meint, das Kind nehme seine Lautbildungen wahr und habe Freude an diesem ‹Spiel›. Die Kehllaute der ersten Wochen sind seltener, aber immer noch hörbar. Das Kind scheint durch Anlachen und Zusprechen zum Hervorbringen von Lauten und zum Lachen angeregt zu werden.

Auch das Vormachen einer *r*-Kette regt den Säugling zum Plaudern an (6;0).

Plaudern und Lachen kommen besonders in den Abendstunden vor, zu welcher Zeit auch die wie Jauchzer klingenden Lautausbrüche hörbar sind (7;0).

Gegen Ende des 2. Monates wird das Plaudern deutlich häufiger (7;4), insbesondere die offeneren *a*-Laute. Es ist, als ob das Kind die Möglichkeit, Laute hervorzubringen, entdeckt hätte (7;5). Bisher äusserte es Laute vorwiegend nach der Mahlzeit oder wenn es sonst auf dem Arm gehalten wurde. Von der 8. Woche an (7;3) plaudert es auch häufig, wenn es ganz allein ist. Lachen und Jauchzen sind mit lebhaften Bewegungen des Körpers, insbesondere der Arme, verbunden. Die ruhigeren Vokallaute werden bei grösserer Körperruhe gebildet. Besonders diese Laute erscheinen jetzt (7;3) häufiger als früher.

Das Kind plaudert häufiger und lautstärker, wenn es frei strampelnd auf der Couch liegt, als wenn es in seinem Wagen ist. Auch scheinen die Laute häufiger, wenn der Oberkörper des Kindes leicht unterstützt ist, so dass es schräg liegt, oder wenn es schräg am Arm gehalten wird, als wenn es flach liegt. Mit 6;0 scheint das Kind erstmals den Kopf einem Sprechenden ein wenig zuzudrehen.

Das Schreien vor der Mahlzeit wird deutlich kräftiger (9;4) und lässt sich vom Jammern gut abgrenzen (7;5).

Allgemeine Entwicklung

Gelingt es, dem Kinde wirklich in die Augen zu sehen (‹Auge in Auge›), und bewegt man dann den eigenen Kopf etwas seitlich (etwa um 30°), so folgt der Blick des Kindes; dies lässt sich auch mehrmals in pendelartiger Bewegung wiederholen (4;4). Die Bewegungskontrolle des Kopfes (Kopfkontrolle) ist bedeutend besser (6;0). Mit 6;0 folgt das Kind auch einem Spielring mit den Augen. Mit 6;2 schaut es erstmals seine Faust an («hand-regarding», erste Anfänge der Greifbereitschaft; vgl. S. 49). Die Begegnung zwischen Blick und Hand ist jedoch noch wie zufällig.

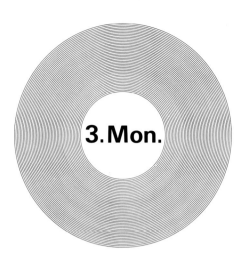

3. Mon.

Tonbeispiele

Lachen (9;6). Vor der Mahlzeit, frei strampelnd.
Wenn die Mutter mit dem Kind scherzt, so lacht es ‹herzhaft›.
Das breite, sich überschlagende Lachen unterscheidet sich nur wenig vom Lachen des älteren Kindes und Erwachsenen.

Plaudern (10;1). Nach der Mahlzeit.
Neben den in der Gruppe *erre* vorkommenden Kehllauten ist auch der *h*-Laut deutlich. Vereinzelt klingen die Vokale an *i* an, wozu eine Verengerung des Mundraumes während der Vokalbildung notwendig ist. Meist sind die einzelnen kurzen Lautäusserungen durch längere Zeiträume getrennt.

Wiederholungen (10;1). Beim Wickeln nach der Mahlzeit (1. Teil) und am Abend des gleichen Tages frei strampelnd auf der Couch (2. Teil).
Die gleichförmige Wiederholung bestimmter Vokalgruppen kommt sowohl im Plaudern (1. Teil) als auch im Jammern (2. Teil) vor. Im Gegensatz zu den Kettenbildungen enthalten sie keinen deutlichen Konsonanten. Hier wird erstmals die Tendenz des Säuglings zur ‹physiologischen Perserveration› hörbar.

Konsonantenbildung (11;4). Nach der Mahlzeit; Kind auf dem Rücken liegend.
Die ersten, als Konsonanten klingenden Laute schienen, soweit es sich nicht um Kehllaute handelt, bei starker Ausatmung durch Sprengung des Verschlusses zustande zu kommen, der zwischen der im hinteren Rachenraum liegenden (‹zurückfallenden›) Zunge und dem Gaumen gebildet wird. Hier wird in der Lautbildung oft mit ‹hörbarer› Anstrengung ein Widerstand überwunden (die Laute klingen dann *g*- oder *kch*-ähnlich).

Konsonanten-Vokal-Gruppen (12;3). Nach der Mahlzeit, frei strampelnd.
Solche frühe Verbindungen, unter denen die Bildung *ma* hörbar ist, kommen im Plaudern des Kindes vereinzelt vor. Sie erinnern bisweilen an Wortgebilde fremder Sprachen. Wieweit sie von Erwachsenen als Worte übernommen werden können, scheint unbekannt zu sein.

Brüllen (12;4). Morgens früh vor der Mahlzeit.
Das Schreien des hungrigen Kindes erreicht bisweilen eine ausserordentliche Heftigkeit und klingt wütend. Es tritt jedoch nur selten auf. Man wird an das (schwächere) Hungerschreien der ersten Lebenswochen erinnert.

Schnalzlaute (12;5). Nach der Mahlzeit, frei strampelnd (vgl. Abb. 19).
Beim Saugen an den Fingern traten derartige Laute auf, später auch ohne dass das Kind die Finger im Mund hielt. Schnalzlaute haben in bestimmten afrikanischen Sprachen die Funktion von Sprachlauten (vgl. S. 100). Noch zu Beginn des zweiten Halbjahres war der Schnalzlaut häufig hörbar. Dabei führt das Kind eine Art Saugbewegungen aus. Aus diesen Artikulationsbewegungen gehen möglicherweise *d*- und *t*-artige, vielleicht auch *n*-artige Laute hervor; im 6. Lebensmonat konnte das Kind durch Vormachen des Lautes dazu gebracht werden, ihn ebenfalls zu äussern. Der Zusammenhang zwischen Saugbewegung und Lautbildung ist hier deutlich (vgl. Lewis [237]).

r-Ketten (12;5). Nach der Mahlzeit, frei strampelnd (vgl. Abb. 8).
Das Halszäpfchen-*r* schien so zustande zu kommen, dass das Kind ‹gegen das Halszäpfchen› ausatmete, so dass dieses in Schwingung geriet, anfänglich ausschliesslich bei flacher, später auch in schräger Rückenlage des Kindes. Die *r*-Kette war bis weit in das 2. Lebensjahr hinein sehr häufig hörbar. Fast immer befand sich das Kind dabei in einer freudigen, leicht gespannten, ‹gehobenen› Stimmung. Diese Kettenbildung wurde vom Kind zweifellos selbst wahrgenommen, und es zeigte Freude bei ihrer Bildung. Vereinzelt ist die *r*-Kette durch *g*-artige Laute unterbrochen (‹Zurückfallen› der Zunge).

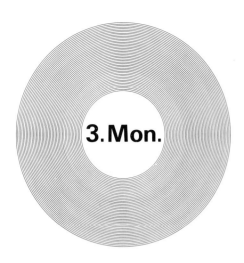

3. Mon.

Übersicht

Sprache

Bisweilen kommt jetzt die Zunge zwischen die Lippen zu liegen, was früher nur selten der Fall war; dabei gibt das Kind jedoch keine Laute von sich. Häufig ist ein Verschlusslaut; ein kurzes *ch*, das in der Kehle gebildet wird, wie wenn das Kind pressen würde (9;5). Morgens plaudert das Kind über längere Zeit, lächelt, wenn man es aufnimmt, und verzieht weinerlich den Mund, wenn man es wieder hinlegt. Schreit es, so lässt es sich jetzt häufig durch Sprechen (10;2) sowie durch Aufnehmen beruhigen (10;2). Vereinzelt wurde die Bildung *je* gehört. *r*-Ketten sind häufig (10;1) und klingen zeitweise wie ein Gurgeln. Mit 11;0 wird erstmals der Blasreiblaut (Abb. 20) gehört, eine Lautgruppe, die beim Ausblasen der Luft zwischen den geschlossenen Lippen entsteht; dabei bilden sich Schaumblasen vor den Lippen. Vereinzelt entstehen Laute, die an *m, b, w* anklingen (11;4). Deutlich ist ein *h*-Laut. Der beim Lutschen an den Fingern entstehende Schnalzlaut ist in der 13. Woche (12;5) erstmals hörbar. Die Vokallaute zeigen eine grössere Differenziertheit und entsprechen am ehesten verschieden gefärbten *a*-Lauten. Ein klares, offenes *a* ist jedoch kaum hörbar. Vereinzelt treten Vokale auf, die mehr an *u* anklingen.

Bildung einzelner Lautverbindungen zu Silben (11;4).

Beim Schreien und Jammern tritt häufig eine rhythmische Verengerung des Mundraums ein, so dass ein Rhythmus hörbar wird (10;1), ähnlich *au-au-au*... Das Schreien wird, beispielsweise wenn die Mahlzeit etwas spät bereit ist, äusserst heftig, wie ein ‹Alarmsignal› (12;3).

Allgemeine Entwicklung

Während des Schreiens (10;5) fliessen erstmals Tränen. Mit der geschlossenen Faust schlägt das Kind an eine kleine Glocke, die ihm in Reichweite über den Stubenwagen gehängt wurde. Es sind dies aufgeregte Bewegungen, die der ganze Arm ausführt, wobei auch der andere Arm und der Oberkörper mitbewegt werden.

In Bauchlage hebt das Kind den Kopf (die Gesichtsebene bildet dabei zur Unterlage einen Winkel von etwa 30°). Häufig sieht der Säugling seine Hand an (9;5). Die Hände sind nur mehr selten zur Faust geschlossen, meist sind sie locker geöffnet (9;5). Hie und da gerät dem Kind zufällig ein Stück seines ‹Latzes› oder der Bettdecke zwischen die geöffneten Finger. Mit 10;2 stützt sich das Kind in Bauchlage auf die Unterarme und hebt auch die Schultern an. In Rückenlage sehr kurzes, leichtes Anheben des Kopfes (9;1). Mit 12;6 werden die Finger einzeln etwas bewegt und die Finger auch beobachtet, nicht mehr nur die zur Faust geschlossene Hand als Ganzes.

Mit den Augen verfolgt das Kind einen Gegenstand jetzt auch deutlich in vertikaler Blickrichtung, auch ein Nachfolgen mit den Augen im Kreisbogen kann verursacht werden. Zum Nachblicken wird auch der Kopf seitlich gedreht. Die Drehung kann von einer Seite zur anderen erfolgen (um 180°), z. B. um eine rote Puderdose im Blickfeld zu behalten.

Im Sitzen ist der Rücken ziemlich gerade gestreckt, beim Aufsetzen bleibt der Kopf jedoch noch stark zurück.

Vor der Mahlzeit beim Umbinden des Latzes führt das Kind mit den Armen heftig rudernde Bewegungen aus, und die Saugbewegungen werden verstärkt (11;2). Beim Verabreichen der Flasche wird man vom Kind angesehen. Beim Wickeln lacht es und bringt *r*-Laute hervor. Ein in die Hand gegebener Gegenstand wird einen Augenblick festgehalten (12;6). Die Greifreflexe sind noch angedeutet vorhanden.

In Rückenlage werden beide Beine und das Gesäss angehoben (12;6).

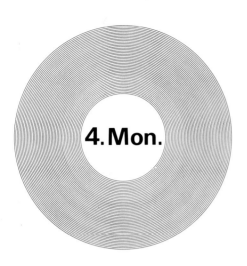

4. Mon.

Tonbeispiele

Konsonantenbildung (15;1). Nach der Morgenmahlzeit. Vorwiegend ‹unbeschreibbare› Laute; *g, h* lassen sich unterscheiden. Der *m*-Laut tritt in der Verbindung *ma* und einer an *mamam* anklingenden Lautgruppe auf.

Jammern (16;2). Frei strampelnd, vor der Mahlzeit. Die rhythmische Verengerung des Mundraumes ist jetzt ausgesprochener; dementsprechend kommen auch *i*-artige Laute zustande, so dass das Jammern die Form *eja-eja-eja* ... annimmt. Man wird an das Dialektwort *jeijern* (für jammern) erinnert.

Lippenverschlusslaute (16;2). Nach der Mahlzeit, frei strampelnd.
Die bei geschlossenen Lippen zustande kommenden Laute klingen an *m* an; dieses wird jedoch nur in der Verbindung *ma* (vgl. vorhergehende Aufnahme) deutlich. Klare Laute entstehen eben vorwiegend nicht isoliert, sondern in einer Kontrastverbindung.

Blasreiblaut (17;2) (vgl. Abb. 20).
Diese Lautgruppe kommt beim Auspressen der Luft zwischen den geschlossenen Lippen zustande, wobei vor dem Mund Schaumblasen entstehen können. Allmählich entstehen, wenn die Lippen nur leicht geschlossen werden, *w*-artige Laute, vereinzelt auch *f*-artige. Liegt die Zunge vorn im Mundraum, so kommt es zu *s*- oder englischen *th*-artigen Bildungen. In unserer Beobachtung war der Blasreiblaut sehr häufig hörbar, meist in grosser Lautstärke.

Einschlaflaute (17;2). Im Stubenwagen, nach der Mahlzeit, unmittelbar vor dem Einschlafen.
Die müden und hell klingenden Laute waren für das Kind kurz vor dem Einschlafen sehr bezeichnend. Sie werden von dem beim Saugen an den Fingern entstehenden Geräusch unterbrochen.

h-Laute (17;2). Nach der Mahlzeit.
Bei angestrengter Atmung des freudig erregten Kindes sind jetzt deutliche *h*-Laute in Verbindung mit *ä*-Lauten hörbar. Der schon früher feststellbare *h*-Laut scheint zu diesem Zeitpunkt erstmals nicht mehr nur ‹zufällig› zu entstehen, sondern vom Kind als Laut empfunden und hervorgebracht zu werden, soweit sich diese Differenzierung in der Deutung kindlichen Verhaltens machen lässt.

Stimmlagewechsel (17;3). Frei strampelnd.
Das Kind scheint in diesen ‹Stimmübungen› seiner Möglichkeit, Laute hervorzubringen, so richtig gewahr geworden zu sein und sich daran zu freuen. Über längere Perioden wechseln Stimmlage und Tonhöhe, ohne dass es zu artikulierten Lauten kommt. Einzelne kurze derartige Stimm‹ausbrüche› werden als Jauchzen bezeichnet. Sie entsprechen einer freudigen, fast erregten Stimmung des Kindes. Tonhöhenunterschiede verändern in der Ewe-Sprache (Togo, Afrika) die Wortbedeutung (*Porzig* [304]).

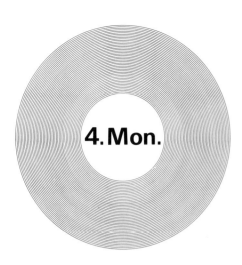

4. Mon.

Übersicht

Sprache
Spricht man das Kind an, so streckt es beide Hände in einer unsicheren Bewegung aus. Mit den Fingern verursacht es ein kratzendes Geräusch am Stubenwagen, was oft und anscheinend willentlich wiederholt wird (13;2). Ein ähnliches Geräusch entsteht durch Kratzen an der Bettdecke (13;2). Vereinzelt *b-, m-, n*-artige Laute. Die *r*-Ketten dauern nun lange, bis zu 1–2 Minuten. Sie werden immer wieder aufgenommen. Deutliche *h*-Laute, gefolgt von einem hellen *a*-Vokal. Mit 13;3 sind *m*-artige Laute häufiger, vereinzelt *g*- und *gl*-artige Laute sowie ein härterer *b*-Laut, an *p* anklingend (13;3). Allmählich werden *g* und *b* häufiger, Kettenbildung mit *ga* (*ga-ga-ga* ...) beginnt. Lautgruppen, die verschiedene Konsonanten enthalten, treten auf sowie im Plaudern erstmals *u*- und *i*-ähnliche Laute. Erstes Auftreten der *mamam*-ähnlichen Lautgruppe (16;2). Im Schreien und Jammern wird die rhythmische Verengerung des Mundraums ausgesprochener, so dass *i*-Laute entstehen (*eja-eja-eja* ...).

Allgemeine Entwicklung
Das Kind wiegt mit 14;2 7200 g.
Nach der Mahlzeit ist das Kind auffallend länger wach als früher, nach jener um 12 Uhr beispielsweise bis 13.30 Uhr, also 1½ Stunden (13;2). In dieser Zeit Ansehen der Hände, häufig beider Hände gleichzeitig, Saugen an Fingern und Hand. Berührt man die Handinnenfläche, als ob man dem Kinde etwas in die Hand geben wollte, so dreht es sofort den Kopf nach dieser Seite (Greifbereitschaft!). Diese Reaktion ist prompter als das Kopfdrehen auf Anruf. Lässt man das Kind einen Finger ergreifen und zieht ihn dann rasch zurück, so lacht es laut und scheint sich an diesem Spiel zu freuen. Mit den Beinen und Füssen stösst es sich auf dem Rücken liegend von der Unterlage ab, so dass es immer mit dem Kopf an den oberen Wagenrand zu liegen kommt. Auf dem Wickeltisch macht es heftige Bewegungen und darf wegen der Gefahr des Herunterfallens nicht mehr losgelassen werden. Durch heftiges Abstossen mit den Beinen und Zurückneigen des Kopfes bildet der Oberkörper eine Art ‹Brücke›. Der Kopf wird jetzt aus der Rückenlage häufiger angehoben (14;3). In der Bauchlage hebt das Kind Kopf und Schultern ab. Im Sitzen wird der Kopf sehr sicher gehalten (15;3).

Häufig trifft man das Kind, einen Zipfel der Bettdecke oder einen Stab des Stubenwagens mit der Hand umfassend. Es greift jedoch nicht danach, sondern diese Teile geraten ihm wie zufällig in die Hand. Ein in die Hand gegebener ‹Rolli› wird einige Sekunden festgehalten.
Liegt der Säugling im Wagen unter einem Baum, dessen Äste tief hängen, so beobachtet er die Blätter, wie sie sich im Wind bewegen. Auch einen Spielring, der über seinem Wagen hängt, fixiert er mit den Augen und schlägt mit der Hand daran (vgl. 3. Monat).

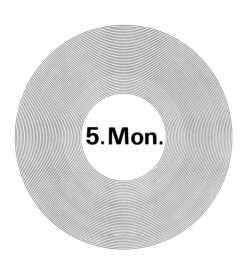

5. Mon.

Tonbeispiele

Plaudern (19;2). Nach der Mahlzeit, frei strampelnd. Der Tonfall und die Längen der einzelnen Lautäusserungen sind stärker variiert; deutliche Bildung einzelner Konsonanten und Silben.
Am Ende der Aufnahme ist das Geräusch hörbar, welches das Kind erzeugt, indem es, auf dem Rücken liegend, mit den Beinen auf den Boden des Laufgitters trommelt. Auch dieses Geräusch wurde während mehrerer Monate vom Kind immer wieder erzeugt. Allmählich diente es auch dazu, den Erwachsenen herbeizurufen.

Entladungsketten (19;4 bzw. 22;1).
Dies ist die typische, kettenförmige, stereotype Wiederholung einer Silbe. In dieser Kettenbildung zeigt sich die physiologische Perseveration des Säuglings besonders deutlich, wie auch das Prinzip des Kontrastes von *Jacobsohn*. Im ersten Teil der Aufnahme Kettenbildung mit *ge* (*ge-ge-ge* ...), wobei der Vokal zwischen *e*- und *a*-artigen Lauten variiert (verschiedene Grade der Mundöffnung); im zweiten Teil der Aufnahme eine andere Kettenbildung mit *da* (*da-da-da* ...), wobei der Konsonant vereinzelt an *b* anklingt.
Sowohl *g*-artige wie *d*-artige Konsonanten kommen bei Sprengung des Verschlusses zustande, welcher im Mundraum durch Anlegen der Zunge an den Gaumen gebildet wird; beim *g*-Laut liegt die Zunge jedoch weiter hinten als beim *d*-Laut. *ba* entsteht, wenn das Kind die aufeinanderliegenden Lippen wieder öffnet (*b* = Lippenverschlusslaut).
Der Begriff der Entladungskette wurde von *Hoyer* [161] in die Sprachuntersuchung des Säuglingsalters eingeführt.

Lachen (19;6). Beim Scherzen und Kosen zwischen Mutter und Kind.
Das fröhliche Lachen unterscheidet sich kaum mehr von demjenigen älterer Kinder. Zwischenhinein fällt das Kind ins Jauchzen.

Ärgerlich (20;1).
Derartige ärgerliche Laute äussert das Kind besonders vor den Mahlzeiten, während es sich im Laufgitter frei bewegt. Dabei dreht es sich häufig herum und versucht auch, ein Spielzeug zu erreichen. Es scheint dabei eine mässige Missstimmung zu bestehen.

Wütend (20;6).
Lässt die Mahlzeit etwas auf sich warten, so wird das Schreien heftig und steigert sich aufs äusserste, wenn das Kind seine Mahlzeit sieht, sie aber noch nicht erhalten kann, weil sie noch zu heiss ist. In solchen Momenten ist das Kind durch nichts zu beruhigen. Ähnliches Schreien hörten wir auch nach der zu diesem Zeitpunkt vorgenommenen Impfung (Schmerzschreien).

Ba-ba-Laute (21;2). Frei im Laufgitter.
Hier handelt es sich um eine ‹Entladungskette› mit *ba* (*ba-ba-ba* ...), wobei durch verschieden lange Dehnung des Vokals eine erste Gliederung erfolgt.

Ma-ma-Laute (22;2). Frei im Laufgitter, zwischen den Mahlzeiten.
Hier handelt es sich ebenfalls um Kettenbildung. — Die *ma*- und *ba*-Bildungen nehmen insofern eine Sonderstellung ein, als sie dem vollständigsten Kontrast entsprechen (völliger Verschluss des Mundraumes bei *m* bzw. *b* und völlige Öffnung bei *a*) und in der Zwiesprache zu den ersten Worten werden, die in unserem Sprachraum meist auf Mutter und Vater bezogen werden.

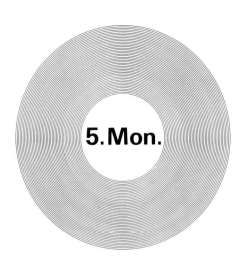

5. Mon.

Übersicht

Sprache

In den letzten Wochen hat das Kind viel weniger geplaudert. Häufig sind jedoch ‹Stimmübungen› vorgekommen: ein lautes, schrilles, jauchzendes Schreien, das auf verschiedenen Tonhöhen variiert wird (vgl. Schallplatte, 4. Monat). Nach einer dreiwöchigen Pause wird wieder ‹geplaudert› (18;2). Deutliche *n*-Laute (18;2). Bei zahlreichen Lautäusserungen ist es unmöglich zu bestimmen, mit was für Buchstaben sie niederzuschreiben wären.

Nun wird das Plaudern wieder häufiger. Am meisten wird der *b*-Laut und oft auch der *n*-Laut gehört. Trägt man das Kind auf dem Arm und legt es in seinen Wagen zurück, so jammert es regelmässig. Das Jammern (im Zürcherdialekt treffend als *müeden* bezeichnet) wird jetzt häufig.

Wenn das Kind sein Spielzeug (Rolli) verliert, so beginnt es plärrend mit häufigem *ä*-Laut zu weinen. Das Kind kräht in verschiedenen Tonlagen. Gelegentlich wird *da, ba* und *mä* geäussert (20;2). Nimmt man das vor der Mahlzeit schreiende Kind auf, so verstärkt sich das Schreien.

Morgens plaudert das Kind zwischen 5.30 und 6.30 Uhr. Das Plaudern ist melodisch, erinnert an Singen und enthält einzelne Silben: *ba, da*. Um 6.30 Uhr folgt eine Pause von ca. 10 Minuten; anschliessend setzt ein weinerliches Plaudern ein.

Häufig ist der Blasreiblaut (vgl. Abb. 20). Auch Schnalzlaute sind oftmals zu hören (vgl. Abb. 19). Daneben kommen oft Zungenspitzenbewegungen vor, ohne dass dabei Laute entstehen (vgl. Abb. 21). Der *b*-Laut in der Verbindung *ba-ba* ist bisweilen recht hart und klingt dann an *p* an (vgl. Abb. 22). Auf Anruf dreht das Kind den Kopf zur Seite (21;0).

Allgemeine Entwicklung

Das Kind macht grosse Anstrengungen, sich vom Rücken auf den Bauch zu drehen, was ihm noch nicht gelingt.
Das Greifen nach einem Gegenstand gelingt ihm jetzt, die Hände schiessen jedoch noch manchmal am Ziel vorbei. Gerne greift das Kind ins Haar des Erwachsenen. Das Kind erhält noch meist 5 Mahlzeiten. Drei Tage lang wurde probiert, ihm nur 4 Mahlzeiten zu geben, doch schrie es dann jeweils morgens sehr früh.

Das Kind scheint jetzt gerne Gesellschaft zu haben. Gesamthaft stehen die allgemeinen Körperbewegungen deutlich im Vordergrund, so dass die Lautbildung zurücktritt.

Besonders wird viel Greifen ‹geübt› (18;3). Ein ‹Rolli› wird längere Zeit festgehalten (20;6).

Ein erfasster ‹Rolli› wird jetzt durch Schütteln zum Klingen gebracht. Das Kind wendet aber oft den Kopf nicht nach dem Spielzeug, das es bewegt (19;6).

Das Kind beginnt mit dem Löffel zu essen und aus einer hingehaltenen Tasse zu trinken (20;2).

Auf dem Boden rollt sich das Kind jetzt immer wieder vom Bauch auf den Rücken und hat darin eine gute Fertigkeit erreicht (20;6). Mit leichter Unterstützung kann das Kind sitzen (21;3), bringt Spielsachen an den Mund (21;3). Das Kind spielt mit den eigenen Zehen (21;0).

Der Kopf wird frei gedreht und in Bauchlage hochgehoben.

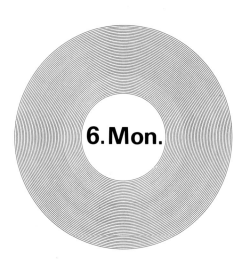

6. Mon.

Tonbeispiele

Plaudern (23;4). Vor der Mahlzeit.
Die Konsonantenbildung erfordert das Überwinden eines Widerstandes beim Sprechen; bei *b*- und *m*-artigen Lauten: die Sprengung des durch die Lippen gebildeten Verschlusses.
Dem Kinde, das die Artikulierung noch nicht beherrscht, gelingt die Sprengung des Verschlusses erst auf dem Höhepunkt einer erheblichen Anstrengung; der dadurch verlängerte Laut erhält dementsprechend einen ‹angestrengten› Beiklang.

Anstrengungslaute (26;2). Vor der Mahlzeit, frei im Laufgitter.
Bei angestrengter Körperbewegung (erster Teil der Aufnahme) äussert das Kind ächzende Laute, ähnlich dem sich unter Kraftaufwand mit einer Arbeit mühenden Erwachsenen. Am Schluss der Aufnahme sind kurz noch fein abklingende Laute hörbar, wie sie bei Körperruhe zustande kommen.

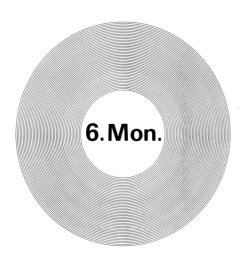

6. Mon.

Übersicht

Sprache
Das Kind bildet häufig Ketten mit *ba* (*ba-ba-ba* ...) und *m* (*memememem*). Vereinzelt *r*- und *ch*-Laute.
ba und *m* kommen wechselnd vor, z.B. *bamememba* (es scheint recht zufällig, ob bei der Sprengung des Lippenverschlusses nasaliert wird — wobei ein *m*-Laut entsteht — oder nicht, so dass ein *b*-Laut entsteht).
Morgens plaudert das Kind meist, oft mit ungeduldigem Tonfall (*eja-eja-eja*), selten ruhig spielerisch (22;5).
Häufig sind lautlose Mundbewegungen, Öffnen und Schliessen des Mundes und Kaubewegungen (22;5). Sehr deutlich ist *mam-mam-mam* (23;5), ferner *ga-ga-ga,* auch *r*-Ketten sind gelegentlich hörbar. Selten *da-da.*
Das Kind ist oft weinerlich und äussert dann *ej*- und *eu*-artige Laute in Kettenform (23;5). Es entspannt sich aber sofort, wenn man es aufnimmt. *w*-Laute sind oft in Kettenform hörbar, wobei sie in *u*-artige Laute übergehen (z.B. *auwe-auwe-auwe*) (23;4).

Allgemeine Entwicklung
Am auffallendsten ist das rege Interesse für die Umgebung (22;5). Der Brei wird gut gegessen, aber häufig macht das Kind noch Saugbewegungen um den Löffel herum. Im Laufgitter dreht es sich fast ‹automatisch› auf den Rücken, wenn man es auf den Bauch legt. Das Strampeln ist sehr lebhaft. Die Fussflächen sind oft einander zugekehrt, so dass eine Art ‹Greifstellung› der Füsse zustande kommt. Das Kind macht starke Anstrengung, sich aus der Rückenlage aufzusetzen (22;5). Es zieht die Decke, Kleiderzipfel usw. in den Mund.
Hält man das Kind auf dem Arm und sitzt in der Nähe einer Türe, so will es mit dem Schlüssel im Schloss spielen.
Bisweilen nimmt das Kind auch noch die ‹Brückenlage› mit hohlem Kreuz ein. Oft streckt es die Arme aus, wenn es aufgenommen werden will (23;5).

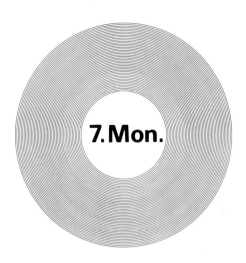

7. Mon.

Tonbeispiele

m- und *w-*Laute (26;3). Nach der Mahlzeit, früh morgens.
Die Grenze zwischen *m* und *w* ist unscharf. Es finden sich zahlreiche Übergänge, so dass man von einer Basislautgruppe sprechen kann (vgl. S. 101).

Vokalwechsel (26;3).
Innerhalb einer Kettenbildung mit gleichbleibenden Konsonanten kann der Vokal wechseln; dies im Gegensatz zu den immer mit gleichem Vokal gebildeten, monotonen Entladungsketten.

Ärgerliche Ruflaute (26;3). Nach der Mahlzeit im Laufgitter.
Bei diesen Lauten hatten wir den Eindruck, dass sie vom Kind willentlich laut rufend geäussert wurden, um einen Erwachsenen herbeizurufen: beispielsweise, wenn das Kind nicht selbst in den Besitz eines ausser Reichweite liegenden Spielzeugs gelangen konnte, so dass ihm ein Erwachsener dieses herbeiholen musste.

Ausruflaute (27;2).
Beim Spielen im Laufgitter äusserte das Kind oftmals Ausruflaute, wenn ihm eine Bewegung oder Hantierung misslang, ähnlich wie dies auch der Erwachsene zu tun pflegt.

s-Laute (27;2). Vor der Mahlzeit, vormittags.
Im Plaudern äussert das Kind bisweilen *s*-artige Laute, die beim Ausblasen der Luft zwischen den leicht geöffneten Lippen entstehen, wobei die Zunge vorne liegt. Es wird dann eine Basislautgruppe hörbar, in der u. a. auch das englische *th* enthalten ist.

Verneinungslaute (27;2). Vor der Mahlzeit.
Die Bildung *n*-artiger Laute erfolgt zusammen mit einem *äi*- oder *ei*-ähnlichen Laut, so dass schon früh Bildungen entstehen, die an das *nei* (für *nein*) der Muttersprache des Kindes anklingen.
In der Zwiesprache erhalten diese Laute dann ihre endgültige, verneinende Bedeutung.

Flüstern (30;4). Nach der Mahlzeit, im Stubenwagen.
Zu diesem Zeitpunkt wird ein flüsterndes Plaudern hörbar, was einer weitgehenden Beherrschung der Stimmstärke entsprechen dürfte.
Das Flüstern enthält eine Kettenbildung mit *ba*; am Ende der Aufnahme muss das Kind aufstossen.

Hungerrufen (30;4). Vor der Mahlzeit im Laufgitter.
Kurz vor der Essenszeit erhält das Rufen einen weinerlichen klagenden Beiklang, den es sonst nicht besitzt.

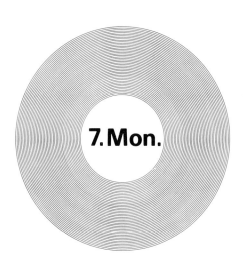

7. Mon.

Übersicht

Sprache

Das Kind ‹übt› die Variation der Stimmlage. Die Lautbildungen sind in den letzten Wochen deutlich seltener geworden (27;6) und haben erst seit einigen Tagen wieder etwas zugenommen. Wir haben jetzt erstmals den Eindruck, dass das Kind eine Lautverbindung *maaa* in rufendem Tonfall verwendet, mit welcher es den Erwachsenen rufen will (insbesondere die Mutter).

Das Kind merkt jetzt sofort, wenn man es anspricht, sich ihm zuwendet. Auf jedes Geräusch wendet es sofort den Kopf. Zeitweise plaudert es angeregt, wenn man zu ihm spricht; es besteht deutlich eine gewisse Bereitschaft, sich zu Lautäusserungen anregen zu lassen (27;6).

Häufig sind Lautäusserungen in rufendem Tonfall. Auch ein ärgerlicher Tonfall ist deutlich; das Plaudern wird bisweilen weinerlich. Im Laufgitter erzeugt das Kind Geräusche durch Strampeln mit den Füssen und Klopfen mit Spielsachen an die Stäbe. Es bringt den Schnalzlaut (ohne Finger im Mund) und den Blasreiblaut hervor; hörbar ist weiter die *r*-Kette. Der *p*-Laut kommt wiederholt vor mit wechselnden *ä*- oder *u*-ähnlichen Vokalen. *ba-ba-* und *ma-ma*-Laute.

Vergnügt quietscht und lacht das Kind. Einmal wird auch die Lautbildung *opa* gehört (27;2). Bisweilen kommen beim Spielen im Laufgitter kurze Ausruflaute vor, die an die Ausrufe des Erwachsenen erinnern; z. B. *ai*. Auch Lautverbindungen, die an *nei* anklingen, treten auf. Kettenbildung mit *ma* und *ba*. Vereinzelt meint man auch *la* in Kettenform (*la-la-la-la* ...) zu hören, dieses ist aber von *da* (*da-da-da* ...) nicht sicher abzugrenzen.

Neben dem Vokalwechsel *ä/u* kommt auch der Wechsel von *i* zu *e* vor, z. B. *dididededi* (30;4). Vereinzelt *s*-Laute, die durch Ausblasen der Luft mit vorne gelagerter Zunge entstehen.

Die verschiedenen Rufformen legen es nahe, von einer ‹Rufsprache› zu sprechen.

Allgemeine Entwicklung

Das Kind greift nach allem: nach den Haaren des Erwachsenen, ins Gesicht, nach allem Erreichbaren. Es ist eine Periode des Ergreifens, des Besitzergreifens im erreichbaren Raum.

Auf dem Bauch beginnt das Kind dem Schwimmen ähnliche Bewegungen zu machen. Auf dem Rücken dreht es sich durch Abstossen mit den Füssen im Kreis herum (26;4). Etwa von 26;4 an beginnt es sich vom Rücken auch auf den Bauch zu drehen. Das Kind hat eine Rötelkrankheit durchgemacht (Rubeola) mit einer Verdauungsstörung (sekundäre Dyspepsie). Nachts ist es häufig erwacht und hat gejammert.

Das Kind ist jetzt gegenüber früher in sehr kurzer Zeit viel ‹wacher› geworden, der Blick scheint klarer, es ist aufgeweckter und die Fühlungnahme zum Erwachsenen für diesen ‹menschlich wärmer› geworden. Es ist, als ob ein Schleier in der Beziehung zum Erwachsenen weggefallen wäre (27;6).

Diese ‹Wachheit› ist ein deutlicher Reifungsschritt. Sie äussert sich im lebhaften Interesse für die Umgebung, im Ergreifen. Als am wesentlichsten empfinden wir aber eine andere Qualität seelischer Beziehungsfähigkeit, die sich kaum beschreiben lässt (27;6).

Auf die Beine gestellt, tragen es die Füsse recht ordentlich. Eine deutliche Stehbereitschaft ist vorhanden, so dass das Kind – an einem Arm nicht sehr fest gehalten – einen Moment lang steht (27;6). Bisweilen macht es dabei wie tanzende Gehbewegungen (26;4).

Das Kind wechselt Gegenstände aus einer Hand in die andere (28;6).

Erster Zahndurchbruch (30;2).

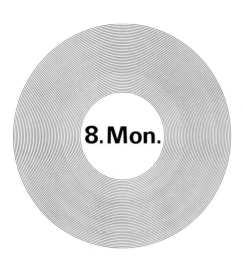

8. Mon.

Tonbeispiele

Kettengliederung (32;2). Abends vor der Mahlzeit.
Im ersten Teil der Aufnahme, die mit *ba* (teilweise an *da* anklingend) gebildete Kette, eine Entladungskette ohne wesentliche Differenzierung. Im zweiten Teil der Aufnahme ist die Unterteilung der Kette in einzelne Silben- oder Doppelsilben hörbar, welche für diese Entwicklungsstufe kennzeichnend ist und die Abgrenzung der ersten Worte vorbereitet.

Gespräch (34;4). Nach der Mahlzeit, beim Wickeln.
Die Mutter kleidet das Kind um. Dabei kommt es zu einem einfachen Gespräch. Während das Kind vor dem Herunterfallen vom Wickeltisch durch leichtes Festhalten behütet werden muss, beginnt es *nei-nei*-artige ‹Verneinungslaute› zu bilden. Die Mutter sagt «nein-nein, nicht hinunterfallen» zum Kind (auf der Aufnahme nicht hörbar) oder «nei-nei», womit sie dem Säugling seine eigenen Lautbildungen wiederholt im Sinne einer durch das Kind angeregten Zwiesprache. Nach einigen Wiederholungen der «nein»-artigen Lautbildung wechselt das Kind (nicht die Mutter) zu einer anderen Lautgruppe, die an *mama* anklingt (wobei der *m*-Laut nicht deutlich von *n* unterschieden werden kann). Die Mutter wiederholt auch diese Lautbildung, die darauf wiederum vom Kind, diesmal deutlicher als *mama* zu verstehen, gesprochen wird. Gleich darauf wechselt das Kind wiederum, diesmal zu einer an *dada* erinnernden Bildung, welche die Mutter wieder übernimmt. Schliesslich äussert das Kind noch mehr nach *pap(a)* klingende einzelne Silben, die nochmals von der Mutter dem Kinde ‹abgenommen› und wiederholt werden.
Wir glauben dieses wechselseitige Sprachgeschehen ein erstes ‹Gespräch› nennen zu dürfen. Als solches bildet es einen Ausschnitt aus der Zwiesprache zwischen Mutter und Kind. Wichtige Voraussetzungen des Gesprächs sind erfüllt: Mutter und Kind sind aufeinander eingestellt, sie sprechen ‹vom gleichen› im wörtlichsten Sinn. Dabei entsprechen die verwendeten ‹Worte› dem für das Kind auch inhaltlich zu diesem Zeitpunkt Wichtigsten: der Verneinung (*nei-nei*) (das Kind muss lernen, was ‹erlaubt› oder ‹unerlaubt› ist), den späteren Bezeichnungen für Mutter (*mama*) und Vater (*papa*) sowie dem ‹Wort› *da* oder *det,* das im weiteren Verlauf der Sprachentwicklung verschiedene Bedeutungen erhielt (es wurde vom Kind später u.a. im Sinn von «danke» geäussert).

Selbstverständlich sind die Inhalte des Gesprächs nicht ausdifferenziert. Dies entspricht aber lediglich der allgemein noch geringen Differenziertheit des Säuglings: es ist ein der Reife des Kindes angemessenes Gespräch.
Ein ähnliches Geschehen findet sich schon früher, wie ja die Zwiesprache schon in den ersten Lebenswochen des Kindes beginnt. Es nimmt jedoch erst jetzt eine so deutliche Form an, die auch eine hinreichend klare Wiedergabe erlaubt.

Wunschlaute (34;4).
Innerhalb der ‹Rufsprache›, über die das Kind nun verfügt (vgl. 7. Monat), beginnt es einen schrillen Schreilaut zu verwenden, wenn es etwas erhalten möchte, beispielsweise ein Stück Apfel. Das Schreirufen hört aber sofort auf, wenn das Kind in den Besitz des Gewünschten gelangt ist.

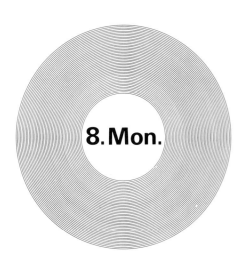

8. Mon.

Übersicht

Sprache

Das Kind ist äusserst ‹hellhörig›, horcht bei jedem Geräusch sofort auf und wendet den Kopf. Im ganzen Tag schreit das Kind jetzt höchstens einige Minuten. Es plaudert wieder viel häufiger, insbesondere auch durch das Reden der Erwachsenen angeregt (31;5). Geäussert werden *nei-nei*-artige Laute, besonders wenn man sie dem Kinde vormacht, ebenso *papapa, l*- und *n*-Laute.

Sehr vergnügt strampelt das Kind und macht dazu Laute wie *äp, äu*. Auch führt es die rhythmischen Bewegungen selbst aus, die man mit ihm auf den Knien gemacht hat zu einem Kinderreim, der mit «hoppa, hoppa» ... beginnt (32;5), verschiedene *s-, sch-* und *f*-artige Laute, aber kein deutliches *f* (32;5). Häufig ist eine Verbindung, die wie *dei-dei* klingt. Deutlich spricht das Kind *mama* nach, wobei man von keiner sicheren Nachahmung sprechen kann. Das Kind ist aber leicht ablenkbar: *papap* und *nei* werden vorerst nicht nachgesprochen. Vor der Mahlzeit langgezogene *aeaeae*-Laute, leicht jammernd. Vor der Mahlzeit sind jetzt auch deutlich nasalierte (*m*-und *n*-artige) Laute hörbar (vgl. dazu Lewis [237, 238]).

Zu einem Nachsprechen von *nei* und von *papapa* kommt es gelegentlich ab der 34. Woche (33;5).

Das Kind beginnt jetzt ein quengelndes Schreien, wenn es etwas erreichen will (Dialektwort: «zwängelen»). Vor der Mahlzeit macht das Kind etwa einen schmatzenden Laut. Es hustet bisweilen kurz, um sich bemerkbar zu machen. Verschiedene Kettenbildungen sind sehr häufig, wobei teilweise eine Gliederung erfolgt (vgl. Schallplatte). Das Kind macht auch das bei einem Kuss entstehende Geräusch nach. Wünscht es etwas zu erhalten, so schreit es schrill und kurz, fast quietschend (34;4).

Allgemeine Entwicklung

Das Kind lässt sich seinen Brei sehr schön mit dem Löffel füttern. Im Stubenwagen liegt es meist auf dem Bauch, auch zum Schlafen. Betritt man das Zimmer, so hebt das Kind den Kopf, um über den Bettrand zu sehen. Das Greifen nach Spielsachen und anderen Gegenständen ist jetzt sehr sicher (30;6). Das Kind beginnt auch zweihändig sicher zu hantieren und führt die Dinge zum Mund. Wenn sein 2 Jahre älterer Bruder einen Turm baut, so wirft es ihn um und lacht dazu.

Sitzt mit sehr wenig Unterstützung, fast frei. Steht mit wenig Unterstützung ganz kurz, aber ohne gutes Gleichgewicht.

In Bauchlage energische Schwimmbewegungen, wodurch es in Reichweite eines erwünschten Spielzeuges gelangt. Das Kind kaut an Brotrinde, Zwieback usw. Lässt man beim Füttern zwischen 2 Löffeln eine kleine Pause entstehen, so wird das Kind sofort ungeduldig erregt (31;5). Der zweite Zahn ist im Begriff durchzubrechen (31;5). Das Kind wiegt jetzt 11,5 kg. Erstmals einen Moment frei gesessen mit 31;5.

Nähert sich der Erwachsene dem Kind mit seinem Kopf, bis er dessen Stirn berührt, und entfernt er sich dann wieder, so bedeutet dies, mehrmals wiederholt, für das Kind ein Spiel, das ihm Vergnügen bereitet (31;5).

Im Laufgitter untersucht das Kind interessiert die Unterlage, indem es sie aufzuheben versucht. Mit 31;5 bleibt es an den Laufgitterrand gestellt einen Moment stehen. Im Laufgitter ist das Kind sehr oft vergnügt, macht «Hoppa-hoppa»-Bewegungen und strampelt viel und kräftig. Mit 32;5 kann es kurz frei sitzen; sobald es aber nach etwas greift, fällt es um, meist nach vorne. Leicht gehalten, steht es jetzt gut. Im Ausgangswagen schaut es über den Wagenrand in die Umgebung, besonders scheint es seinen Bruder mit den Blicken immer wieder zu suchen. Das Kind beginnt jetzt auch deutlich zu jammern, um den Erwachsenen bei sich zu haben. In Bauchlage führt es rudernde Bewegungen aus, wodurch es sich im Kreis dreht.

Zum Essen sitzt das Kind jetzt in einem Kinderstuhl (33;6). Es versucht nach dem Teller zu greifen. Ende dieses Monates macht es in kurzer Zeit wesentliche Fortschritte: es sitzt besser frei, beginnt zu kriechen, indem es sich mit den Armen nach vorn ‹rudert›, fängt an, in Gesellschaft vermehrt zu plaudern, mehr nachzusprechen und nachzuahmen: *mama, nei, papa*.

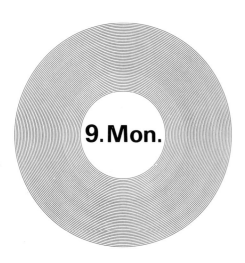

9. Mon.

Tonbeispiele

Nachsprechen (36;5).
Im Gegensatz zur Zwiesprache und zum Gespräch übernimmt das Kind hier ihm vorgesprochene Lautbildungen (die jedoch vom Kind bereits früher geäusserte ‹Worte› sind). Es ist eine mehr ‹einseitige› Beziehung, die den Übergang zur Nachahmung bildet. Das Nachsprechen ist leichter zu erreichen, wenn sich das Kind in einer entsprechenden Situation befindet, beispielsweise wenn es bei «nein» von etwas abgehalten wird oder wenn ihm zum Wort *da* etwas gereicht wird.

Trennungswechsel (36;5).
Im Plaudern des Kindes kommen nunmehr verschiedene Bildungen vor, die auf frühere – teilweise auch jetzt noch vorkommende – Kettenbildungen zurückgehen. Sie entstehen durch verschiedenartige Aufgliederung der Ketten. Aus einigen Grundelementen geht so eine grössere Zahl Variationen hervor, die zu Worten mit verschiedener Bedeutung werden. Das Wort kann mit einem Vokal oder Konsonanten beginnen: beispielsweise *dada* (erhält später die Bedeutung ‹danke›, in der Muttersprache: *da* = hinweisendes Fürwort) oder *ada(d)* (erhält die Bedeutung des Abschiednehmens: «adieu» bzw. «Ade!»).

Spontane Worte (36;5).
Erstmals äussert das Kind beim Erscheinen des Vaters *papa,* beim Erhalten eines Gegenstandes (dem Kind wird das Mikrophon in die Hand gegeben) *dada* (danke). Dies lässt sich mehrmals und zu verschiedensten Zeiten wiederholen, so dass nicht daran gezweifelt werden kann, dass das Kind nunmehr bestimmte Lautverbindungen mit bestimmten Geschehnissen verbindet. Die weitere Entwicklung hat dies ebenfalls bestätigt.

Rhythmus (39;2). Morgens früh im Bett.
Die Bereitschaft des Kindes zur Nachahmung zeigt sich auch in der Übernahme eines Rhythmus bestimmter Lautbildungen.
Unserm Kind sagten wir wiederholt einen mit «hoppa, hoppa ...» beginnenden Kinderreim vor, wobei es auf den Knien ‹reitend› gehalten wurde. In der Folge begann das Kind dies nachzusprechen, wobei es auch rhythmische Bewegungen mit dem Körper ausführte. Das zu diesem Zeitpunkt noch ein wenig undeutliche (h)oppa(h)oppa ... des Kindes wurde in der weiteren Entwicklung klar verständlich.

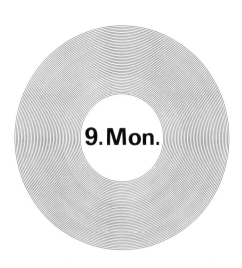

9. Mon.

Übersicht

Sprache
In Gesellschaft plaudert das Kind viel. Auch kann es jetzt unzweifelhaft rufen, meist mit *mamam*-Lauten. Etwa um 36;4 ist die Lautbildung *papa, papap* mit dem Erscheinen des Vaters verbunden. Das viel häufiger verwendete *mamam* besitzt dagegen noch eine viel umfassendere Bedeutung, die das Erscheinen der Mutter, das Essen usw. einschliesst. Wenn das Kind etwas Begehrtes erhält, z. B. einen Löffel, sagt es *da* (36;2), was in der Folge längere Zeit die Bedeutung von ‹danke› behält, aber auch dann gesagt wird, wenn das Kind einem anderen etwas gibt. Mit 36;4 ist die Mutter einmal einen Nachmittag weg. Das Kind äussert sehr häufig *mamam*-Laute in rufendem Tonfall. Das Kind ahmt spontan den Kinderreim-Anfang «hoppa-hoppa ...» nach, wobei es rhythmisch schaukelnde Bewegungen ausführt.

Allgemeine Entwicklung
Nun will das Kind nicht mehr im Laufgitter bleiben, sondern ‹kriecht› in der ganzen Wohnung umher. Dabei kommt es nicht über die Türschwelle, auf die es ärgerlich einschlägt. Vor der Mahlzeit ist es deutlich aufgeregt und plaudert dann häufig besonders heftig.
Mit 36;2 sitzt das Kind so sicher, dass es den einstündigen Spaziergang in seinem Wagen sitzend verbringt, ohne Unterstützung. Auch auf dem Boden sitzt das Kind längere Zeit frei und fällt auch nicht um, wenn es sich umdreht. Wird es vom Bruder versehentlich umgeworfen, so weint es nicht. Sieht das Kind, dass man sich mit dem Bruder abgibt, so äussert es ungeduldige Laute. Mit 36;2 deutliches ‹Fremden›: Eine fremde, ältere Dame schaut in seinen Ausgangswagen. Das Kind sieht sie einen Augenblick an, dann erfolgt statt des erwarteten Lächelns ein jämmerliches Verziehen des Mundes, und es beginnt ein laut heulendes Geschrei ohne besondere Abwehrbewegungen.

Weitere allgemeine Entwicklungsschritte des 1. Lebensjahres
— Feines Greifen mit den Fingerspitzen: 9½ Monate.
— Auf-den-Boden-Werfen von Spielsachen beginnt mit 9½ Monaten.
— Winkt «ade-ade» mit ca. 10 Monaten.
— Kriecht auf Händen und Knien mit 10½ Monaten.
— Zeigt mit dem Zeigefinger mit 11 Monaten.
— Befolgt einfache Aufforderungen «gib mir!»: 11 Monate.
— Geht an der Hand gehalten einige Schritte: 11½ Monate.
— Steht einen Moment frei: 11½ Monate.
— Packt ein in Papier eingehülltes Spielzeug aus: 11½ Monate.
— Zieht ein Spielzeug an einer daran befestigten Schnur zu sich heran: 12 Monate.
— Geht einige Schritte frei: 12½ Monate. In diesem Alter beginnt das Kind auch zu den Mahlzeiten Brot, Milch usw. seiner bisherigen Breinahrung vorzuziehen.

Literaturverzeichnis

1 Ainsworth M. D. S.: Objects relations, dependency and attachment: A theoretical review of the infant-mother relationship. Child. Develop. 40: 969–1025 (1969).
2 Ainsworth M. D. S.: Attachment and dependency. A comparison. In: J. L. Gewirtz (Hrsg.): Attachment and dependency (Winston, Washington D. C. 1972).
3 Aita J. A.: Congenital facial anomalies with neurologic defects, a clinical atlas (Thomas, Springfield, Ill. 1969).
4 Ajuriaguerra J. de: Langage, geste, attitude, motrice. In: La voix. Cours international de phonologie et de phoniatrie (Maloine, Paris 1953).
5 Aldrich A. A., Sung Ch., Knop C.: The crying of newly born infants. J. Pediat. (1945).
6 Ament W.: Die Entwicklung von Sprechen und Denken beim Kinde (Wunderlich, Leipzig 1899).
7 Ament W.: Begriff und Begriffe der Kindersprache (Wunderlich, Leipzig 1902).
8 André-Thomas Chesny Y., Autgaerden S.: Psycho-affectivité des premiers mois du nourrisson (Masson, Paris 1959).
9 André-Thomas Chesny Y., Dargassies S. A.: The neurological examination of the infant. Med. Advisory Committee of the Nat. Spastics Soc. Little Club Clinics in Developmental Medicine No. 1 (London 1960).
10 Argelander A.: Über den sprachlichen Ausdruck des Schulkindes in der freien Erzählung. In: Jenaer Beiträge zur Jugend- und Erziehungspsychologie, S. 61–79 (Langensalza/Jena 1927).
11 Ballantyne J. Ch.: Deafness, S. 124–186: 16. The child born deaf (Churchill, London 1960).
12 Bell S., Ainsworth M.: Infant crying and maternal responsiveness. Child Develop. 43: 1171–1190 (1972).
13 Bereiter C.: A beginning language program for disadvantaged children. Amer. educ. Res. Ass. (1966).
14 Berendes J.: Einführung in die Sprachheilkunde. 6. Aufl. (Barth, Leipzig 1963).
15 Bernal J.: Crying during the first 10 days and maternal response. Develop. Med. Child Neurol. 14: 362–372 (1972).
16 Bernstein B.: Aspects of language and learning in the genesis of the social process. J. Child Psychol. 313–324 (1961).
17 Bernstein B.: Sprache und Lernen im Sozialprozess (Schwann, Düsseldorf 1967).
18 Bernstein B.: Studien zur sprachlichen Sozialisation (Schwann, Düsseldorf 1972).
19 Bittner G.: Sprache und affektive Entwicklung. Reihe Sozialpädagogik Bd. 2 (Klett, Stuttgart 1969).
20 Blinick G., Tavolga W. V., Antopol W.: Variations in birth cries of newborn infants from narcotic addicted and normal mothers. Amer. J. Obstet. Gynec. 110: 948–958 (1971).
21 Bloom B.: Stabilität und Veränderung menschlicher Merkmale (Beltz, Weinheim 1964).
22 Bodenheimer A. R.: Doris. Die Entwicklung einer Beziehungsstörung und die Geschichte ihrer Behebung bei einem entstellten, taubstummen Mädchen. Suppl. 2 zu Acta paedopsychiat. (Schwabe, Basel 1968).
23 Bofinger M. K., Dignan P. S., Schmidt R. E., Warkany J.: Reduction malformations and chromosome anomalies. Amer. J. Dis. Childh. 125/12: 135–143 (1973).
24 Böhme G.: Hör- und Sprachstörungen bei Mehrfachschädigungen im Kindesalter (Fischer, Stuttgart 1976).
25 Borel-Maisonny S.: Langage oral et écrit (Delachaux & Niestlé, Neuchâtel 1960).
26 Bosma J. F., Truby H. M., Lind J.: Cry motions of the newborn infant. Acta paediat. scand., Suppl. 163: 88–92 (1965).
27 Bowlby J.: Maternal care and mental Health (WHO, Genf 1952).
28 Bowlby J.: Attachment and loss, Bd. 1: Attachment (Hogarth, London 1969).
29 Bowlby J.: Attachment and loss, Bd. 2: Separation: anxiety and anger (Hogarth, London 1973).
30 Bowlby J.: Bindung – eine Analyse der Mutter-Kind Beziehung (Kindler, München 1975).
31 Brandenstein W.: Einführung in die Phonetik und Phonologie (Gerold, Wien 1950).
32 Brazelton B., Young G.: An example of imitative behavior in a 9 week old infant. J. Child Psychiat. 3/1: 53–67 (1964).
33 Bridger W. H.: Sensory habituation and discrimination in the human neonate. Amer. J. Psychiat. 117: 991–996 (1961).
34 Broad F.: The effects of infant feeding on speech quality. New Zealand Med. J. 76: 28–31 (1972).
35 Brodbeck C., Irwin O. C.: Speech sounds of infants without families. Child Develop. 17: 145–156 (1946).
36 Bronson G. W.: Infants reactions to unfamiliar persons and novel objects. Monogr. Soc. Res. Child Develop. 37/3: 1–46 (1972).
37 Brunet O., Lézine J.: Le développement psychologique de la première enfance (Presses Univ. de France, Paris 1965).
38 Brunswick E., Reiter L.: Eindruckscharaktere schematisierter Gesichter. Z. Psychol. 142/1–3: 67–134 (1937).
39 Bruun U.: Das Vorschulkind (Beltz, Weinheim 1971).
40 Buchta R. M., Viseskul C., Gilbert E. F., Sarto G. E., Opitz J. M.: Familial bilateral renal agenesis and hereditary renal adysplasia. Z. Kinderheilk. 115/2: 111–129 (1973).
41 Bühler Ch.: Kindheit und Jugend (Hirzel, Leipzig 1928).
42 Bühler Ch.: Psychologie im Leben unserer Zeit. IV: Die Entwicklung (Droemer, München/Zürich 1962).
43 Bühler Ch., Hetzer H.: Kleinkindertests (BHKT) (Barth, München 1972).
44 Bühler K.: Sprachtheorie. Die Darstellungsfunktionen der Sprache (Jena 1934).
45 Bühler K.: Abriss der geistigen Entwicklung des Kindes. 8. Aufl. (Quelle & Meyer, Heidelberg 1958).
46 Bullowa M., Fidelholtz J., Kessler A.: Infant vocalization, communication before speech. Paper prepared for the IXth Congr. anthropol. and ethnol. Sci. (1973).
47 Bullowa M., Jones L., Bever T.: The development from vocal to verbal behavior in children. Monogr. Soc. Res. Child Develop. 29/1 (1964).
48 Buser R.: Ausdruckspsychologie. Problemgeschichte, Methodik und Systematik der Ausdruckswissenschaft (Reinhardt, München/Basel 1973).
49 Buttkus R.: Physiognomik. Ein neuer Weg zur Menschenkenntnis. 2. Aufl. (Reinhardt, München/Basel 1970).
50 Cameron J., Livson N., Baley N.: Infant vocalizations and their relationship to mature intelligence. Science 152: 331–333 (1967).
51 Carmichael L.: Das frühe Wachstum der Sprechfähigkeit beim Individuum. In: E. Lenneberg (Hrsg.): Neue Perspektiven in der Erforschung der Sprache. New Directions in the Study of language, Cambridge, Mass. Inst. of Techn. (CMIT-Press 1964).

52 Carmichael L. (Hrsg.): Manual of child psychology. 2. Aufl. (Wiley, New York/London 1966).
53 Carnioley H.: Die sprachliche Entwicklung eines Kindes von ihren Anfängen bis zum 3. Lebensjahr (Lang, Bern 1935).
54 Catalano F.: Infant vocalizations as predictors of intelligence. (Fordham Univ. 1952). [Unveröffentlicht.]
55 Catalano F., McCarthy D.: Infant speech as a possible predictor of later intelligence. J. Psychol. 3: 203–209 (1954).
56 Cerwenka M.: Phonetisches Bilder- und Wörterbuch (Jugend und Volk, Wien 1968).
57 Chen H. P.: Speech sounds of infants: the newborn period (M. A. Thesis, Iowa 1942).
58 Chen H. P., Irwin O. C.: Development of speech during infancy: curve of differential percentage indices. J. exp. Psychol. 36: 522–525 (1946).
59 Chen H. P., Irwin O. C.: Vowel and consonant types. J. Speech Dis. 11: 27–29 (1946).
60 Christoffel H.: Skizzen zur menschlichen Entwicklungspsychologie. 2. Aufl. (Huber, Bern/Stuttgart 1965).
61 Church J.: Sprache und die Entdeckung der Wirklichkeit (Fischer, Frankfurt 1971).
62 Clauser G.: Die vorgeburtliche Entstehung der Sprache als anthropologisches Problem. (Enke, Stuttgart 1971).
63 Cohen L. J.: The operational definition of human attachment. Psychol. Bull. 81/4: 207–217 (1974).
64 Cohen M.: Sur l'étude du langage infantin. Enfance 5: 181–249 (1952).
65 Cohen R.: Systematische Tendenzen bei Persönlichkeitsbeurteilungen (Huber, Bern/Stuttgart 1969).
66 Corter C. M.: A comparison of the mother's and a stranger's control over the behavior of infants. Child. Develop. 44/4: 705–713 (1973).
67 Courtney B. C.: Einige Folgerungen für die Vorschulerziehung aus der Forschung zur Sprachentwicklung. In: R. D. Hess, B. Bear (Hrsg.): Frühkindliche Erziehung (Beltz, Weinheim 1972).
68 Cranach M. v., Vine I. (Hrsg.): Social Communication and Movement. Studies of interaction and expression in man and chimpanzee (Acad. Press, London/New York 1973).
69 Cruttenden A.: A phonetic study of babbling. Brit. J. Dis. Communication 5: 111–117 (1970).
70 Crystal D.: Linguistic mythology and the first year of life. Brit. J. Dis. Communication 29–36 (1973).
71 Crystal D.: Non-segmental phonology in language-acquisition: a review of the issues. Lingua 32: 1–45 (1973).
72 Cullen J. K., Fargo N., Chase R. A., Baker P.: The development of auditory feedback monitoring: 1. Delayed auditory feedback studies of infant cry. J. Speech Hear. Res. 11: 85–93 (1968).
73 Dale D. M. C.: Language development in deaf and partially hearing children. (Thomas, Springfield, Ill. 1974).
74 Dales R. J.: Motor and language development of twins during the first three years. J. genet. Psychol. 114: 263–271 (1969).
75 Dargassies S.: Le nouveau-né à terme: Aspect neurologique. Biol. Neonat. 4: 174 (1962).
76 Dargassies S. A.: Détection sémiologique des troubles du développement neurologique chez le nourrisson jusqu'à 1 an. Rev. Neuropsychiat. Infant 22/4–5: 305–334 (1974).
77 Darwin Ch.: Der Ausdruck der Gemütsbewegungen bei dem Menschen und den Tieren. Deutsch von J. V. Carus. (Schweizerbart, Stuttgart 1872).
78 Darwin Ch.: Biographische Skizze eines kleinen Kindes. In: Gesammelte Schriften, hrsg. E. Krause Bd. II, Teil I (Günther, Leipzig 1885).
79 Day E. J.: The development of language in twins. A comparison of twins and single children. Child Develop. 3: 179–199 (1932).
80 De Busk F. L.: The Hutchinson-Gilford progeria syndrome. Report of 4 cases and review of the literature. J. Pediat. 80/4: 697–724 (1972).
81 Dennis W. (Hrsg.): Readings in Child Psychology (Prentice-Hall, Englewood Cliffs, N. J. 1963).
81a Deprivation of Maternal Care – A Reassessment of its Effects (WHO, Genf 1962).
82 Descœudres A.: Le développement de l'enfant de deux à sept ans. (Delachaux & Niestlé, Neuchâtel/Paris 1946).
83 Deutsch C. P.: Effects of environmental deprivation on basic psychological processes. Ann. Meeting Amer. educ. Res. Ass. (1966).
84 Deville G.: Notes sur le développement du langage. Rev. linguist. Philos. comp. 23: 330 (1890).
85 Dieth E.: Vademecum der Phonetik (Francke, Bern 1950).
86 Doderer K.: Wege in die Welt der Sprache (Klett, Stuttgart 1960).
87 Downs M. P.: Report on the hearing screening of 17 000 neonates. Int. Audiol. 8: 72–75 (1969).
88 Eimas P.: Speech perception in infants. Science 171: 303–306 (1971).
89 Elsahy N. I.: Moebius syndrome associated with the mother taking thalidomide during gestation. Case report. Plast. reconstr. Surg. 51/1: 93–95 (1973).
90 Emde R. N., Harmon R. J.: Endogenous and exogenous smiling systems in early infancy. J. Amer. Acad. Child Psychiat. 11/2: 177–200 (1972).
91 Emde R. N., McCartney R. D., Harmon R. J.: Neonatal smiling in REM states, IV: Premature study. Child Develop. 42/5: 1657–1661 (1971).
92 Engel R., Fay W.: Are electroencephalographically evoked response latencies in neonates predictors of language performance at 1 and 3 years of age? Electroenceph. clin. Neurophysiol. 30 (1971).
93 Engel R., Fay W.: Visual evoked responses at birth, verbal scores at 3 and IQ at 4 years of age. Develop. Med. Child Neurol. 14: 283–289 (1972).
94 Eveloff H. H.: Some cognitive and affective aspects of early language development. Child Develop. 42: 1895–1907 (1971).
95 Everhart R. W.: Literature survey of growth and developmental factors in articulatory maturation. J. Speech Dis. 25: 59–69 (1960).
96 Ewerbeck H.: Der Säugling. Physiologie, Pathologie und Therapie im 1. Lebensjahr (Springer, Berlin/Göttingen/Heidelberg 1962).
97 Ewing I. R., Ewing W. G.: The ascertainment of deafness in Infancy. J. Laryng. 59 (1944).
98 Falkner F.: Croissance et développement de l'enfant normal (Masson, Paris 1961).
99 Feer E.: Diagnostik der Kinderkrankheiten mit besonderer Berücksichtigung des Säuglings. 5. Aufl. S. 13–20: Physiognomie und Mimik. (Springer Wien 1974).
100 Felden H. W.: Grundzüge in der Entwicklung des blinden Kleinkindes unter besonderer Berücksichtigung der Bewegungsentwicklung (Verein zur Förderung der Blindenbildung, Hannover-Kirchrode 1953).
101 Ferrandez A., Schmid W.: Potter-Syndrom (Nierenagenesie) mit chromosomaler Aberration beim Patient und Mosaik beim Vater. Helv. paediat. Acta 26/2: 210–214 (1971).
102 Fischer H.: Zur sprachlichen Entwicklung in den ersten Hauptschulklassen. Z. Erziehung Unterricht (Wien) 2: 86–94 (1964).
103 Fisichelli V. R., Karelitz S., Eichbauer J., Rosenfeld L. S.: Volume units graphs: their production and applicability in studies of infants' cries. J. exp. Psychol. 52: 423–427 (1961).
104 Fitch N., Lachance R. C.: The pathogenesis of Potter's syndrome of renal agenesis. Canad. med. Ass. J. 107/7: 653–656 (1972).
105 Floyd S., Perkins W. H.: Early syllable dysfluency in stutterers and nonstutterers: a preliminary report. J. communicat. Dis. 7: 279–282 (1974).
106 Formby D.: Maternal recognition of infant cry. Develop. Med. Child Neurol. 9: 293–298 (1967).
107 Fraga J. R., Mirza A. M., Reichelderfer T. E.: Association of pulmonary hypoplasia, renal anomalies, and Potter's facies. Clin. pediat. (Philadelphia) 12/3: 150–153 (1973).
108 Francescato G.: Spracherwerb und Sprachstruktur beim Kinde. (Klett, Stuttgart 1973).
109 Franke C.: Über die erste Lautstufe der Kinder. Anthropos 7: 671 (1912).
110 Freedman D. A.: The development of the use of sounds as a guide to affective and cognitive behavior, a two-phase process. Child Develop. 40: 1099–1105 (1969).
111 Freud S.: Der Witz und seine Beziehung zum Unbewussten (Deuticke, Leipzig/Wien 1905).
112 Friedlander B.: Receptive language development in infancy. Merill Palmer Quart. 16/1: 7–51 (1970).
113 Friedlander B.: Listening, language and the auditory environment. Exceptional Infant, Bd. 2., hrsg.: J. Hellmuth (Bruner/Mazel, New York 1971).
114 Fryns J. P., Eggermont E., Veresen H., Van den Berghe H.: A newborn with the cat-eye syndrome. Humangenetik 15/3: 242–248 (1972).
115 Führing M., Lettmayer O.: Die Sprache des Kindes (Österreichischer Bundesverlag, Wien 1966).
116 Führing M., Lettmayer O.: Die Sprachfehler des Kindes (Österreichischer Bundesverlag, Wien 1970a).
117 Führing M., Lettmayer O.: Sprachstörungen bei Kindern und ihre Beseitigung (Österreichischer Bundesverlag, Wien 1970b).

118 Gahagan D. und G.: Kompensatorische Spracherziehung in der Vor- und Grundschule (Schwann, Düsseldorf 1971).
119 Geiger A. K.: Anfänge der Entwicklung des Psychikums. Acta paediat. Acad. Sci. hung. 14/3–4: 265–289 (1973).
120 Gesell A.: Das Kind von Fünf bis Zehn. Hochschule für int. pädag. Forsch. (Frankfurt 1954).
121 Gesell A.: Säugling und Kleinkind in der Kultur der Gegenwart. 8. Aufl. (Christian, Bad Nauheim 1971).
122 Gesell A., Amatruda C. S.: Developmental diagnosis. 10. Aufl. (Hoeber, New York 1962).
123 Goodman R. M., Gorlin R. J.: The face in genetic disorders. (Mosby, Saint Louis 1970).
124 Goodnow J. J.: Some sources of difficulty in solving simple problems. J. exp. Psychol. 6: 385–392 (1955).
125 Görlitz D.: Ergebnisse und Probleme der ausdruckspsychologischen Sprechstimmforschung (Hain, Meisenheim 1972).
126 Greenfield P. M.: Playing peekaboo with a 4 month. old: a study of the speech and non-speech sounds in the formation of a visual schema. J. Psychol. 82: 287–98 (1972).
127 Grégoire A.: L'apprentissage du langage – les deux premiers années (Droz, Paris 1937).
128 Grewel F.: How do children acquire the use of language? Phonetica (Basel) 3: 193 (1959).
129 Griffith R.: The abilities of babies. 4. Aufl. (Univ. London Press, London 1967).
130 Griffiths R.: The abilities of young children. Child Develop. Res. Centre (London 1970).
131 Gross-Selbeck G.: Neurologisch-psychometrische und audiologisch-phoniatrische Nachuntersuchungen von Risikokindern. Klin. Pädiat. 184 (1972).
132 Gruber J. S.: Playing with the distinctive features in the babbling of infants. Quart. Progr. Report Res. Laborat. Electronics MIT 81: 181–186 (1966).
133 Grünner K.: Die Entwicklung der grammatischen Form des Satzes beim sechs- bis zehnjährigen Kind. Z. Erziehung Unterricht 5: 306–313 (1967).
134 Guilford J. P.: Three faces of intellect. Amer. Psychologist 5: 469–479 (1959).
135 Gutzmann H.: Beobachtungen der ersten sprachlichen und stimmlichen Entwicklung eines Kindes. Mschr. Sprachheilk. 21: 27–32; 88–96; 97–111 (1911).
136 Gutzmann H.: Des Kindes Sprache und Sprachfehler. 2. Aufl. (Weber, Leipzig 1931).
137 Haggerty A. D.: The effects of long-term hospitalisation or institutionalisation upon the language development of children. J. genet. Psychol. 94: 205 (1959).
138 Hagmann P.: Das Auftreten sprachlicher Entwicklungsschritte im Säuglingsalter. Eine prospektive Verlaufsuntersuchung an 65 Kindern unter Einschluss von Zwillingspaaren (Med. Diss. Zürich 1971). In: Helv. paediat. Acta 27: 71–84 (1972).
139 Hardesty F. P., Priester H. J.: Handbuch für den Hamburg-Wechsler-Intelligenztest für Kinder. 3. Aufl. (Huber, Bern/Stuttgart/Wien 1966).
140 Heese G.: Akzente und Begleitgebärden. Sprachforum 2: 27–285 (1956).
141 Heese G.: Zur Verhütung und Behandlung des Stotterns. (Marhold, Berlin-Charlottenburg 1973).
142 Henrikson E. H., Irwin O. C.: Voice recording – Some findings and some problems. J. Speech Dis. 14: (1949).
143 Hertl M.: Das Gesicht des kranken Kindes (Urban & Schwarzenberg, München/Berlin 1962).
144 Herzka H. S.: Das Gesicht des Säuglings – Ausdruck und Reifung (Schwabe, Basel/Stuttgart 1965).
145 Herzka H. S.: Mimik des Säuglings – ihre Bedeutung für die Entwicklungsuntersuchung. Sandorema III (1966).
146 Herzka H. S.: Die Selbstbegegnung im ersten Lebensjahr – Ein Beitrag zur Anthropologie des Kindes. Prax. Kinderpsychol. 16: 15–18 (1967).
147 Herzka H. S.: Die Sprache des Säuglings. Aufnahmen einer Entwicklung (Schwabe, Basel/Stuttgart 1967).
148 Herzka H. S.: Spielsachen für das gesunde und das behinderte Kind. 3. Aufl. (Schwabe, Basel 1974). [Das Literaturverzeichnis enthält Schriften über die Bildung und Erziehung behinderter Kinder, die hier nicht aufgeführt sind.]
149 Herzka H. S.: Das Kind von der Geburt bis zur Schule. 4. Aufl. (Schwabe, Basel/Stuttgart 1978).
150 Hetzer H.: Das Kind wächst heran. 6. Aufl. (Kleine Kinder, Lindau 1958).
151 Hetzer H.: Seelische Hygiene – Lebenstüchtige Kinder. 10. Aufl. (Kleine Kinder, Lindau 1960).
152 Hetzer H.: Kind und Jugendlicher in der Entwicklung. 12. Aufl. (Schroedel, Hannover 1970).
153 Hetzer H., Reindorf B.: Sprachentwicklung und soziales Milieu. Z. angew. Psychol. (Leipzig) 6: 449–462 (1928).
154 Hirsch K. de.: A review of early language development. Develop. Med. Child Neurol. 12: 87–97 (1972).
155 Hobermann S. E., Hobermann M.: Speech habilitation in cerebral palsy. J. Speech Dis. 25: 111–123 (1960).
156 Hofer M. A.: Introduction. In: Parent-infant interaction [287].
157 Hofstätter P. R.: Einführung in die Sozialpsychologie. 4. Aufl. (Kröner, Stuttgart 1966).
158 Holland J. G., Skinner B. F.: Analyse des Verhaltens. 2. Aufl. (Urban & Schwarzenberg, München/Berlin 1974).
159 Hörmann H.: Psychologie der Sprache (Springer, Berlin 1967).
160 Housson R.: Der gegenwärtige Stand der physiologischen Phonetik. Phonetica (Basel) 4/1: 1–32 (1959).
161 Hoyer A., Hoyer G.: Über die Lallsprache eines Kindes. Z. angew. Psychol. 24: 363–384 (1924).
162 Hulsebus R. C.: Operant conditioning of infant behavior: a review. Advanc. Child. Develop. Behav. 8: 111–158 (1973).
163 Idelberger H.: Hauptprobleme der kindlichen Sprachentwicklung. Z. Pädag. Psychopath. Hyg. 5/4/5 (1903).
164 Illingworth R. S.: Crying in infants and children. Brit. med. J. 75–78 (1955).
165 Illingworth R. S.: The predictive value of developmental tests in the first year with special reference to the diagnosis of mental subnormality. J. Child Psychol. Psychiat. 2: 210–215 (1961).
166 Illingworth R. S.: An introduction to developmental assessment in the first year. Med. Advisory Comm. nat. Spastics Soc. In: Little Club Clinics in Developmental Medicine No 3. (London 1962).
167 Illingworth R. S.: The normal child. 4. Aufl. (Churchill, London 1968).
168 Illingworth R. S.: The development of the infant and young child. 4. Aufl. (Livingstone, Edinburgh/London 1970).
169 Irwin O. C.: The developmental status of speech sounds in ten feeble-minded children. Child Develop. 13: 29–39 (1942).
170 Irwin O. C.: Infant speech sounds and intelligence. J. Speech Dis. 10: 293–368 (1945).
171 Irwin O. C.: Reliability of infant speech sounds data. J. Speech Dis. 10: 227–235 (1945).
172 Irwin O. C.: Courve of phonemic types. J. exp. Psychol. 37: 431–436 (1946).
173 Irwin O. C.: Infant speech: vowel and consonant frequencies. J. Speech Dis. 11: 123–125 (1946).
174 Irwin O. C.: The development of speech during infancy: the courve of phonemic frequencies. J. exp. Psychol. 37: 187–193 (1946).
175 Irwin O. C.: Infant speech: consonantal sounds according to place of articulation. J. Speech Dis. 12: 397–401 (1947).
176 Irwin O. C.: Infant speech: consonantal sounds according to manner of articulation. J. Speech Dis. 12: 402–404 (1947).
177 Irwin O. C.: Infant speech: developemnt of vowel sounds. J. Speech Dis. 13: 31–34 (1948).
178 Irwin O. C.: Infant speech: the effect of the familiy occupational status and of age on the use of sound types. J. Speech Dis. 13: 224–226 (1948).
179 Irwin O. C.: Infant speech: speech sound development of siblings and only infants. J. exp. Psychol. 38: 600–602 (1948).
180 Irwin O. C.: Infant speech: consonantal position. J. Speech. Dis. 16: 159–161 (1951).
181 Irwin O. C.: Speech development in the young child: 2. Some factors related to the speech development of the infant and young child. J. Speech Dis. 17: 269–279 (1952).
182 Irwin O. C.: Speech development in childhood. In: L. Kaiser (Hrsg.): Manual of phonetics (North-Holland Publ., Amsterdam 1957).
183 Irwin O. C.: Phonetic speech development in cerebral palsied children. Amer. J. phys. Med. 325–334 (1955). – Vgl. auch die Arbeiten aus der Schule Irwins von Brodbeck [35], Chen [57, 58, 59], Spiker [356, 357] und Völker [394].
184 Irwin O. C.: Infant speech: Effect of systematic reading of stories. J. Speech Hearing 3: 187–190 (1960).
185 Irwin O. C., Chen H. P.: Reliability study of speech sounds observed in the crying of newborn infants. Child Develop. 12: 351–368 (1941).
186 Irwin O. C., Curry T.: Vowel elements in the crying vocalization of infants under ten days of age. Child Develop. 12: 99–109 (1941).

187 Itard J.: Victor, das Wildkind vom Aveyron. Deutschsprachig hrsg. J. Lutz (Rotapfel, Zürich/Stuttgart 1964).

188 Jacobsohn R.: Le développement phonologique du langage infantin et les cohérences correspondantes dans les langages du monde. Rapports du 5e Congr. int. des Linguistes (Sainte Catherine, Bruxelles 1939).

189 Jacobsohn R.: Kindersprache, Aphasie und allgemeine Lautgesetze (Suhrkamp, Frankfurt 1969).

190 Jespersen O.: Die Sprache – ihre Natur, Entwicklung und Entstehung (Winter, Heidelberg 1925).

191 Johnson N. F.: Linguistic models and functional units of language behavior. In: S. Rosenberg (Hrsg.): Directions in Psycholinguistics, S. 29–65 (Macmillan, New York 1965).

192 Jones S., Moss H. A.: Age, state and maternal behavior associated with infant vocalizations. Child Develop. 42: 1039–1051 (1971).

193 Joppich G., Schulte F. J.: Neurologie des Neugeborenen (Springer, Berlin/Heidelberg/New York 1968).

194 Joppisch G.: Über die Entwicklung der Sprache. X. int. Kongr. Kinderheilk. (Lissabon 1962).

195 Kagan J.: On the meaning of behavior: illustrations from the infant. Child Develop. 40: 1121–1133 (1969).

196 Kainz F.: Die Sprachentwicklung im Kindes- und Jugendalter (Reinhardt, Basel/München 1964).

197 Karelitz S.: Role of crying activity. J. Amer. med. Ass. 198/3: 318–320 (1966).

198 Karelitz S., Fisichelli V. R.: Infant vocalizations and their significance. Clin. Proc. Children's Hosp. 25 345–361 (1969).

199 Karelitz S., Karelitz R. F., Rosenfeld L. S.: Infants vocalization and their significance. In: P. W. Bowmann und H. V. Mauntner (Hrsg.): Mental retardation (Grune & Stratton, London/New York 1960).

200 Katan A.: The infant's first reaction to strangers: distress or anxiety? Int. J. Psychoanal. 53/4: 501–503 (1972).

201 Keppler C.: Das Erlernen der Sprache und ihre Bedeutung für die kognitive Entwicklung (Jugend und Volk, Wien 1968).

202 Keppler C.: Sprache und kognitive Entwicklung (Jugend und Volk, Wien 1970).

203 Kiphard E. J.: Wie weit ist ein Kind entwickelt? Eine Anleitung zur Überprüfung der Sinnes- und Bewegungsfunktionen (Modernes Lernen, Dortmund 1975/76).

204 Kiss P. G., Makoi Z.: Die für das Lebensalter bezeichnenden Eigenheiten des Hungerweinens des Säuglings. Acta paediat. Acad. Sci. hung. 13 (4), 323–333 (1972).

205 Klackenberg G.: A prospective longitudinal study of children. In: Acta paediat. scand. Suppl. 224 (Almqvist & Winksell, Stockholm 1971).

206 Kluge F.: Unser Deutsch (Quelle & Meyer, Leipzig 1929).

207 Koch J.: Vývoj dítěte [Die Entwicklung des Kindes]. Časopis českých lékařů [Tschechische Ärztezeitschrift] (Kniha, Prag 1972).

208 Kotelchuck M., Zelazo P. R., Kagan J., Spelke E.: Infant reaction to parental separations when left with familiar and unfamiliar adults. J. genet. Psychol. 126: 255–262 (1975).

209 Kreyszig E.: Statistische Methoden und ihre Anwendungen (Vandenhoeck & Ruprecht, Göttingen 1968).

210 Krueger J. M.: A spectrographic analysis of the differing cries of a normal two months old infant. Nursing Res. 19: 459–463 (1970).

211 Kussmaul A.: Untersuchungen über das Seelenleben des neugeborenen Menschen. Programm zum Eintritt in den königlichen akademischen Senat der Friedrich-Alexander-Universität zu Erlangen (Winter, Leipzig/Heidelberg 1859).

212 Lange G., Neuhaus W.: Der Strukturwandel der Kindersprache während der Zeit vom 6. bis 9. Lebensjahr. In: H. Helmers (Hrsg.): Zur Sprache des Kindes, S. 214–244 (Klett, Stuttgart 1971).

213 Langeveld M. J.: Studien zur Anthropologie des Kindes. 3. Aufl. (Niemeyer, Tübingen 1968).

214 Laubichler W.: Schädelwachstumsstörungen bei intrakraniellen Prozessen. Wien. med. Wschr. 123/15: 240–246 (1973).

215 Lavater J. C.: Physiognomische Fragmente zur Beförderung der Menschenkenntnis und Menschenliebe. VI: Jugendliche Gesichter: Kinder, Knaben und Jünglinge, S. 132–162 (Weidmanns Erben, Reich, Steiner, Leipzig/Winterthur 1777).

216 Lee F. A., Isaaks H. J., Strauss J.: The «campomelic» syndrome. Short life-span dwarfism with respiratory distress, hypotonia, peculiar facies, and multiple skeletal and cartilaginous deformities. Amer. J. Dis. Child 124/4: 485–496 (1972).

217 Leifer A. D., Leiderman P. H., Barnett C. R., Williams J. A.: Effects of mother-infant separation on maternal attachment behavior. Child Develop. 43/4: 1203–1218 (1972).

218 Leisi E.: Der Wortinhalt (Quelle & Meyer, Heidelberg 1971).

219 Lenneberg E.: Die Sprache in biologischer Sicht. In: Neue Perspektiven in der Erforschung der Sprache (Suhrkamp, Frankfurt a. M. 1973).

220 Lenneberg E.: On explaining language. Science 164: 635–643 (1969).

221 Lenneberg E., Rebelsky F., Nochols I. A.: The vocalizations of infants born to deaf and hearing parents. Human Develop. 8: 23 (1965).

222 Lenneberg E. H.: A laboratory for speech research at the Childrens Hospital Medical Center. New Engl. J. Med. 266: 385–392 (1962).

223 Lenneberg E. H.: Language disorders in childhood. Harvard educat. Rev. 34/2: 152–177 (1964).

224 Lenneberg E. H.: Speech as a motor skill with special reference to monaphasic disorders. In: Monogr. Soc. Res. Child Develop. 29: 1 (1964).

225 Lenneberg E. H. (unter Mitarbeit von I. A. Nichols, E. F. Rosenberger): Primitive stages of language development in mongolism. Dis. Communicat. 62, Res. Publ. A.R.N.M.D. (1964).

225a Lenneberg E. H.: The relations of language to the formation of concepts. Synthese 14: 103–109 (1962).

226 Lenneberg L.: Biological foundations of language (Wiley, New York 1967a).

227 Lenneberg L.: New directions in the study of language (Mass. Inst. Technol. Cambrigde, Mass. 1967b).

228 Leonhard K.: Der menschliche Ausdruck (Barth, Leipzig 1968).

229 Leopold W. F.: Speech development of a bilingual child – a linguists record. 4 Bde. (Northwestern Univ. Press, Evanston, Ill./Chicago 1939).

230 Leopold W. F.: The study of child language and infant bilingualism. Word 4: 1–17 (1948).

231 Leopold W. F.: Bibliography of child language (Northwestern Univ. Press, Evanston, Ill./Chicago 1952).

232 Leopold W. F.: Das Sprechenlernen der Kinder. Sprachforum 2: 117–125 (1956).

233 Leopold W. F.: Kindersprache. Phonetica (Basel) 4: 191–214 (1959).

234 Lersch Ph.: Gesicht und Seele. Grundlinien einer mimischen Diagnostik. 5. Aufl. (Reinhardt, München/Basel 1961).

235 Leventhal A. S., Lipsitt L. P.: Adaption, pitch discrimination and sound localization in the neonate. Child Develop. 35: 759–767 (1964).

236 Lewis M.: Sprache, Denken und Persönlichkeit im Kindesalter (Schwann, Düsseldorf 1970).

237 Lewis M. M.: Infant speech. A study of the beginnings of language (Kegan Paul, London 1936).

238 Lewis M. M.: Language, thought and personality in infancy and childhood (Harrap, London 1963). [Vgl. auch die Arbeit von Lewis in: Dennis (81)].

239 Lieberman Ph.: Newborn infant cry and nonhuman primate vocalization. J. Speech Hearing Res. 14: 718–727 (1971).

240 Lillywhite H.: Doctors manual of speech disorders. J. Amer. med. Ass. *1958*, 850.

241 Lind J.: The infant cry. Proc. roy. Soc. Med. 64: 4 (1971).

242 Lindner G.: Aus dem Naturgarten der Kindersprache (Pichler, Leipzig 1898).

243 Ling D., Ling A. H.: Communication development in the first three years of life. J. Speech. Hearing Res. 17/1: 146–159 (1974).

244 Löbisch J. E.: Entwicklungsgeschichte der Seele des Kindes (Haas, Wien 1851).

245 Losekoot T. G., Nelis K.O.A.H.: Snapshot diagnosis: syndromes, facies and heart disease. Europ. J. Cardiol. 2/4: 485–494 (1975).

246 Löwe A.: Haus-Spracherziehung für hörgeschädigte Kleinkinder (Marhold, Berlin-Charlottenburg 1965).

247 Löwe A.: Früherfassung, Früherkennung, Frühbetreuung hörgeschädigter Kinder (Marhold, Berlin-Charlottenburg 1970).

248 Luchsinger R.: Handbuch der Stimm- und Sprachheilkunde (Springer, Berlin/Heidelberg/New York 1970).

249 Lurija A. R.: Die Entwicklung der Sprache und die Entstehung psychischer Prozesse. In: H. Hiebsch (Hrsg.): Ergebnisse der sowjetischen Psychologie, S. 465–546 (Huber, Bern/Stuttgart 1969).

250 Lurija A. R., Judowitsch F. I.: Die Funktion der Sprache in der geistigen Entwicklung des Kindes (Schwann, Düsseldorf 1970).

251 Lutz J.: Kinderpsychiatrie. 4. Aufl. (Rotapfel, Zürich/Stuttgart 1972).

251a Lutz J.: Psychologie und Psychopathologie im Kindesalter. In: G. Fanconi und A. Wallgren (Hrsg.): Lehrbuch der Pädiatrie. S. 50–88. 9. Aufl. (Schwabe, Basel/Stuttgart 1972).
252 Lynip W.: The use of magnetic devices in the collection and analysis of the preverbal utterances of an infant. Genet. Psychol. Monogr. 43: 220–260 (1951).
253 Lyons J.: Noam Chomsky (DTB, München 1971).

254 Majewski F., Lenz W., Pfeiffer R. A., Tünte W., Müller H.: Das orofacio-digitale Syndrom, Symptome und Prognose. Z. Kinderheilk. 112/1: 89–112 (1972).
255 Makói Z., Kiss P. G., Popper P., Schmideg I.: Über die Ursachen des Weinens im Neugeborenen- und frühen Säuglingsalter. Act. pädiat. Acad. Scie. hung. 15/3–4: 225–232 (1974).
256 Makói Z., Popper P., Kiss P. G.: Analysis of infant cry as an indicatory function. Acta paediat. Acad. hung. 11: (3–4), 281–284 (1970).
257 Makói Z., Szöke Z., Sasvári L., Kiss P. G., Popper P.: Der erste Aufschrei des Neugeborenen nach vaginaler und nach Kaiserschnitt-Entbindung. Act. pädiat. Acad. Sci. hung. 16/2: 155–161 (1975).
258 Mandell S., Sonneck B.: Phonographische Aufnahmen der ersten Sprachäusserungen von Kindern. Arch. ges. Psychol. 94: 478–500 (1935).
259 Mansone A., Feldmane L.: Seltener Fall einer fetalen Gesichtsmissbildung. Zentralbl. Chir. 98/28: 1023–1025 (1973).
260 McCarthy D.: Research in language development: retrospect and prospect. In: Monogr. Soc. Res. Child Develop. 24: 3–24 (1959).
261 McCarthy D.: Language Development in Children. In: L. Carmichael (Hrsg.) Manual of child psychology, S. 476–581 (Chapman & Hall, New York 1964).
262 Michelsson K.: Cry analyses of symptomless low birth weight neonates and of asphyxiated newborn infants. Acta paediat. scand., Suppl. 216 (1971).
263 Miller G. A.: Language and communication (McGraw-Hill, New York 1951).
264 Milner E.: A study of the relationships between reading-readiness in grade-one school children and patterns of parent-child interactions. Child Develop. 2: 95–122 (1951).
265 Moffitt A. R.: Consonant cue perception by 20–24 weeks old infants. Child Develop. 42: 717–731 (1971).
266 Mohr W.: Beobachtungen an der Kindersprache. Z. päd. Jugendkunde Psychol. der Erziehung 3: 135–182 (1954).
267 Montessori M.: Kinder sind anders. 6. Aufl. (Klett, Stuttgart 1961).
268 Moog W., Moog E. S.: Die entwicklungspsychologische Bedeutung von Umweltbedingungen im Säuglings- und Kleinkinderalter (Marhold, Berlin-Charlottenburg 1973).
269 Moor P.: Die Bedeutung des Spieles in der Erziehung (Huber, Bern/Stuttgart 1962).
270 Morse P. A.: The discrimination of speech and nonspeech stimuli in early infancy. J. of exp. Child Psychol. 14: 477–492 (1972).
271 Mower O. H.: Hearing and speaking, an analysis of language learning. J. Speech Dis. 32: 143–152 (1958).
272 Müller G., Herzka H.: Hearing tests in infancy and childhood. Wien. med. Wschr. 122: 671–676 (1972).
273 Mussen P. H., Conger J. J., Kagan J.: Child development and personality. 3. Aufl. (Harper & Row, New York 1969).

274 Neuhaus W.: Der Aufbau der geistigen Welt des Kindes (Reinhardt, (Basel/München 1962).

275 O'Brien J. S.: Ganglioside storage diseases. Advanc. human Genet. 3: 39–98 (1972).
276 Obrig J.: Kinder erzählen angefangene Geschichten weiter. Arbeiten zur Entwicklungspsychologie (Beck, München 1934).
277 Oerter R.: Moderne Entwicklungspsychologie. 5. Aufl. (Auer, Donauwörth 1969).
278 Oevermann U.: Schichtenspezifische Formen des Sprachverhaltens und ihr Einfluss auf die kognitiven Prozesse. In: H. Roth (Hrsg.): Begabung und Lernen, S. 297–356 (Klett, Stuttgart 1969).
279 Ostwald P. F.: Diagnostic use of infant cry. Biol. Neonat. 13: 68–82 (1968).
280 Ostwald P. F., Peltzman P.: Cries of a trisomie 13–15 infant. Develop. Med. Child Neurol. 12/4: 472–477 (1970).
281 Ostwald P. F., Peltzman P.: The sounds of infancy. Develop. Med. Child Neurol. 14/3: 350–361 (1972).
282 Ostwald P. F., Peltzman P.: The cry of the human infant. Sci. American 230/3: 84–90 (1974).

283 Panocelli-Calzia G.: Das Motiv vom «Wilden Knaben». Zur Sprache verwilderter Kinder. Sprachforum 1: 272–277 (1955).

284 Panse F., Kandler G., Leischner A.: Klinische und sprachwissenschaftliche Untersuchungen zum Agrammatismus (Thieme, Stuttgart 1952).
285 Papadatos C., Alexiou D., Nicolopoulos D., Mikropoulos H., Hadzigeorgiou E.: Congenital hypoplasia of depressor anguli oris muscle. A genetically determined condition? Arch. Dis. Childh. 49/12: 927–931 (1974).
286 Papoušek H., Papoušek M.: Cognitive aspects of preverbal social interactions between human infants and adults. In: [287]: Parent-infant interaction. Ciba Foundation Symposium 33 (Ass. sci. Publ., Amsterdam/Oxford/New York 1975).
287 Parent-infant interaction. Ciba Foundation Symposium 33. (Ass. sci. Publ., Amsterdam/Oxford/New York 1975).
288 Parmelee A. H.: Infant speech development: a report of the study of one child by magnetic tape recordings. J. Pediat. 46: 447–450 (1955).
289 Pechstein J.: Umweltabhängigkeit der frühkindlichen zentralnervösen Entwicklung (Thieme, Stuttgart 1974).
290 Peiper A.: Die Eigenart der kindlichen Hirntätigkeit. 3. Aufl. (Thieme, Leipzig 1963).
291 Perlman M., Reisner S. H.: Asymmetric crying facies and congenital anomalies. Arch. Dis. Childh. 48/8: 627–629 (1973).
292 Petersen H.: Die Sprachentwicklung des Kindes. Pro Infirmis 1/2 (1947).
293 Pfeiffer R. A., Ammermann M., Baisch C., Bollhoff G.: Das Syndrom von Freeman und Sheldon. 3 neue Beobachtungen. Z. Kinderheilk. 112/1: 43–53 (1972).
294 Pfeiffer R. A., Slavaykoff H.: Gibt es ein Syndrom nach Ullrich und Feichtiger? (Klin. paediat. 187 (2): 176–180 (1975).
295 Piaget J.: Le langage et la pensée chez l'enfant (1930). 5. Aufl. (Delachaux & Niestlé, Neuchâtel/Paris 1962): deutsch: Sprechen und Denken beim Kinde (Schwann, Düsseldorf 1970).
296 Piaget J.: La naissance de l'intelligence chez l'enfant (1935). 4. Aufl. (Delachaux & Niestlé, Neuchâtel/Paris 1963); deutsch: Das Erwachen der Intelligenz beim Kind (Klett, Stuttgart 1969).
297 Piaget J.: La formation du symbole chez l'enfant (1945). 2. Aufl. (Delachaux & Niestlé, Neuchâtel/Paris 1959); deutsch: Nachahmung, Spiel und Traum. Die Entwicklung der Symbolfunktion beim Kinde (Klett, Stuttgart 1969).
298 Piaget J.: La psychologie de l'intelligence (Collin, Paris 1947); deutsch: Psychologie der Intelligenz (Rascher, Zürich 1947).
299 Picard M.: Der Mensch und das Wort (Rentsch, Erlenbach/Stuttgart 1955).
300 Pontius A. A.: The face in sacred art of the Upper Sepik River of New Guinea: Analogies to neuro-developmental aspects and to prosopagnosia. J. Amer. med. Woman. Ass. 29/10: 435–444 (1974).
301 Pontius A.: Developmental phases in visual recognition of the human face pattern, exemplified by the ‹smiling response›. Experientia (Basel) 31/1: 126–129 (1975).
302 Portmann A.: Zoologie und das neue Bild des Menschen. 2. Aufl. (Schwabe, Basel 1951); jetzt auch in Rowohlt TB Nr. 20 (1960).
303 Portmann A.: Die Bedeutung des ersten Lebensjahres. Mschr. Kinderheilk. 112: 483–89 (1964).
304 Porzig W.: Das Wunder der Sprache — Probleme, Methoden und Ergebnisse der modernen Sprachwissenschaft. In: Sammlung Dalp, Bd. 71. 3. Aufl. (Francke, Bern 1962).
305 Preyer W.: Die Seele des Kindes. 6. Aufl. (Grieben, Leipzig 1905). [Vgl. bes. Kap. IV: Entwicklungsgeschichte des Sprechens beim Kinde.]
306 Pschyrembel W.: Klinisches Wörterbuch mit klinischen Syndromen. 251. Aufl. (Gruyter, Berlin/New York 1972).

307 Raatz K., Möhling M.: Frankfurter Tests für Fünfjährige — Wortschatz-FTF-W (Beltz, Weinheim 1972).
308 Raffler-Engel W. von: L'intonazione come prima espressione linguistica dell'infante. Il Lattante 37/1, S. 29–36 (1966).
309 Raffler-Engel W. von: La tipologia dello sviluppo del linguaggio infantile. Boll. Psicol. appl. 77: 153–155 (1966).
310 Raffler-Engel W. von: The relationship of intonation to the first vowel articulation in infants. Acta Univ. Carolinae, Philol. I: Phonetica Pragensia III: 197–202 (1970).
311 Raiti S., Newns G. H.: Cretinism: early diagnosis and its relation to mental prognosis. Arch. Dis. Childh. 46/249: 692–694 (1971).
312 Ramey C., Ourth L.: Delayed reinforcement and vocalization rates of infants. Child Develop. 42: 291–297 (1971).
313 Rebelsky F., Black R.: Crying in infancy. J. genet. Psychol. 121: 49–57 (1972).
314 Rebelsky F., Hanks C.: Father's verbal interactions with infants in the first 3 months of life. Child Develop. 42: 63–68 (1971).

315 Rheingold H. L., Eckerman C. P.: Fear of stranger: a critical examination. Adv.anc. Child Develop. Behav. 8: 185–222 (1973).
316 Rheingold H. L., Gerwitz J. L., Ross H. W.: Social conditioning of vocalization. In: Dennis [81].
317 Rich E. C., Marshall R. E., Volpe J. J.: The normal neonatal response to pin-prick. Develop. Med. Child Neurol. 16/4: 432–434 (1974).
318 Richter F.: Die Entwicklung der psychologischen Kindersprachforschung bis zum Beginn des 20. Jahrhunderts (Diss. Münster i.W. 1927).
319 Ringel R. L., Kluppel D. D.: Neonatal crying: a normativ study. Folia phoniat. (Basel) 16: 1–9 (1964).
320 Robson K. S.: Development of object relations during the first year of life. Sem. Psychiat. 4/4: 301–316 (1972).
321 Roeder P. M.: Sprache. Sozialstatus und Bildungschancen. In: P. M. Roeder (Hrsg.): Sozialstatus und Schulerfolg. Veröffentlichungen des Comenius-Instituts, S. 5–32 (Heidelberg 1965).
322 Rossi E. (Hrsg.): Diagnose und Therapie cerebraler Lähmungen im Kindesalter (Karger, Basel 1962).
323 Roth H.: Einleitung und Überblick. In: H. Roth (Hrsg.): Begabung und Lernen. 5. Aufl., S. 17–68 (Klett, Stuttgart 1969).

324 Salber W.: Die Entwicklung der Sprache. In: K. Gottschaldt u.a. (Hrsg.): Handbuch der Psychol. Bd. III, hrsg. H. Thomae, S. 442–476 (Hogrefe, Göttingen 1959).
325 Salmi T.: Wachstum und Entwicklung des normalen Kindes. In: G. Fanconi, A. Wallgren (Hrsg.): Lehrbuch der Pädiatrie. 9. Aufl., S. 1–14 (Schwabe, Basel/Stuttgart 1972).
326 Sampson O. C.: A study of speech development in children 18–30 months. In: Brit. J. Psychol. 2: 194–202 (1956).
327 Sapir E.: Die Sprache (Hueber, München 1961).
328 Saporta S., Jarvis B.: Psycholinguistics (Holt Rinehart & Winston, New York 1961).
329 Schäfer P.: Die kindliche Entwicklungsperiode des reinen Sprachverständnisses nach ihrer Abgrenzung. Z. pädag. Psychol. exp. Pädag. 22: 317–325 (1921).
330 Schaffner M. A.: Kinder, wie sie sind (Zbinden, Basel 1942).
331 Scheibenreiter S., Lachmann D.: Drei Fälle von Trisomie D 1 (Patau-Syndrom). Wien klin. Wschr. 86/24: 762–766 (1974).
332 Schomburg B.: Wortschatzerhebungen an Kindern von 2–6 Jahren anhand von Bildern (Leopold-Franzens-Univ. Innsbruck 1967).
333 Schönberger F.: Die Mimik zerebral gelähmter Kinder als sozialer Reiz. Heilpädag. Forsch. 4: 50–55 (1963).
334 Schönberger F.: Zur soziopsychischen Situation des zerebral gelähmten Kindes. Heilpädag. Forsch. 1: 163–184 (1965).
335 Schultze F.: Die Sprache des Kindes – eine Anregung zur Erforschung des Gegenstandes (Günther, Leipzig 1880).
336 Schüttler-Janikulla K.: Die sprachliche Förderung des Vorschulkindes (Finken, Oberursel 1968).
337 Schüttler-Janikulla K.: Sprachtrainingsmaterial. Z. Prax. Kinderpsychol. Kinderpsychiat. 3: 86–95 (1969).
338 Scupin E. und G.: Bubis erste Kindheit. Erziehungswissenschaftliche Studien, Bd. 3, 2. Aufl. (Barth, Leipzig 1933).
339 Secord P. F.: Facial features and inference processes in interpersonal perception. In: R. Tagiuri und L. Petrullo (Hrsg.): Person perception and interpersonal behavior. (Stanford Univ. Press, Stanford, Calif. 1958).
340 Seemann M.: Sprachstörungen bei Kindern. VEB Verlag Volk und Gesundheit (Berlin 1974).
341 Seminar «Probleme der vorschulischen Entwicklung und Erziehung». Sprachförderungs-Bericht, hrsg. K. Widmer, H. Nufer (Univ. Zürich, SS 1972).
342 Sheppard W. C., Lane H. L.: Development of the prosodic features of infant vocalizing. J. Speech Hearing Res. 11: 94–108 (1968).
343 Sheridan M. D.: Simple clinical hearing-test for very young mentally retarded children. Brit. med. J. 25 (1958).
344 Shinn M. W.: Körperliche und geistige Entwicklung eines Kindes (Gressler, Langensalza 1905).
345 Shirley M. M.: Common content in the speech of preschool children. Child Develop. 5: 333–346 (1938).
346 Simonis W. Ch.: Die ersten sieben Jahre (Die Kommenden, Freiburg i.Br. 1966).
347 Sinclair H.: Developmental psycholinguistics. In: P. Adams, (Hrsg.): Language in thinking, S. 127–194 (Penguin, Harmondsworth 1972).
348 Sirkin J., Lyons W. F.: A study of speech defects in mental deficiency. Amer. J. ment. Def. 1: 74–80 (1941).
349 Skalsky-Bock K.: Lautäußerungen im ersten Lebensjahr und späteres Sprachverhalten im sechsten Lebensjahr. Unveröffentl. Lizentiatsarbeit an der Abt. Klin. Psychol. (Prof. Dr. phil. U. Moser) (Univ. Zürich 1975).
350 Smitherman C.: The vocal behavior of infants as related to the nursing procedure of rocking. Nursing Res. 18/3: 256–258 (1969).
351 Snijders-Oomen N.: Kleine Kinder werden gross (Rex, Luzern 1967).
352 Soelderling B.: The first smile. Acta paediat. (Uppsala) 48, Suppl. 117/78 (1959).
353 Sommerhalder-Moser R.: Die Sprachenentwicklung im ersten Lebensjahr (Med. Diss. Zürich 1971).
354 Southwood H. M.: The origin of self-awareness and ego behaviour. Int. J. Psychoanal. 54/2: 235–239 (1973).
355 Spieler J.: Deines Kindes Sprache. Heilpädag. Schriftenreihe, Heft 4 (Klett, Stuttgart 1962).
356 Spiker C. C.: An empirical study of factors associated with certain indices of speech sounds of young children (Ph. D. Diss. Iowa 1951).
357 Spiker C. C., Irwin O. C.: The relationship between IQ an indices of infant speech sound development. J. Speech Dis. 14: 335–343 (1949).
358 Spitz R. A.: Die Entstehung der ersten Objektbeziehungen. 2. Aufl. (Klett, Stuttgart 1960).
359 Spitz R. A.: Nein und Ja; die Ursprünge der menschlichen Kommunikation. 2. Aufl. (Klett, Stuttgart 1970).
360 Spitz R. A.: Vom Säugling zum Kleinkind. 3. Aufl. (Klett, Stuttgart 1972).
361 Spitz R. A.: Vom Dialog (Klett, Stuttgart 1974).
362 Spock B.: Säuglings- und Kinderpflege. Ullstein TB 213–215. (Frankfurt a.M. 1962).
363 Spoerl A.: Mit der Kamera auf Du (Piper/Heering, München o.J.).
364 Stark R. E., Nathanson S. N.: Spontaneous cry in the newborn infant; sounds and facial gestures. Symp. oral Sens. Percept. 4: 323–352 (1973).
365 Stayton D. J., Ainsworth M. D. S., Main M. B.: Development of separation behavior in the first year of life: protest, following and greeting. Develop. Psychol. 9/2: 213–225 (1973).
366 Steensland Junker K.: Selective attention in infants and consecutive communicative behavior. Acta paediat. scand., Suppl. 231 (1972).
367 Steiner J. E.: The gustofacial response: observation on normal and anencephalic newborn infants. Symp. oral. Sens. Percept. 4: 254–278 (1973).
368 Steiner J. E.: Discussion paper: Innate, discriminative human facial expressions to taste and smell stimulation. Ann. NY. Acad. Sci. 237: 229–233 (1974).
369 Stern C. und W.: Die Kindersprache (Quelle & Meyer, Heidelberg 1965).
370 Stern E. (Hrsg.): Die Tests in der klinischen Psychologie (Rascher, Zürich 1954).
371 Stern L., Fletcher B. D., Dunbar J. S., Levant M. N., Fawcett J. S.: Pneumothorax and pneumodiastinum associated with renal malformations in newborn infants. Amer. J. Roentgenol. Radium Ther. Nucl. Med. 116/4: 785–791 (1972).
372 Stern W.: Psychologie der frühen Kindheit bis zum sechsten Lebensjahr. 10. Aufl. (Quelle & Meyer, Heidelberg 1971).
373 Stirnimann F.: Das erste Erleben des Kindes (Huber, Frauenfeld/Leipzig 1933).
374 Stirnimann F.: Psychologie des neugeborenen Kindes (1940). (Kindler, München 1965).

375 Taine H.: Note sur l'acquisition du langage chez les enfants et dans l'espèce humaine. Rev. philos. France Etrang. 1 (1876).
376 Tautermannová M.: Individual differences in waking time and some patterns of behaviour in infants. Activ. nerv. sup. (Prag) 15/4: 257–262 (1973a).
377 Tautermannová M.: Intraindividual variability of infants behaviour. Activ. nerv. sup. (Prag) 15/1: 36–37 (1973b).
378 Tautermannová M.: Smiling in infants. Child Develop. 44/3: 701–704 (1973c).
379 Tautermannová M.: The relation between the length of sleep and waking in infants. Activ. nerv. sup. (Prag) 16/2: 114–115 (1974).
380 Tautermannová M.: The relation between inter- and intraindividual differences in infants. Activ. nerv. sup. (Prag) 17/1: 48 (1975).
381 Templin M. C.: Certain language skills in children (Univ. Minnesota Press, Minneapolis 1957).
382 Templin M. C.: Development of speech. J. Pediat. 62: 11–14 (1963).
383 Terman L. M.: Genetic studies of genius. Bd. I: Mental and physical traits of a thousand gifted children (Stanford Univ. Press, Stanford, Calif. 1925).

384 3rd Conf. on the clinical delineation of birth defects. Part XI: Orofacial structures. In: Birth defects: Original article series, Vol. VII, No. 7 (Baltimore 1971).
385 Thomae H.: Forschungsmethoden in Situationen mit fehlender bzw. geringer Kontrolle der Beobachtungsbedingungen. In: K. Gottschald u.a. (Hrsg.): Handbuch der Psychologie, Bd. III, hrsg. H. Thomae, S. 46–78 (Hogrefe, Göttingen 1958).
386 Thurstone L. L.: Primary mental abilities. Psychomet. Monogr. I (Univ. Chicago Press, Chicago 1938).
387 Todd G., Palmer B.: Social reinforcement of infant babbling. Child Develop. 39: 591–596 (1968).
388 Tomlinson A., Keasey C.: Conditioning of infant vocalizations in the home environment. J. genet. Psychol. 120: 75–82 (1972).
389 Truby H. M. und Lind J.: Cry sounds of the newborn infant. Acta paediat. scand., Suppl 163: 8–54 (1965).
390 Uexküll J., Kriszat G.: Streifzüge durch die Umwelt von Tieren und Menschen. Rowohlt TB Nr. 13 (Hamburg 1956).
391 Velten H. V.: The growth of phonemic and lexical patterns in infant language. Language 19: 281–392 (1943).
392 Vierodt K.: Die Sprache des Kindes. Dtsch. Rev. 4: 29–46 (1879).
393 Vine I.: The role of facial-visual signalling in early social development, in: M. v. Cranach und I. Vine (Hrsg.): Social Communication and Movement. Studies of interaction and expression in man and chimpanzee (Acad. Press, London: New York 1973).
394 Voelker Ch. H.: Technique for a phonetic frequency distribution count in formal American speech. Arch. néerl. Phonét. exp. 69–72 (1935).
395 Vuorenkoski V., Wasz-Höckert O.: Effect of training on ability to identify preverbal vocalizations. Develop. Med. Child Neurol. 6: 393 (1964).
396 Vourenkoski V., Wasz-Höckert O.: The vocalization of a newborn, brain-damaged child. Ann. paediat. fenn. 11: 32–37 (1965).
397 Vuorenkoski V., Wasz-Höckert O.: Vocal response to painful stimuli in newborn and young infant. Ann. paediat. fenn. 12: 59–63 (1966).
398 Vuorenkoski V., Wasz-Höckert O.: Sound spectrography in pediatric diagnosis. Acta paediat. scand., Suppl. 177: 1131–124 (1968).
399 Vuorenkoski V., Wasz-Höckert O.: The effect of cry stimulus on the temperature of the lactating breast of primipara. Experientia (Basel) 25: 1286–1287 (1969).
400 Vuorenkoski V., Wasz-Höckert O.: Cry detector. Acta paediat. scand. 59, 103–104 Suppl. 206 (1970).
401 Vuorenkoski V., Wasz-Höckert O.: Cry score. Quart. Progr. and Status Report, Speech Transmission Lab., Royal Inst. Technol. 68–75 (Stockholm 1971).
402 Vuorenkoski V., Wasz-Höckert O.: Training the auditory perception of some specific types of the abnormal pain cry in newborn and young infants. Quart. Progr. Status Report, Speech Transmission Lab., Royal Inst. Technol. 4: 37–48 (1971).
403 Vygotsky L. S.: Thought and language (MIT Press, Cambridge, Mass. 1962).
404 Wadlington W. B., Tucker V. L., Schimke R. N.: Mesomelic dwarfism with hemivertebrae and small genitalia (the Robinow syndrome). Amer. J. Dis. Childh. 126/2: 202–205 (1973).
405 Wahler R.: Infant social development: Some experimental analyses of an infant-mother-interaction during the first year of life. J. exp. Child Psychol. 7: 101–113 (1969).
406 Walbaum R., Samaille G., Scharfman W., Pollet M., Sorrant H.: L'asymétrie de la bouche lors des pleurs. Nouv. Presse Med. 4/12: 889 (1975).
407 Walker B. A., Scott C. I., Hall J. G., Murdoch J. L., McKusick V. A.: Diastrophic dwarfism. Medicine (Baltimore) 51/1: 41–59 (1972).
408 Wängler H. H.: Atlas der deutschen Sprachlaute (Akad. Verlag, Berlin 1958).
409 Wängler H. H.: Grundriss einer Phonetik des Deutschen (mit Sprachplatte). (Elwert, Marburg 1960).
410 Wasz-Höckert O., Partanen T. J., Vuorenkoski V., Michelsson K., Valanne E.: The identification of some specific meanings in infant vocalization. Experientia (Basel) 20: 1–3 (1964).
411 Wasz-Höckert O., Valanne E., Vuorenkoski V., Michelsson K., Sovijärvi A.: Analysis of some types of vocalization in the newborn and in early infancy. Ann. paediat. fenn. 9: 1–10 (1963).
412 Wechsler D.: Die Messung der Intelligenz Erwachsener. 3. Aufl. (Huber, Bern/Stuttgart/Wien 1964).
413 Weir R.: Questions on the learning of phonology, in: The Genesis of Language, hrsg. F. Smith/G. Miller, The MIT-Press, Cambridge, Mass. and London/Engl. 1969).
414 Weizsäcker V. v.: Der Gestaltkreis. Theorie der Einheit von Wahrnehmen und Bewegen. 4. Aufl. (Thieme, Stuttgart 1950).
415 Weizsäcker V. v.: Am Anfang schuf Gott Himmel und Erde. Grundfragen der Naturphilosophie (Vandenhoeck & Ruprecht, Göttingen 1955).
416 Wendt H. F.: Sprachen. Fischer Bücherei (Frankfurt a.M. 1961).
417 Wewetzer K. H.: Intelligenztests für Kinder. In: K. Gottschaldt u.a. (Hrsg.): Handbuch der Psychologie, Bd. 6: Psychologische Diagnostik, hrsg. R. Heiss, 3. Aufl. (Hogrefe, Göttingen 1971).
418 Whorf B. L.: Sprache, Denken, Wirklichkeit (Rowohlt, Hamburg 1968).
419 Wiederhold K. A.: Kindersprache und Sozialstatus (Henn, Wuppertal 1971).
420 Wienert H.: Die Bekämpfung von Sprachfehlern (Volk und Gesundheit, Berlin 1970).
421 Williams H. N.: Development of language and vocabulary in young children. Univ. Iowa Studies child Welfare 9–18 (Iowa City 1937).
422 Wilson D. K.: Voice problems in children (Williams & Wilkins, Baltimore 1971).
423 Winkler C.: Peter und Wolf. Wirkendes Wort VI (Düsseldorf 1961).
422 Winnitz H.: Spectrographic investigation of infant vowels. J. genet. Psychol. 96: 171–181 (1960).
425 Winnitz H.: Research in articulation and intelligence. Child Develop. 3: 287–297 (1964).
426 Wolff P. H.: The natural history of crying and other vocalizations in early infancy. In: B. Foss (Hrsg.): Determinants of Infant Behavior, Bd. IV (1969).
427 Wreschner A.: Die Sprache des Kindes (Orell Füssli, Zürich 1912).
428 Wurst F.: Sprachentwicklungsstörungen und ihre Behandlung (Österreichischer Bundesverlag, Wien 1973).
429 Wyatt G.: Entwicklungsstörungen der Sprachbildung (Hippokrates, Stuttgart 1973).
430 Yao A. C., Lind J., Vuorenkoski V.: Expiratory grunting in the late clamped neonate. Pediatrics 48/6: 865–870 (1971).
431 Zelazo P. R., Komer M. J.: Infant smiling to nonsocial stimuli and the recognition hypothesis. Child Develop. 42/5: 1327–1339 (1971).